ARKANA

Buch

Aloha – Mitgefühl, Liebe und Verbundenheit – ist das Herzstück der schamanischen Techniken der hawaiianischen Huna-Lehre. Sie beziehen sich auf ein glückliches, erfülltes Leben, das für jeden Menschen erreichbar ist. Die Autoren erläutern die wirkungsvollen Lebensgesetze und Methoden der Huna-Lehre. Sie geben dem Leser alle notwendigen Informationen in die Hand, um selbständig den Weg des Glücks und der Lebensfreude zu gehen. Auch anhand von Fallbeispielen zeigen sie, wie nach den einfachen, aber höchst wirkungsvollen Methoden materielle wie spirituelle Fülle und Erfolg manifestiert werden können.

Autoren

Kala H. Kos ist eine ausgewiesene Huna-Lehrerin. Durch ihre kalifornische Fernsehshow zum Thema Huna-Magie ist sie einem breiten Publikum bekannt. *John Selby* ist Psychologe und Lebensberater. Er hat sich durch eine Reihe von Sachbüchern zu Gesundheit und Spiritualität einen Namen gemacht.
Beide Autoren leben auf Hawaii.

KALA KOS
JOHN SELBY

DIE HUNA-LEHRE

Der Schlüssel zum hawaiianischen Geheimwissen für Erfolg im Leben

Aus dem Amerikanischen
von Gisela Kretzschmar

ARKANA
GOLDMANN

Umwelthinweis
Alle bedruckten Materialien dieses Taschenbuches
sind chlorfrei und umweltschonend.
Das Papier enthält Recycling-Anteile.

Originalausgabe Juli 1999

Umschlaggestaltung: Design Team München
Umschlagabbildung: ZEFA-Pacific Stock
Satz: Uhl + Massopust, Aalen
Druck: Elsnerdruck, Berlin
Verlagsnummer: 21518
Redaktion: Ulrike Schöber
WL · Herstellung: Stefan Hansen
Made in Germany
ISBN: 3-442-21518-8

1. Auflage

Inhaltsverzeichnis

»Wir sind alle geboren mit der vollkommenen Kraft, alles zu tun und zu sein. Alle Menschen entscheiden selbst darüber, was sie sind. Wenn die Leute sagen, daß sie nur dies oder jenes glauben, setzen sie Scheuklappen auf, die die Schönheit und Majestät dessen verbergen, was wir alle sind... Kinder des Höchsten, Erben des Universums. Wir können den Engeln folgen, die Gipfel erklimmen und im Paradies leben!«

Kaili'ohe Kame'ekua
(Hawaiianische Kapuna Kahuna, 1816–1931)

»Hinter der Kahuna-Magie muß eine Art von lenkendem Bewußtsein stehen. Es muß auch eine Kraft geben, mit deren Hilfe man den Prozeß kontrolliert. Und es muß eine Substanz geben, durch welche die Kraft wirksam wird. Suche stets danach, und wenn du eins davon findest, kann es dich zu den anderen hinführen.«

William Brigham
(früher Huna-Feld-Forscher, 1840–1926)

»Über seine wissenschaftliche Bedeutung hat dieses neue Beweismaterial über die aktive Rolle des Bewußtseins bei der Gestaltung der materiellen Realität tiefgreifende Auswirkungen, die zu einer wesentlich höheren kulturellen Ethik führen können, in der Wissenschaft und Spiritualität, die lange voneinander getrennten Geschwister, wieder zu einer produktiven Einheit finden. Der Weg ist jetzt frei für alle Arten kreativer Wechselwirkungen zwischen dem Bewußtsein und der materiellen Umwelt.«

Robert Jahn (Dekan emeritus der Princeton Engineering School, 1997)

Vorwort

Wenn ein traditioneller Hawaiianer sagt, er wolle Ihnen seine Gedanken mitteilen, dann benutzt er den Ausdruck Mana'o. Dieses Wort bezieht sich nicht nur auf die intellektuelle Ebene, denn Mana'o ist eine einzigartige Vorstellung der hawaiianischen Kultur, die Gedanken, Gefühle, Sehnsüchte und Absichten einschließt. Wenn ich also nun sage, daß ich Ihnen mein Mana'o über dieses Buch mitteilen möchte, dann verstehen Sie hoffentlich, daß ich damit sowohl Gefühle als auch Gedanken meine.

Kurz gesagt: Dies ist ein Buch, das notwendig war, und das Ergebnis befriedigt mich sowohl intellektuell als auch emotional. Ich habe schon lange darüber nachgedacht, wie nützlich ein Buch wäre, das sich vollkommen darauf konzentrieren würde, Huna als ein Werkzeug der Manifestation einzusetzen – ein Buch, das die Ideen und Techniken des Huna zu modernen wissenschaftlichen Ansätzen, bei denen es um dieselbe Sache geht, in Beziehung setzen würde. Ich selbst hatte nie die Zeit, ein solches Buch zu schreiben, und ich bin glücklich, jetzt sagen zu können, daß es nichts ausmacht: Die Autoren des Huna-Führers haben sehr gute Arbeit geleistet.

Es gibt gelegentlich Leute, die glauben, der Einsatz der Gedankenkraft zur Verwirklichung unserer Wünsche sei eine Art Schwindel. Aus unerfindlichen Gründen haben sie das Gefühl, sie sollten sich einfach zurücklehnen und alles akzeptieren, was das Universum ihnen vorsetzt. Die in diesem Buch beschriebenen Princeton-Studien können uns helfen, im wissenschaftlichen Sinne zu verstehen, daß wir immer – bewußt oder unbewußt – unsere Gedanken einsetzen, um Ereignisse zu beeinflussen. Im Sport, im Geschäftsleben, in Politik, Religion, Wissenschaft... ist der Einsatz der Gedankenkraft von außerordentlicher Bedeutung, und genauso spielt er stets eine Rolle, wenn wir in Alltagssituationen beten, wünschen, hoffen, sehnen und uns etwas vorstellen, um das zu bekommen, was wir wollen. Und da wir in diesem Sinne ohnehin schon die Kraft unserer Gedanken einsetzen, um unser Leben positiv zu beeinflussen, ist es durchaus sinnvoll zu lernen, wie wir dabei zielstrebiger und wirkungsvoller vorgehen können. Die in diesem Buch vorgestellten Ideen und Techniken werden Ihnen dabei helfen!

Serge Kahili King
Kauai, Hawaii

Hinweis der Autoren

Wer ein so pragmatisches Buch schreibt wie dieses, welches das gesamte Erbe einer alten Kultur im Hinblick auf ihr spirituelles, finanzielles, persönliches und gemeinschaftliches Leben zum Inhalt hat, muß freimütig zugeben, daß dabei nur eine holografische Sicht der betreffenden Kultur angeboten werden kann: Es ist ein offenkundig begrenzter, aber hoffentlich repräsentativer Ausschnitt, den die Autoren persönlich erfahren haben, und über den sie deshalb konkrete Aussagen machen können.

In der polynesischen Kultur gibt es sehr viele Kahuna-Familientraditionen mit ganz unterschiedlichen Sichtweisen des Huna-Erbes. Wir beziehen uns stark auf die spirituelle Weisheit verschiedener familiärer Traditionen, über die wir einen direkten persönlichen Zugang zur Weisheit und Praxis des Huna gewonnen haben. Wir behaupten nicht, daß wir das spirituelle Leben der Polynesier in seiner Gesamtheit darstellen – ebensowenig wie jemand, der über das Christentum schreibt, behaupten könnte, die Gesamtheit aller spirituellen Strömungen bei Protestanten, Katholiken, Mormonen, Quäkern, Russisch-Orthodoxen etc. zu präsentieren.

Insofern ist dieses Buch keineswegs ein Kompendium polynesischer Geschichte oder Anthropologie. Wir beabsichtigen vielmehr, nach bestem Wissen ein lebendiges Bild des alten

Huna-Glaubens und seiner Praktiken zu vermitteln. Dabei konzentrieren wir uns vor allem auf bestimmte Formen des Glaubens und der spirituellen Praxis, die unser gegenwärtiges Leben verändern könnten.

Kala hat den Löwenanteil der Arbeit übernommen, indem sie dieses Buch fest in der lebendigen mündlichen Überlieferung der polynesischen Kultur verankert hat. John hat sich auf eine neue Sicht des Huna konzentriert, wie sie in unserer gegenwärtigen Welt entsteht. Gemeinsam hoffen wir, daß wir uns gut ergänzen und Ihnen wertvolle Huna-Einsichten und vor allem pragmatische Alltagstechniken vermitteln können, die Ihr Leben wirklich in Richtung auf mehr Glück und Herzenswärme verändern.

Einführung

Huna: Die Vereinigung von Wissenschaft und Spiritualität

Die Ursprünge der Huna-Techniken

Huna ist ein einzigartiger Ausdruck der traditionellen Weisheit aus den geheimen Lehren der alten polynesischen Kultur auf Hawaii und den Südseeinseln. All diese Inselkulturen sind durch gemeinsame sprachliche Wurzeln, eine gemeinsame Mythologie und gemeinsame schamanische Praktiken verbunden – und auch durch ähnliche Alltagsstrukturen im Bereich des Handels, der Gesundheit und des Gemeinschaftslebens. Im weitesten Sinne repräsentiert Huna eine bemerkenswerte Lebensform, welche in Erkenntnissen gründet, die mit den tiefsten Ursprüngen der Menschheit verknüpft sind und sich trotzdem direkt auf unsere gegenwärtige Gesellschaft anwenden lassen.

Bis vor kurzem galten die mysteriösen Kahuna-Praktiken der polynesischen spirituellen Meister als hochgradig esoterisch und einem okkulten Aberglauben verhaftet. Sie lagen außerhalb unserer gegenwärtigen wissenschaftlichen Weltsicht. Diese herablassende Haltung wurde schließlich während des letzten Jahrzehnts erschüttert: Hochangesehene wissenschaftliche Forschungen, die vor allem von der Princeton School of Engineering (www.princeton.edu/~pear) durchgeführt und in populärwissenschaftlichen Büchern wie etwa Dean Radins »The Conscious Universe: The Scientific Truth of Psychic Phenomena« dargestellt wurden, haben zweifelsfrei nachgewiesen, daß die ehrfurchtgebietende Kraft des Bewußtseins, mit deren Hilfe die alten Kahuna-Meister ihre scheinbaren Wunder vollbrachten, tatsächlich existiert – und mehr noch, daß jeder von uns lernen kann, sie einzusetzen.

Dieses Buch soll Ihnen genügend wissenschaftliche Beweise und formale Erörterungen vorlegen, damit Sie nachvollziehen können, wie diese Forschungsergebnisse die Richtigkeit der Huna-Techniken bestätigen. Doch unser Hauptziel besteht darin, Sie schnell und weit über die Theorie hinauszuführen und Ihnen zu vermitteln, wie Sie die Praktiken der Huna-Tradition selbst anwenden können.

Die Huna-Lehren und -Techniken, die wir in diesem Buch zusammengetragen haben, sind – wie schon erwähnt – vor mehreren tausend Jahren aus dem Herzen der ausgedehnten polynesischen Kultur hervorgegangen. Wie bei allen alten Kulturen gibt es zahllose Mythen über die Ursprünge der spirituellen Weisheit dieser Gesellschaft. In alten Geschichten, die auf den polynesischen Inseln in vielen Variationen erzählt werden, heißt es, daß eine Gruppe von Pleiadenbewohnern vor vielen tausend Jahren auf einem Kontinent landeten, der in der mündlichen Überlieferung der Hawaiianer Mu genannt wird – eine große Insel mitten im Pazifik. Von hier aus verbreiteten die Menehunes ihre galaktische Huna-Weisheit und die entsprechenden Manifestationstechniken in der gesamten polynesischen Kultur und dann weiter im alten Indien und China, in Ägypten und anderswo.

Gelehrte haben jetzt entdeckt, daß viele der zum Kern des Huna gehörenden Ausdrücke und Vorstellungen auch im esoterischen Wortschatz anderer Traditionen überall in der Welt existieren. Vielleicht sind die spirituellen Traditionen auf unserem Planeten tatsächlich von außerirdischen Lehren durchsetzt.

Wer kann sagen, wo die Tatsachen enden und der Mythos beginnt – die großen menschlichen Schöpfungsmythen besitzen ebenfalls ihre eigene starke Kraft.

Uns geht es in diesem Buch nicht darum, um jeden Preis die Ursprünge der Huna-Tradition zu ermitteln, sondern die ewigen Wahrheiten der Huna-Weisheit auf unseren gegenwärtigen Alltag anzuwenden. Was wir definitiv wissen, ist, daß den Resten der alten Huna-Weisheit, die sich bis in unsere Gegenwart erhalten haben, immer noch eine außerordentliche Macht innewohnt – und diese muß aus einem wahrhaft erstaunlichen Erbe stammen.

Die Kernprinzipien des Hu-Na

Wenn wir die beiden kurzen polynesischen Wörter, aus denen der Ausdruck »Huna« gebildet wird, genauer ansehen, erschließt sich sofort die tiefere Natur der Huna-Tradition. Erstens bezieht sich Hu in dieser alten Sprache auf alles, was »männlich« ist, während mit Na alle Dinge bezeichnet werden, die »weiblich« sind. Insofern ist das Wort Hu-Na ein Ausdruck für den ursprünglichen kreativen Akt, der die beiden energetischen Pole der Welt zu einem lebendigen Ganzen verschmolzen hat – was die Chinesen in ihrem Yin-Symbol darstellen. Abhängig vom Kontext findet man auch, daß Hu sich auf Handeln, Bewegung, Chaos, Veränderung oder Kraft bezieht, während Na Zustände wie Ordnung, Ruhe, Frieden und Dauerhaftigkeit bezeichnet.

- Also besteht das grundlegende Wissen des Huna darin, die verschiedenen Aspekte des Lebens auf allen Ebenen in eine größere Harmonie zu bringen, damit wir vollständige spirituelle Wesen werden, die kraftvolle materielle Manifestationen und mitfühlende Beziehungen realisieren können.

Wie wir Schritt für Schritt feststellen werden, verläuft das polynesische Verständnis von Hu-Na parallel zu den neuen wissenschaftlichen Modellen der Quantenphysik, wo zwei scheinbar entgegengesetzte Prinzipien oder Eigenschaften (objektiv/subjektiv, kognitiv/intuitiv, männlich/weiblich, tun/sein, Raum/Zeit, Selbst/Anderer, Welle/Teilchen und so weiter) nur dadurch existieren, daß sie sich »komplementär« zueinander verhalten, einander also ergänzen. Erst jüngst wurde dieser Liste der komplementären Paare in der Wissenschaft ein weiteres hinzugefügt, das im Huna schon seit Tausenden von Jahren bekannt ist – welches die Wissenschaftler jetzt als »Dialog zwischen Bewußtsein und Umwelt« bezeichnen. Damit ist gemeint, daß die äußere Wirklichkeit ständig und aufs engste unser inneres Bewußtsein beeinflußt, und umgekehrt.

Die Schlüsselerkenntnis bei diesen direkt verbundenen Paaren ist die, daß wir das eine nicht ohne das andere haben können. Wie die Kahuna-Meister schon lange wußten, sind Bewußtsein und äußere Welt Teil eines größeren Ganzen. Sie sind keine voneinander getrennten Einheiten, wie die klassische kartesianische Wissenschaft oder unsere allgemeine westliche Weltsicht uns glauben machen. Die Huna-Tradition ist eine der wichtigsten Lehren im Hinblick darauf, wie wir unsere inneren und äußeren Erfahrungen gezielt harmonisieren können, so daß wir uns nicht mehr als Opfer der äußeren Welt fühlen, sondern aktiv unsere Bewußtseinskräfte einsetzen, um die äußere Welt so zu beeinflussen, daß sich unser Wohlbefinden und unsere Lebensfreude erhöht.

Wenn wir unser direktes Gewahrsein des Lebens darauf konzentrieren, die Einheit von Innen- und Außenwelt zu erkennen, stellen wir uns natürlicherweise mehr und mehr auf die fundamentalen Prinzipien des Lebens ein – die Hu-Na-Geheimnisse.

Wenn wir unser Leben nach den Regeln der universellen Huna-Tradition führen, besteht seine Schönheit darin, daß wir lernen, unsere Alltagsbeziehungen, unsere finanziellen Verhältnisse und unser Familienleben an den tieferen spirituellen und wissenschaftlichen Wahrheiten des menschlichen Bewußtseins auszurichten. Wir entdecken für uns selbst, was die Kahunas der polynesischen Inseln schon seit Jahrtausenden wissen: Mit jeder Entscheidung und jeder Handlung, wie unbedeutend sie auch erscheinen mag, nehmen wir am lebendigen Tanz mit den Kräften des Universums teil.

Die Kahuna-Meister

Die westliche Boulevardpresse verwendet das Wort Kahuna im Sinne von »Hexendoktor« oder »okkulter Prieser«. Von solchen Vorurteilen sollten wir uns sofort freimachen, damit wir eine klare Vorstellung von der eigentlichen Bedeutung des Wortes gewinnen. Das Lexikon definiert Kahuna als »Priester, Zauberer, Magier, Hexenmeister, Geistlicher, Experte jeder Art«. Und nach unserem Verständnis wird die traditionelle Bedeutung des Ausdrucks am klarsten in der folgenden Definition wiedergegeben:

- Die alten Kahunas waren eine ausgewählte Gruppe weiser Meister in jeder polynesischen Dorfgemeinschaft oder Großfamilie, die als anerkannte Experten in ihrem jeweiligen Aufgabenfeld galten. Sie gaben ihre oft geheimen Riten und Techniken an ausgewählte Mitglieder der neuen Generation weiter und hielten Zeremonien ab, um dafür zu sorgen, daß die Wünsche und Bedürfnisse der Gemeinschaft erfüllt wurden.

So hatte beispielsweise jede Großfamilie Kahuna-Meister, die Baumeister oder Architekten waren und die alten Traditionen des Kanubaus, der Anlage von Bewässerungskanälen und Fischteichen, des Hausbaus etc. beherrschten und weitergaben. Sie wußten, wie man den perfekten Baum auswählte, wie man ein Kanu bauen mußte, damit es Tausende von Meilen auf dem offenen Meer fahren konnte, ohne zu sinken. Sie wußten, wie man eine Siedlung optimal anzulegen hatte, wie man die Seefahrer auszubilden hatte, damit sie mit Hilfe scheinbar magischer Kunststücke lange Reisen überlebten... Dann gab es die Astronomie-Kahunas, welche die bemerkenswert exakte und kenntnisreiche polynesische Tradition pflegten, weite Entfernungen auf dem Meer nur mit Hilfe der Sterne zurückzulegen, und es auch verstanden, auf scheinbar magische Weise ihre Bewußtseinskräfte auf eine relativ kleine Insel (wie etwa Hawaii) mitten im größten Ozean der Welt einzustimmen – und indem sie ihr Bewußtsein mit der Insel verknüpften, konnten sie die Kanus vom Meer aus direkt zum Land hinziehen. Solche »Kunststücke« wirkten auf unseren modernen Verstand wahrlich wie ein Wunder, bis die Forschung der letzten Jahre dokumentierte, wie ein solcher Effekt tatsächlich erzielt wird (mehr darüber später).

Jede Gemeinde auf den polynesischen Inseln hatte außerdem ihre Kahuna-Heiler, die Meister der Kräuterheilkunde und anderer Behandlungsformen waren, und die auch die Kräfte des Bewußtseins einsetzten, um einen biologischen Organismus positiv zu beeinflussen. Wir haben die heilende Kahuna-Zeremonie (Haipule) eher als abergläubische Hexerei betrachtet, aber wie wir noch sehen werden, handelt es sich um einen gezielten Einsatz psychischer Kräfte, die es unserem Geist ermöglichen, körperliche Gesundheit hervorzubringen.

Es gab auch Kahuna-Organisationen, die das Wissen um die Integrität der Gemeinschaft pflegten und sich um das Sozialwesen der Gemeinde kümmerten. Wir würden solche Leute Politiker nennen, aber dieser Ausdruck paßt nicht zu den tieferen spirituellen Dimensionen der polynesischen Tradition, wo jeder einzelne Mensch als integraler Bestandteil eines lebendigen sozialen Ganzen angesehen wurde und wo Konflikte durch eine spezielle Zeremonie gelöst wurden, die man als Ho'o Pono Pono bezeichnete. Dabei wurde die Harmonie in der Gemeinschaft durch eine ungeheuer schöne und kraftvolle Gruppendynamik wiederhergestellt. Schließlich gab es die Hula-Kahunas, die Meister der spirituellen Zeremonien der Gemeinde. Dazu gehörten sowohl alte Gesänge und Tänze, die durch Bewegung und Worte die mündlich überlieferte Geschichte der Gemeinschaft erzählten, als auch Gebete für alle Aspekte des Gemeinschaftslebens sowie Alltagsgeschichten, die zu spirituellen Bewußtseinsveränderungen bei Tänzern, Sängern, Trommlern und Zuhörern führte. Hula ist von Hollywood und vom Tourismus kommerzialisiert worden, aber es gibt auch heute noch mächtige Hula-Kahunas, die das polynesische Erbe weiterhin in lebendige Praxis umsetzen. Zusätzlich zu diesen ursprünglichen Führern und Meistern der Gemeinschaft gab es natürlich andere Experten, die ebenfalls als Kahunas galten, weil sie dafür verantwortlich waren, bestimmte Glaubensvorstellungen und Techniken, die für das Überleben und spirituelle Wohlbefinden der Gemeinschaft wesentlich waren, an die nächste Generation weiterzugeben.

Als Missionare und Walfänger, Zuckerrohrbarone und andere Eroberer Stück für Stück in die Hawaii-Inseln eindrangen (ohne Widerstand von seiten der Einheimischen) und die Herrschaft übernahmen, wurden immer strengere Gesetze erlassen, die das Praktizieren der alten Kahuna-Zeremonien und des damit verbundenen Glaubens verboten. Schließlich galt es als ernstes Verbrechen, irgendeine Kahuna-Methode zu praktizieren. Dadurch wurde viel von der gesamten Kahuna-Tradition Schritt für Schritt in den Untergrund gezwungen oder ausgelöscht.

Wir beabsichtigen in diesem Buch, das, was von der Huna-Tradition übriggeblieben ist, in einem neuen Licht darzustellen, und den Huna-Zeremonien, Glaubensvorstellungen und bewußten Absichten neues Leben einzuhauchen, damit sie unser eigenes Leben heller machen und soziale Harmonie, spirituelle Klarheit und persönliche Kraft in unserer Welt verbreiten.

Wo sich Wissenschaft und Huna treffen

Bis vor kurzem hätten wir in einem Buch wie diesem das gesamte wissenschaftliche Weltbild des Westens leugnen müssen, um den Huna-Ansatz, wie man die äußere Welt durch die Kraft des Bewußtseins beeinflußt, aufrichtig darstellen zu können. Glücklicherweise befinden wir uns gerade auf dem Höhepunkt einer radikalen historischen Entwicklung, wo der ständige Kampf zwischen Wissenschaft und Geist, materieller und okkulter Welt einer positiven Lösung zustrebt. Das Ergebnis könnte in eine bemerkenswerte Erweiterung der individuellen menschlichen Fähigkeiten und der sozialen Harmonie münden. Dieser Absicht ist unser Buch gewidmet.

Vielleicht haben Sie schon von den empirischen Bewußtseinsuntersuchungen gehört, die man in Princeton durchgeführt hat, und von den zahllosen grundlegenden Experimenten (vgl. Anhang), die in jüngster Zeit zweifelsfrei bewiesen haben, daß die Kräfte des Bewußtseins, welche die alten Kahunas besitzen und anzuwenden behaupten, mit Sicherheit existieren. Wenn Sie dieses Material schon kennen und in Ihr wissenschaftliches Weltbild integriert haben, können Sie den folgenden kurzen Abschnitt überspringen. Wenn Sie jedoch mit dem von Robert Jahn geleiteten »Princeton Engineering Anomalies Research Project« nicht vertraut sind, dann werden die folgenden Informationen für Sie von großem Interesse sein. Sie beschreiben eine zukunftsträchtige Forschung, die unsere gesamte Weltsicht sehr schnell verändern wird – und sie vermitteln uns die wissenschaftlichen Grundlagen für alles, was es in diesem Buch zu lernen gibt. (www.jse.com und www.princeton.edu/~pear)

Im Huna geht man davon aus, daß dem menschlichen Alltagsbewußtsein die Kraft innewohnt, Gedanken und Vorstellungsbilder (Man'o) in eine alles verbindende »Prä-Materie«, einen »Äther« oder, wie die Hawaiianer es nennen, eine »Aka-Substanz« zu übertragen. Außerdem können diese energetischen Informationen einen direkten Einfluß nicht nur auf die Materie, sondern auch auf die Gedanken anderer Menschen ausüben. Wenn diese grundlegende polynesische spirituelle Annahme korrekt ist, dann stehen wir mit unserer gesamten materiellen westlichen Weltsicht völlig im Abseits und berauben uns unserer eigenen Macht, indem wir glauben, daß unsere Gedanken keinen direkten Einfluß auf die äußere Welt haben. Andererseits gilt natürlich: Wenn der Huna-Glaube an die aktive Kraft des menschlichen Bewußtseins, mit der Umgebung zu interagieren und sie zu verändern, sich als falsch erweist, dann ist die gesamte Tradition der äußeren Manifestationen nur ein abergläubisches Gedankenspiel und eine okkulte Vorstellung.

Wahrscheinlich wissen Sie, daß im Verlauf der Geschichte viele herausragende Gelehrte und Wissenschaftler offen erklärt haben, sie könnten die Anwesenheit einer unsichtbaren, aber fast greifbaren Kraft der Manifestation bewußt wahrnehmen. Isaac Newton, der Ahnherr der klassischen westlichen Wissenschaft, hat eindeutig erklärt, für ihn sei die hauptsächliche Kraft der Veränderung in der Welt »das Mysterium der Kontrolle des Geistes über die Materie«. Francis Bacon, der Vater der experimentellen Wissenschaft, hatte ein lebhaftes Interesse daran, Phänomene wie telepathische Träume, Geistheilungen, Gedankenübertragungen und die Kraft des Geistes beim Würfelspiel zu untersuchen. Und die herausragenden Größen der modernen Physik wie Max Planck, Niels Bohr, Albert Einstein, Werner Heisenberg, Erwin Schrödinger und David Bohm haben alle über die noch immer mysteriösen Einflüsse des Bewußtsein auf die materielle Welt und auf die äußeren Ereignisse geschrieben. Aber erst seit kurzer Zeit sind unsere experimentellen Methoden technologisch exakt genug, um Testverfahren zu erlauben, die zeigen, ob der menschliche Geist aktuelle energetische Informationen aus dem materiellen Körper ausstrahlen kann, die statistisch nachweisbare Fernwirkungen auf die äußere Welt haben.

Die letzten 20 Jahre haben Meilensteine in der Bewußtseinsforschung gesetzt. Dazu könnte man zahllose Studien aus der ganzen Welt zitieren, aber die vielleicht ersten und bis heute zuverlässigsten Experimente, die wissenschaftlich belegen, daß es ein Bewußtsein gibt, und wie es sich verhält, wurden 1979 von Robert Jahn begonnen, dem anerkannten Raumfahrtprofessor und Dekan der traditionell eher konservativen Princeton School of Engineering und Applied Science. Er errichtete das

Princeton Engineering Anomalies Research Center for »the scientific study of consciousness-related physical phenomena«* ein.

Im folgenden werden die bisherigen Forschungsergebnisse kurz zusammengefaßt, welche die Gültigkeit des gesamten Huna-Manifestationsprozesses direkt belegen.

Der Geist beherrscht die Materie – Mensch-Maschine-Interaktion

In der Hoffnung, die frühen Überlegungen von Francis Bacon bestätigen oder widerlegen zu können, ob unser Geist scheinbare Zufallsereignisse wie das Werfen von Würfeln oder Münzen, beeinflussen kann, wurde in Princeton folgende Versuchsanordnung getroffen:

Man verwendete die empfindlichsten Computer und ließ die Versuchsperson an einem solchen Gerät sitzen, das entweder »plus« (1.0) oder »minus« (0.1) in sehr rascher Abfolge hervorbrachte. Die Anweisung für die Versuchsperson war sehr einfach: Sie sollte ihre Willenskraft oder die Kraft der Absicht einsetzen, um das statistische Zufallsergebnis am Computer zu beeinflussen.

Bei jedem Testlauf wurden die Versuchspersonen, die »Durchschnittsbürger/innen« waren, zunächst gebeten, ihre Absicht (im Huna das, was die Polynesier als Mana'o bezeichnen) darauf zu konzentrieren, daß der Computer das erwartete ausgeglichene Ergebnis von jeweils der Hälfte Plus- und Minustreffern hervorbrachte. Im zweiten Durchlauf wurden die Versuchspersonen ge-

* sinngemäß übersetzt: Forschungszentrum für die wissenschaftliche Untersuchung von außergewöhnlichen physikalischen Phänomenen, die mit dem menschlichen Bewußtsein zusammenhängen. A. d. Ü.

beten, ihre bewußte Absicht darauf zu richten, daß der Computer bei den Plustreffern ein Ergebnis hervorbrachte, das höher als erwartet war. Im dritten Durchlauf schließlich sollten sie den Computer so beeinflussen, daß das Ergebnis der Plustreffer niedriger als erwartet war.

Im ersten formalen Untersuchungsbericht wird festgestellt, daß »die Absicht der Versuchsperson (Mana'o) die hauptsächliche Variable des Experiments [war], und Effekte nur behauptet [wurden], wenn die Korrellationen zwischen diesen Absichten und den Veränderungen bei der Trefferverteilung sich wiederholen ließen«.

Nach klassischem westlichen Wissenschaftsverständnis hätte es zwischen den drei Durchläufen statistisch keinen Unterschied geben dürfen. Doch es zeigte sich genau das Gegenteil: »Die Gesamtergebnisse zeigen geringfügige, aber anhaltende Veränderungen, die weit jenseits der Zufallsverteilung liegen.«

Dieser Nachweis, daß die bewußte Absicht eines Menschen oder seine gelenkte Willenskraft die elektronische Leistung eines Computers irgendwie beeinflussen kann, hat die akademische Welt natürlich erschüttert. Aus der Huna-Sicht jedoch ist diese »Entdeckung« der westlichen Wissenschaft, daß der menschliche Geist seine Absicht oder sein Mana'o in die materielle Welt hineinprojizieren kann, nicht im geringsten überraschend. Sie beweist lediglich die Wahrheit der polynesischen Weltsicht.

Eine neue Bedeutung des bewußten Raums

Nachdem die Auswertung dieses ersten Forschungsprojektes gezeigt hatte, daß der menschliche Geist einen Computer beeinflussen kann, der räumlich sehr nahe bei der Versuchsperson steht, wollten die Forscher nun prüfen, ob die Kraft des Bewußtseins über die Materie bei einer räumlichen Trennung von Computer und Versuchsperson gleichbleibt oder geringer wird.

Schritt für Schritt begannen sie, die Entfernung zwischen Mensch und Maschine zu vergrößern und suchten nach der erwarteten Verringerung des Effektes mit zunehmender Distanz. Doch zu ihrer großen Überraschung konnten sie nicht die kleinste Verringerung feststellen.

Selbst wenn die Versuchsperson Tausende von Meilen von der Maschine entfernt war, blieb ihre Fähigkeit, das Zufallsergebnis bei den Treffern positiv oder negativ zu beeinflussen, unverändert. Die Entfernung hatte eindeutig keinen Einfluß auf die Bewußtseinsleistung. Dies war ein weiteres unerwartetes Ergebnis, das auf das konventionelle wissenschaftliche Denken wie ein Schlag ins Gesicht wirkte. Vom Huna-Standpunkt aus, der zahllose »magische« Effekte von einer Insel zur anderen oder über hohe Vulkangipfel hinweg kennt, hätten jedoch auch hier wieder die alten Kahunas angesichts der »Entdeckung« nicht einmal mit der Wimper gezuckt. Diese Tatsache, daß das Bewußtsein über beliebige Entfernungen wirken kann, ist in der Kahuna-Tradition seit Tausenden von Jahren eine Selbstverständlichkeit.

Das Bewußtsein und der Zeitfaktor

Natürlich fragten sich die an dieser Studie beteiligten Forscher nun: »Wenn der Geist tatsächlich die Kraft hat, energetische Informationen und Absichten über große Entfernungen zu übertragen, welche Mechanismen sind dabei wirksam – wie funktioniert die Sache eigentlich?«

Wahrscheinlich ist Ihnen aus der Wissenschaftsgeschichte bekannt, daß man Energieübertragungen zunächst bei Wasserwellen beobachtet hat. Einige Zeit später erkannten die Forscher, daß Geräusche als Wellenmuster durch die Luft übertragen werden.

Dann kam der gewaltige Durchbruch, der zeigte, daß Licht ebenfalls ein Wellenmuster bildet, welches sich durch das Raum-Zeit-Kontinuum bewegt. Als letztes schließlich erkannte man, daß die Materie selbst aus elektromagnetischen Wellen besteht.

Professor Jahn und seine Mitarbeiter haben nun den Schluß gezogen, daß auch die Übertragung der menschlichen Gedanken und Absichten vermutlich eine Art von Wellenmuster bilden muß, das sich durch ein noch nicht identifiziertes Medium bewegt. An diesem Punkt wurden die Forscher wirklich nervös. Sie beschlossen, weiterzumachen und die Variable der Zeit in ihrem experimentellen Modell zu untersuchen: Sie wiesen die Versuchspersonen an, ihre Absicht zu einer bestimmten Zeit (bis zu 336 Stunden) vor dem Anschalten der Computer an die Maschine zu senden. Und wieder erhielt man völlig verblüffende Ergebnisse. Der Zeitfaktor zwischen dem gedanklichen Stimulus und der Reaktion des Computers verringerte nicht die geistige Fähigkeit der Versuchsperson, das Zufallsergebnis am Computer zu beeinflussen. Irgendwie hatte das Medium (Aka), durch welches die bewußte Absicht (Mana'o) ausgestrahlt worden war, die Information gespeichert, bis der Computer eingeschaltet wurde und die Untersuchung lief.

Auch in diesem Fall gilt: In der Kahuna-Tradition ist es seit Jahrtausenden von Jahren bekannt, daß die Kahuna-Meister ihre Absicht senden können, und daß diese Absicht im umgebenden Aka-Medium aktiv bleibt, bis der Empfänger, an den sich die Botschaft oder der Zauberspruch richtet, sich öffnet und die Kommunikation stattfindet.

Männliches und weibliches (Hu-Na) gemeinsam

Noch eine weitere wichtige Erkenntnis im Hinblick darauf, wie sich das Bewußtsein auf die Umwelt auswirkt, hat sich aus den Princeton-Studien ergeben. Sie betrifft den Einfluß des Geschlechts auf die Auswirkungen des absichtsvollen Handelns. Wir haben schon erwähnt, wie die Huna-Tradition davon ausgeht, daß das harmonische Zusammenwirken der komplementären Aspekte von Hu (männlich) und Na (weiblich) wesentlich für den Zuwachs an persönlicher Macht ist. Hat sich das Geschlecht als wirksame Variable in der modernen Forschung erwiesen?

Die Princeton-Studien förderten ein weiteres erstaunliches Ergebnis zutage, als sie diese Variable in die Interaktion zwischen Mensch und Maschine einführten. Als die Versuchspersonen zu Paaren zusammengefaßt wurden, die ihre Absicht gemeinsam auf die Maschine richteten, zeigten sich folgende Resultate:

»Überraschend war die Beobachtung, daß gleichgeschlechtliche Paare Ergebnisse erzielten, die sowohl beim positiven als auch beim negativen Testlauf das Gegenteil der Absicht darstellten, während Paare verschiedenen Geschlechts die erwünschten Resultate erzielten, und zwar 3,7mal stärker als eine einzelne Versuchsperson.«

Diese Entdeckung weist deutlich darauf hin, daß zwei individuelle Bewußtseinseinheiten, wenn sie sich miteinander verbinden, sich gegenseitig beeinflussen und die Ergebnisse verbessern. Außerdem führt die Ausgewogenheit der Geschlechter, des Hu und des Na in der Kahuna-Sprache, zu deutlich verbesserten Leistungen, während ein starkes Ungleichgewicht von nur Hu oder Na entgegengesetzte Resultate hervorbringt. Wir bemühen uns immer noch darum, die tiefere Bedeutung dieser

Ergebnisse zu verstehen. In späteren Kapiteln werden wir sehen, daß sich diese unerwarteten neuen Einsichten in die Funktionsweise des Bewußtseins im Hinblick auf unser Huna-Thema als außerordentlich wichtig erweisen werden.

Zur Ergänzung noch eine weitere Schlüsselerkenntnis aus den Princeton-Studien, auf die wir in einem späteren Kapitel zurückkommen werden: Wenn gegengeschlechtliche Paare (männlich-weiblich, Hu-Na) Liebespaare waren (verheiratet oder in einer festen Partnerschaft), dann erzielten sie »fast sechsmal bessere Ergebnisse als einzelne Versuchspersonen«.

Um diese Statistik kommt man nicht herum. Wie Sie sich vorstellen können, wurden zahlreiche Tests durchgeführt, um die Korrektheit der Ergebnisse zu überprüfen – und jedesmal stellte sich heraus, daß durch die emotionale Liebe oder Aloha, die hier ins Spiel kam, die Herrschaft des Geistes über die Materie in verblüffendem Maße zunahm. Außerdem zeigte die Princeton-Studie zum ersten Mal auf eine Weise, die auch die skeptischen Wissenschaftler überzeugte, daß zwei befreundete Menschen sich gegenseitig sowohl Symbole als auch bildhafte Vorstellungen über jede beliebige Entfernung und die Grenzen der linearen Zeit hinweg übermitteln können – einfach durch ihre geheimnisvollen Bewußtseinskräfte, die miteinander in positiver emotionaler Resonanz stehen und durch noch unbekannte Vorgänge und Medien mühelos miteinander verschmelzen (vgl. S. 199ff.).

Aufgrund dieser überwältigenden Datenfülle haben Professor Jahn und seine Mitarbeiter in Princeton jetzt nach zwanzigjähriger Forschungsarbeit über die Wechselwirkungen zwischen Bewußtsein und Umwelt den Schluß gezogen, daß es auf der Quantenebene der Wirklichkeit keine eindeutige Grenze zwischen Bewußtsein und Materie gibt. Statt dessen, so drückt Jahn es aus, »ist das Bewußtsein in der Lage, seine äußere Umgebung in dem Maße zu durchdringen, wie es der jeweiligen Absicht entspricht.«

Auf genau diese Weise haben natürlich die Huna-Meister den Prozeß der Manifestation schon immer gesehen. Nun endlich hat die westliche Wissenschaft eine formale Disziplin geschaffen, die diese Vorgänge untersucht und die man in akademischen Kreisen als »Quantenmechanik des Bewußtseins« bezeichnet.

Nachdem wir diese neue Forschung über die Quantenmechanik des Bewußtseins zumindest in ersten Ansätzen dargestellt haben, können wir nun zu den pragmatischeren Aspekten kommen und auf die Frage eingehen, wie wir die Huna-Manifestationstechniken in unserem eigenen Leben anwenden können.

Was kann Huna für Sie tun?

Obwohl wir dieses Buch mit einer wichtigen kurzen wissenschaftlichen Erörterung begonnen haben, gehen wir grundsätzlich davon aus, daß Sie kein Gelehrter oder Wissenschaftler sind, der lediglich abstrakte, intellektuelle Informationen über die Huna-Tradition will. Vielleicht teilen Sie unser Interesse daran, wie diese alte Tradition mit neuen wissenschaftlichen Erkenntnissen über die Kraft des menschlichen Bewußtseins zur Beeinflussung der äußeren Welt zusammenpaßt. Aber auf der Grundlage dessen, was wir Ihnen eingangs versprochen haben, lesen Sie dieses Buch wahrscheinlich, weil Sie eine praktische Anleitung suchen, die Ihnen hilft, Ihre tieferen menschlichen Kräfte zu wecken. Deshalb präsentieren wir Ihnen eine Liste dessen, was Sie gewinnen können, wenn Sie beginnen, die

Techniken, die wir Ihnen in diesem Buch vermitteln, auf Ihre persönliche Lebenssituation anzuwenden.

1) Erlangen Sie Ihren verdienten Wohlstand

Die alten Kahunas waren absolute Meister darin, ihr inneres geistiges Huna-System für materielle und soziale Ziele einzusetzen, um Wohlstand zu erlangen und ihre Träume zu verwirklichen. Im alten Polynesien bezeichnete man Wohlstand oder Glück als Pomaika'i, was auch bedeutete, »gesegnet zu sein«. Die Kernsilbe dieses Ausdrucks, Maika'i, bedeutet gut, und Po bezieht sich auf die innere oder unsichtbare Welt, so daß Pomaika'i einen Segen bezeichnet, der von innen kommt oder aus den unsichtbaren Ebenen der Wirklichkeit (was die Wissenschaftler die prämaterielle Matrix nennen. Die Polynesier wußten, daß alle Segnungen der materiellen Welt aus unseren eigenen inneren Gedanken und Einstellungen hervorgeht. Wie wir Schritt für Schritt entdecken werden, können wir unser eigenes Bewußtsein einsetzen, um auf der geschäftlichen Ebene erfolgreicher zu werden, wenn wir nur die speziellen Techniken lernen, mit denen wir die Aufmerksamkeit auf das lenken, was wir wirklich für unser Leben brauchen und wünschen.

2) Erfüllen Sie Ihre tiefsten Herzensbedürfnisse

Zu den größten Entdeckungen der alten Kahunas gehört die Tatsache, daß die Liebe das beste Werkzeug zum effektiven Handeln darstellt. Da Liebe beinhaltet, daß wir uns in Harmonie mit der Wirklichkeit befinden, ist eine wahrhaft liebevolle Absicht die stärkste spirituelle Kraft, die es auf der Welt gibt.

(Die Princeton-Studien bestätigen diese Feststellung, indem sie uns zeigen, daß emotional verbundene Paare ihre gemeinsame Absicht sechsmal stärker in die Tat umsetzen konnten, als dies jedem einzelnen Partner alleine möglich gewesen wäre.)

Der polynesische Ausdruck für Liebe ist das Wort Aloha. Diese Bezeichnung ist auf der ganzen Welt derart überstrapaziert worden, daß sie einem heute fast wie ein bedeutungsloses Klischee vorkommt, mit dessen Hilfe alles, von Kartoffelchips bis zu Flugtickets, verkauft wird. Doch wenn wir zu seiner ursprünglichen Bedeutung zurückkehren, erschließt sich die Kraft dieses Wortes wieder neu.

Traditionell bedeutete der Ausdruck Aloha »freudiges Teilen des Lebens in der Gegenwart« oder auch »unsere Herzen singen zusammen«. Die tiefere Absicht des Wortes wird klar, wenn wir Alo als »zusammensein mit« und Oha als »glücklich sein« interpretieren. Außerdem bedeutet die Silbe Ha »Atem des Lebens«. In Verbindung mit Alo wird daraus Alo-ha im Sinne von »zusammen glücklich und mit dem Atem des Lebens erfüllt sein«.

Die Hawaiianer wußten über die Liebe, daß wir zunächst unser eigenes inneres Glück finden müssen, bevor wir mit einem anderen Menschen glücklich sein können. Aber wie finden wir dieses schwer faßbare innere Glück? Die Huna-Tradition kommt uns hier auf dramatische Weise zur Hilfe, indem sie uns zeigt, daß es drei verschiedene Aspekte unseres Seins gibt (Ku, Lono und Akua-lani), die harmonisch miteinander kommunizieren und einander als das lieben müssen, was sie sind, bevor wir uns ernsthaft nach außen wenden und eine erfüllende Freundschaft oder Liebesbeziehung eingehen können.

Wie wir noch sehen werden, muß der Prozeß, in dem wir »einander finden«, keine vom Zufall abhängige und vielleicht frustrierende Suche sein. Ihr Bewußtsein berührt das Bewußtsein von Menschen mit ähnlicher »Wellenlänge« und zieht diese an. Außerdem können Sie in Ihrer Umgebung Schritt für Schritt das schaffen, was die Hawaiianer Ohana oder erweiterte Familie nennen.

3) Erneuern Sie Ihre natürliche körperliche Vitalität

Während Sie Ihre innere Kraft zum finanziellen Erfolg sondieren und eine herzerwärmende Liebesbeziehung genießen, hilft dieses Buch Ihnen auch, ein neues Verhältnis zu Ihrer körperlichen Gesundheit zu finden.

Wir alle haben in den letzten Jahren erkannt, daß es eine schwer meßbare Beziehung zwischen unseren Denkgewohnheiten, der sich daraus ergebenden Anspannung und unseren chronischen Gesundheitsproblemen gibt. Das bedeutet im Umkehrschluß, daß wir um so gesünder sind, je mehr Harmonie in unseren Gedanken und je weniger Streß in unserem Leben herrscht. Wie wir gesehen haben, besteht das innere Wesen des Huna-Weges darin, Harmonie in unsere grundlegenden Polaritäten von männlich und weiblich, aktiv und inaktiv, bewußt und unbewußt, schnell und langsam etc. zu bringen.

- Der Huna-Heilungsprozeß, der eine Dimension der umfassenden Haipule-Zeremonie darstellt, zeigt Ihnen, wie Sie Ihre tiefverwurzelten Selbstbilder verändern und ein neues Gefühl von Harmonie in Ihr gesamtes Dasein bringen können – und auf diese Weise heilende Entspannung und Frieden durch Ihren Körper fließt.

Selbstverständlich ist unsere körperliche Gesundheit aufs engste mit den anhaltenden Spannungsgefühlen verbunden, die mit unserer Sorge darüber zu tun haben, ob wir genug Geld verdienen, wirklich geliebt werden und so weiter. Die Huna-Tradition lehrt, daß wir das eine nicht vom anderen trennen können. Unsere körperliche Gesundheit und unsere Fähigkeit, Geld zu verdienen oder Freundschaften zu schließen, sind alle Teil eines Kontinuums, das aus unseren inneren Überzeugungen, Einstellungen, Ängsten und Erwartungen gebildet wird. Erst wenn in unserem Herzen und unserem Bewußtsein wieder Gleichgewicht und Harmonie herrschen, werden wir schließlich auch diese Spannungen verringern und unsere Gesundheit verbessern können.

4) Wahre Familie und Gemeinschaftsgeist

In unserer gegenwärtigen gesellschaftlichen Wirklichkeit haben wir viel von dem verloren, was eine gesunde Familie und Gemeinschaft ausmacht. Im Gegensatz dazu haben sich die Polynesier einen sehr tiefen und erfüllenden Sinn für Ohana bewahrt, wo offene Herzen und ein gemeinsames Heim nicht die Ausnahme, sondern die Regel sind. Im Grunde können wir geschäftlich und in der Liebe als isolierte Individuen nicht erfolgreich sein. Wir sind von Natur aus soziale Wesen, die Familie und Gemeinschaft brauchen – und in dieser Hinsicht können wir vom traditionellen Ohana-Ansatz auf Hawaii und den Südseeinseln eine Menge lernen. Dort gab es einen natürlichen Sinn für die Harmonie zwischen Individuum und Gesellschaft – eine Harmonie, die eine selbstverständliche Erweiterung der inneren positiven Gefühle des Individuums für sich selbst, seine Angehörigen und die Natur darstellte.

Sie können gezielt beginnen, sich eine harmonische Familie und Gemeinschaft vorzustellen, und dann von innen heraus handeln, um diese Vorstellung in Ihrem Alltagsleben zu verwirklichen. Sie haben jetzt schon die Macht, dies zu tun – alles, was Sie noch brauchen, sind die Werkzeuge – und die werden wir Ihnen geben. Und der Schlüssel zu allem, was wir erkunden werden, ist wieder einmal die Tatsache, daß wir innerhalb eines feinstofflichen, transpersonalen »kollektiven Bewußtseins« existieren, wo wir alle schon miteinander verbunden sind. Wir müssen lediglich lernen, uns zu öffnen und uns auf die »Gemeinschaft des Bewußtseins« einzustellen, die es um uns herum schon gibt.

5) Spirituelles Erwachen und Erfüllung

Weil der Huna-Weg zu Glück und wahrer Liebe durch sein innerstes Wesen den Kern unseres spirituellen Seins berührt, um unsere ursprünglichen Manifestationskräfte zu aktivieren, zielt dieses Buch natürlich darauf ab, Ihren Kontakt mit Ihrem spirituellen Selbst zu vertiefen und Ihre spirituelle Präsenz in Ihre mentale und körperliche Existenz zu integrieren. Wie schon erwähnt, wußten die alten Polynesier bereits sehr früh, daß jeder von uns drei Ebenen der Identität hat – den bewußten, zielstrebigen Verstand (Lono), die weitgehend unbewußte Geist-Körper-Einheit (Ku) und das Überbewußtsein oder höhere Selbst (Akua lani). Ein Hauptziel des Huna besteht darin, diese drei Aspekte unseres Seins in eine harmonische Beziehung zu bringen, so daß wir bei unseren alltäglichen Aktivitäten und Begegnungen stets als bewußte kreative spirituelle Einheit präsent sind.

Nach diesem kurzen Überblick über das, was Sie von diesem Buch erwarten können, ist es nun Zeit, uns intensiv dem ersten Schritt zur Manifestierung Ihres höchsten Potentials zu widmen. Wir laden ein, selbst zu entdecken, welch einen echten Segen es in jeder Hinsicht bedeutet, wenn Sie die alten Huna-Weisheiten und -Praktiken auf alle Aspekte Ihres Lebens anwenden.

Erstes Geheimnis

Mana'o: Die Kraft der eindeutigen Absicht

Wie immer man es nennen will – Willenskraft, persönliche Absicht, Verlangen, Entschlossenheit oder hawaiianisch Mana'o – unsere Fähigkeit, uns ein Bild von dem zu machen, was getan werden muß und unsere innere Energie auf das entsprechende Handeln zu richten, ist wesentlich für unseren Erfolg und sogar für unser Überleben in der Welt. Die gesamte Schubkraft der Huna-Methoden zur Manifestation und Erfüllung Ihrer Lebenswünsche gründet sich auf diese Fähigkeit.

Aus den Princeton-Studien wissen wir, daß »die grundlegende Variable dieser Experimente die Absicht des Handelnden ist«, so die Forscher selbst. Doch diese Handelnden bei den Versuchen waren keineswegs ausgebildete Huna-Meister, die gelernt hatten, ihre Absicht gezielt einzusetzen. Ganz im Gegenteil, sie waren Durchschnittsmenschen von der Straße, überwiegend Studenten, die sich ein paar Dollar extra verdienen wollten, indem sie an einem merkwürdigen Experiment teilnahmen. Sie hatten nicht die geringste Ahnung von Techniken, mit denen sie die Kraft ihrer Absicht gezielt hätten verstärken können – Bewerber mit Meditationserfahrung beispielsweise durften an den Experimenten nicht teilnehmen.

Stellen Sie sich vor, was bei den Princeton-Studien herausgekommen wäre, wenn statt dieser Versuchspersonen Menschen teilgenommen hätten, die in der Huna-Tradition der gezielten

Manifestationstechniken ausgebildet gewesen wären. Statt dessen haben die meisten Versuchspersonen wahrscheinlich nicht einmal an ihre eigenen Manifestationskräfte geglaubt. Deshalb dürften ihre statistischen Ergebnisse vermutlich weit unter dem liegen, was eine Gruppe gut ausgebildeter Versuchspersonen erreicht hätte, die nicht nur an die Herrschaft des Bewußtseins über die Materie glauben, sondern ihre Kräfte zur gezielten Manifestation ihrer Absichten bewußt entwickelt haben.

Vielleicht sollten wir hier kurz innehalten, damit Sie eine Weile über Ihre eigenen Einstellungen und Überzeugungen im Hinblick auf Ihre inneren Manifestationskräfte nachdenken können. Hier sind drei Fragen, die Ihnen helfen sollen, Ihre gegenwärtigen Empfindungen zu diesem Schlüsselthema zu erkennen:

1. Glauben Sie, daß Menschen generell die innere Macht haben, die Außenwelt direkt durch die Kraft ihres eigenen Bewußtseins zu beeinflussen?
   Machen Sie eine Pause von ein paar Atemzügen, sehen Sie vom Buch weg, schließen Sie vielleicht die Augen und lassen Sie Ihren tieferen Geist ehrlich über diese Frage nachdenken …
2. Glauben Sie, daß Sie selbst die Macht des Bewußtseins besitzen, die erforderlich ist, um Ihre Absichten in die Welt auszustrahlen und eine neue entsprechende Antwort hervorzurufen?
   Atmen Sie tief ein und versuchen Sie nicht, irgendeine Antwort zu erzwingen. Konzentrieren Sie sich statt dessen auf Ihren Atem und achten Sie ohne Beurteilung darauf, welche Gedanken spontan mit Ihnen auftauchen.
3. Glauben Sie, daß Sie lernen können, wie Sie Ihre Gedanken-

kraft verstärken, um Ihre Absicht in die Welt zu senden und eine entsprechende Reaktion zu erhalten?
Entspannen Sie sich wieder, warten Sie ab und blicken Sie einige Atemzüge lang, vielleicht mit geschlossenen Augen, nach innen. Finden Sie heraus, was Sie jetzt glauben.

Sie sind, wofür Sie sich halten

Es gibt keinen Zweifel, daß Ihre vorherrschenden Einstellungen und Überzeugungen Ihre Lebenserfahrung direkt einschränken können. So haben wir alle beispielsweise gelegentlich – und sei es nur für wenige Augenblicke – das Gefühl, auf dem Gipfel zu stehen, in Harmonie mit uns selbst und allem um uns herum, den Körper voller Energie und Wohlbefinden, den Geist klar wie ein reiner Glockenklang und die Emotionen aufgeladen mit Liebe und Glückseligkeit. Der gegenwärtige Augenblick scheint perfekt, die Natur von unbeschreiblicher Schönheit und unser eigenes Dasein so dynamisch, daß alles, was wir uns wünschen, geschehen muß. Die meisten von uns sind glücklich genug, solche Höhepunkte wenigstens gelegentlich zu erleben, wenn alles einfach perfekt läuft und ein Gefühl von Vitalität, Kraft, Liebe und Harmonie vom inneren Kern unseres Seins auszugehen scheint. Wir würden uns gerne immer so fühlen, aber wir sind in unserer Kultur stark dahingehend geprägt zu glauben, daß solche Erlebnisse sehr selten sind und nichts anderes als biochemische Zufälle, die durch äußere Ereignisse hervorgerufen werden – man sollte sie genießen, solange sie dauern, denn wir können sie nicht beliebig wiederholen. Die hawaiianische Tradition lehrt genau das Gegenteil. Das Huna-Lebensverständnis geht von der Grundlage aus, daß solche Gipfelerlebnisse für jeden jederzeit verfügbar sind – weil sie das Fundament unserer kreativen Natur bilden und nicht von irgendwelchen äußeren Bedingungen abhängen.

Sie sind natürlich frei, sich für die eine oder andere Position zu entscheiden: Sie können sich auf die Seite der Materialisten stellen und sagen, nein, wir sind nicht fähig, willentlich solche Zustände von Glückseligkeit herbeizuführen. Oder Sie können die Möglichkeit in Erwägung ziehen, daß Sie doch die Kraft haben, jederzeit über die Funktionen Ihres Körpers und Geistes zu bestimmen.

Beachten Sie, daß Sie abhängig von Ihren Überzeugungen ständig entscheiden, was Sie im Leben tun wollen. Sie können nur das zu tun beabsichtigen, wovon Sie glauben, daß Sie fähig sind, es zu tun – die Absicht ist abhängig vom Glauben. *Wenn wir unsere Überzeugungen erweitern, vergrößern wir auch den Rahmen unserer möglichen Absichten und folglich den Rahmen unserer Kreativität und Erfüllung.* Es ist wichtig, diese Dynamik zwischen Glauben und Handeln zu verstehen – wobei die Absicht in der Mitte zwischen beidem angesiedelt ist.

So entscheidet unser Glaube an die Kraft, welche Dinge geschehen läßt, über unsere Beziehung zu dieser grundlegenden kreativen Macht – und sie entscheidet darüber, wie wir unseren persönlichen Willen oder unser Mana'o in der Welt verwirklichen.

- Im Huna versuchen wir, zunächst die Quelle der Kraft zu entdecken, welche die Dinge in unserem Leben geschehen läßt – dann lernen wir, uns selbst in Übereinstimmung mit dieser Quelle zu bringen, damit wir die Kraft so lenken können, wie es unserer Berufung entspricht.

Vielleicht sehnen Sie sich beispielsweise danach, dem Menschen zu begegnen, mit dem Sie eine tiefe, dauerhafte Beziehung eingehen können, die Ihre Bedürfnisse nach Sexualität und Familie erfüllt. In unserer heutigen Gesellschaft, wo romantische Begegnungen überwiegend als Zufallsereignisse gelten, versuchen wir das Bedürfnis nach Intimität und Zugehörigkeit dadurch zu erfüllen, daß wir ausgehen und uns in verschiedenen Single-Kreisen umsehen in der Hoffnung, dort Glück in der Liebe zu haben.

Beim Huna-Ansatz tun wir genau das Gegenteil: In der festen Überzeugung, daß wir die erwünschte Begegnung durch die gezielte Ausrichtung unseres Bewußtseins und minimale äußere Anstrengung erreichen, ziehen wir uns aus der hektischen Partnersuche zurück und blicken zunächst nach innen, um unsere innere Vision, unsere innere Absicht oder unser Mana'o zu klären und zu stärken. Und auch wenn wir unsere innere Ausrichtung aufgebaut haben, stürzen wir uns nicht etwa in Zufallsaktivitäten, um die ersehnte Liebe zu finden. Statt dessen wenden wir spezielle Techniken an, die unsere Liebe sanft, aber sicher zu uns bringen.

Der Huna-Ansatz, unsere Lebenswünsche zu verwirklichen, scheint auf Zauberei zu beruhen – wir konzentrieren uns auf das, was wir wollen, und an einem bestimmten Punkt wird unser Wunschbild zur materiellen Realität. Aber auf dem tiefgründigen Huna-Pfad arbeiten wir nicht mit irgendeiner Abrakadabra-Magie, sondern wir lernen, uns selbst mit den grundlegenden wissenschaftlichen und spirituellen Lebenswahrheiten in Übereinstimmung zu bringen, so daß sich unsere innere Vision und die Außenwelt miteinander verbinden und durch den bewußten Ausdruck unserer Absicht zusammenwirken, um unsere Wünsche zu erfüllen.

In diesem Sinne besagt der Huna-Standpunkt, daß wir hier

sind, in der dreidimensionalen Welt, um genauer zu lernen, wie man Wirklichkeiten schafft.

- Unserem innersten Wesen nach vereinigen wir die grenzenlose spirituelle Quelle mit einem individuellen Bewußtsein, das fähig ist, sich auf eine Weise zu konzentrieren, daß es seine inneren Visionen in materielle Wirklichkeiten umsetzen kann. Und wir tun dies, indem wir unser Bewußtsein als energetische Brücken zwischen unserem spirituellen und unserem materiellen Selbst einsetzen.

Huna ist eindeutig eine spirituelle Philosophie, die nicht zwischen unserem materiellen Körper, unserem denkenden Verstand und unserer spirituellen Seele trennt – und in der es keinen Gegensatz zwischen der materiellen und der spirituellen Ebene gibt. Aus der Huna-Perspektive wird unsere materielle Wirklichkeit idealerweise ständig von unserer spirituellen Quelle gespeist, wobei unser denkender Verstand als kreative Verbindung zwischen der spirituellen Quelle und der materiellen Manifestation dient.

Nur wenn die bewußte Verbindung zwischen unserem materiellen Körper, unserer Vorstellungskraft und unserer spirituellen Quelle zerbricht, werden wir zu Opfern der Gesetze des Zufalls und sind in der Liebe und im Geschäftsleben manipulierbar. Und wenn wir erst einmal genau gelernt haben, wie wir die drei Aspekte unseres Selbst – Körper, Verstand und Geist – gezielt harmonisieren können, werden wir feststellen, daß wir uns nach eigenem Belieben jederzeit in jenen zuvor erwähnten Zustand der Glückseligkeit versetzen können.

Die Vereinigung der drei Aspekte des Selbst: Kanaloa

Wie können wir unser eigenes Selbst besser verstehen, damit wir diese tiefe innere Kommunikation zwischen den verschiedenen Aspekten unseres Seins fördern, statt sie zu behindern? Dazu werden wir die alten Huna-Vorstellungen erkunden, wie man Verstand, Körper und Geist zu einer größeren Einheit verbindet, die in der hawaiianischen Tradition Kanaloa genannt wird. Lange bevor die moderne westliche Psychologie zu der Erkenntnis gelangte, daß die menschliche Psyche aus drei Teilen besteht (dem Es, dem Ich und dem Über-Ich in der psychoanalytischen Terminologie), haben die Kahuna-Meister die Existenz von Ku, Lono und Akua lani beobachtet. Wir werden auf den folgenden Seiten entdecken, wie ein tieferes Huna-Verständnis dieser drei Aspekte des Seins unsere Fortschritte erheblich beschleunigen kann.

John erklärte dazu: »Während meines Psychologiestudiums und in all den Jahren als Therapeut konnte ich die Freudsche Vorstellung vom Es, Ich und Über-Ich nie ganz akzeptieren – vor allem, weil in der modernen Psychologie, die eine rein materialistische Wissenschaft ist, keine spirituelle Dimension der menschlichen Psyche existiert – es gibt nichts jenseits der sinnlichen Wirklichkeit.«

Die klassische Psychologie versuchte, sich als Wissenschaft zu etablieren, indem sie den populären materialistischen Vorstellungen folgte, die Chemie und Biologie vor hundert Jahren vertraten. Vor allem ersetzte die moderne Psychotherapie den höheren spirituellen Aspekt unseres Seins durch das »Über-Ich«, das als persönliches »Gewissen« ständig alles beurteilte, was wir im Rahmen religiöser und sozialer Normen taten.

Offensichtlich wurde dadurch, gemessen an den Modellen der Huna-Tradition, im psychoanalytischen Modell ein Vakuum auf der übergeordneten Ebene des Seins erzeugt. Und nun zwingen die Resultate solcher Experimente, wie sie in Princeton durchgeführt wurden, die Psychologie, ihre Sicht der Wirklichkeit zumindest ein Stück weit um das zu ergänzen, was traditionell als spirituell bezeichnet wird.

Auf welche Weise ist die Huna-Sicht der menschlichen Integrität wirkungsvoller als das westliche Verständnis? Hier ist ein kurzer Überblick, der keine umfassende intellektuelle Diskussion sein will, sondern eher darauf abzielt, Sie von innen heraus fühlen zu lassen, wie dieses Modell ein Spiegelbild Ihrer eigenen Selbsterfahrung darstellt.

Ihr Ku-Fundament

Soweit wir die alten Geheimnisse des Huna nachvollziehen können, scheinen die Kahunas von einer allgemeinen Vorstellung ausgegangen zu sein, nach der menschliche Wesen aus drei komplementären Aspekten bestehen, die zu einem erfolgreichen menschlichen Leben führen, wenn sie ausgeglichen und harmonisch sind.

Wir haben als Bezeichnung für diese drei komplementären Aspekte die Ausdrücke Ku, Lono und Akua lani gewählt, obwohl in unterschiedlichen Familientraditionen bisweilen auch andere Bezeichnungen benutzt werden. Denken Sie bitte daran, daß diese drei Aspekte nur ein Modell der Wirklichkeit repräsentieren – und an einem bestimmten Punkt werden wir selbstverständlich über das Modell hinausgehen und in direkten Kontakt mit Ihrem gegenwärtigen Dasein treten.

Der große Vorzug der theoretischen Auseinandersetzungen mit diesem für Sie neuen Huna-Verständnis Ihres inneren Wirkens besteht darin, daß dieses ungewohnte Modell Sie von Ihren begrenzten Überzeugungen im Hinblick auf Ihre innere Dynamik befreien wird. Dadurch wird es Ihnen schnell gelingen, zu Integration und Harmonie zu finden.

Lassen Sie uns mit dem kraftvollen Ausdruck Ku beginnen, zu dem Sie hoffentlich eine tiefe Beziehung aufbauen werden, wenn Sie ihn benutzen, um voller Ehrfurcht die emotionale und physische Verbindung Ihres Daseins mit der materiellen Realität festzustellen.

- In Huna-Kreisen bezeichnet man mit Ku im höchsten Sinne Ihre irdische, animalische Natur. Ku wird oft auch »Körperbewußtsein« genannt, weil es im Stammhirn angesiedelt ist, das wir mit Reptilien und Säugetieren gemeinsam haben und das uns evolutionär mit den ursprünglichen Überlebensinstinkten aller Tiere verbindet.

Ku ist der handelnde Teil Ihres Seins – der »Täter«, der aufgrund früherer Konditionierungen und Gewohnheiten augenblicklich reagiert und handelt, um die Dinge in der materiellen Welt zu erledigen. Ku ist derjenige, der das »Ziel erreicht«, der die Befehle des denkenden Verstandes ausführt oder eine Sache automatisch aufgrund vorhandener Einstellungen, Gewohnheiten und Überzeugungen erledigt. Mit anderen Worten, Ku ist der Teil Ihres Seins, der dem vegetativen oder autonomen Nervensystem entspricht, welches Atmung, Herzschlag, Verdauung und ähnliches kontrolliert und auf äußere Erregung oder Herausforderungen mit Emotionen reagiert – die Sie in Aktion versetzen, um mit Schwierigkeiten und Bedrohungen fertigzuwerden.

- Ku ist auch das Zentrum Ihres körperlichen Wohlbefindens und neigt stark den angenehmen Seiten des Lebens zu, wobei es nicht nur Schmerz, sondern auch Anstrengungen oder Schwierigkeiten zu meiden versucht. Ku will sich einfach in jedem Moment wohl fühlen.

Dies alles sind »Beschreibungen« des Ku-Aspektes Ihres Selbst. Sie können Ihre Aufmerksamkeit auch direkt auf Ihr Ku-Selbst lenken und bewußt »erfahren«:

1. Wann immer Sie eine Emotion in Ihrem Körper wahrnehmen, versucht Ku, mit Ihrem denkenden Verstand (Lono) zu kommunizieren.
2. Wann immer Sie in Ihren Wagen steigen und automatisch den Motor anlassen und wegfahren, ohne bewußt darüber nachzudenken, erledigt Ku die ganze Sache gewohnheitsmäßig und aufgrund vorausgegangener Programmierung.
3. Wann immer Sie das Bedürfnis haben, etwas zu essen, sexuelles Verlangen empfinden oder schlafen möchten, macht Ku Ihnen bewußt, daß Sie Ihre Aufmerksamkeit auf die Befriedigung Ihrer körperlichen Bedürfnisse richten müssen.
4. Wenn Sie morgens aufwachen und den neuen Tag voller Energie beginnen, steuert Ku Ihre Lebenskraft optimal.
5. Wenn Ihr denkender Verstand, Lono, sich etwas vorstellt, was Sie tun möchten, und wenn Sie dann spüren, wie Ihr ganzer Körper auf den bloßen Gedanken reagiert – beginnt Ku zu wirken und auf der materiellen Ebene umzusetzen, was Sie auf der kognitiv-kreativen Ebene gedacht haben.
6. Wann immer Sie sich an etwas erinnern, jedesmal, wenn Sie auf frühere Erfahrungen zurückblicken und das, was damals geschah, wiedererleben, dann ist das ebenfalls eine Funktion von Ku: das Bewahren der Verbindung zu den Erinnerungen.

7. Und wann immer Sie eine »Ahnung« haben oder auf andere Weise Informationen empfangen, die Ihnen energetisch von anderen Menschen oder der Umwelt übermittelt werden, dann wirkt Ku als Empfänger für diese transpersonale Botschaft.

In Verbindung mit unserem Gedächtnis ist Ku (wenn wir es zulassen) sehr tüchtig darin, vergangene und gegenwärtige Erfahrungen zu vergleichen und dadurch neue Reaktionsweisen zu lernen. Auf der Basis von Empfindungen empfängt unser Körperbewußtsein ständig Informationen von der Außenwelt und Ideen, die unser denkender Verstand hervorbringt, wobei es für neue Erfahrungen offenbleibt, um bisherige Gewohnheiten zu verbessern.

Im Grunde sehnt sich unser Ku-Selbst nach Anweisungen, die es zuverlässig ausführt, und es sucht stets nach neuen Informationen, die ihm helfen, seine Gewohnheiten zu verbessern, um mehr Glück, Sicherheit und Vergnügen zu erlangen. Wenn wir bewußt in enger Verbindung mit unserem Ku-Selbst bleiben, können wir unsere ursprünglichen Konditionierungen rasch verändern und so unsere Welt zum Besseren wenden.

Ku und Ki

Als Grundlage aller Funktionen ist unser weitgehend autonomes Ku-System auch für das Empfangen, Speichern, Verteilen und Übertragen dessen verantwortlich, was die Polynesier Ki-Energie nennen, jene vitale Lebenskraft, die uns durchströmt und unseren Gedanken und Handlungen Energie verleiht. Vielleicht kennen einige von Ihnen das Wort Ki aus den Kampfkünsten oder aus anderen östlichen metaphysischen Quellen.

Es scheint sich dabei um einen weiteren Grundbegriff zu handeln, der sich in der östlichen Welt verbreitet hat und sich überall auf dieselbe fundamentale Tatsache bezieht, daß es im Universum eine nichtmaterielle Kraft gibt, die alle Wesen belebt. Andere Ausdrücke aus anderen Kulturkreisen für dasselbe Phänomen sind Prana, Shakti, Orgon und Chi.

Wir können natürlich nicht wissenschaftlich definieren, was die Lebenskraft des Universums »ist« – die Wissenschaftler haben bisher noch nicht einmal definieren können, woraus das sichtbare Licht besteht. Je tiefer sie forschen, desto tiefgründiger und mysteriöser wird das Phänomen des Lichts – was nicht anders zu erwarten war, denn das Licht ist eine Manifestation der universellen Lebenskraft selbst. Und nun stehen die Wissenschaftler der geheimnisvollen Frage gegenüber, woraus die Energie besteht, welche unsere Gedanken durch Zeit und Raum überträgt. Wenn (und falls) sie diese Frage beantworten können, werden sie sicher auch bald mehr über die Lebensenergie wissen, die wir hier Ki nennen.

Zweifellos ist die Ki-Energie auch in den Nahrungsmitteln enthalten, die wir essen, in der Luft, die wir atmen, in dem Wasser, das wir trinken... aber mit dem neuen Beweis, daß unser Geist in großem Umfang unsichtbare intelligente Energie in die Welt hinaussenden kann, müssen wir auch die Möglichkeit akzeptieren, daß die Huna-Meister recht hatten. Wir können fast sicher sein, daß es eine feinstoffliche Ki-Energie gibt, die weit über die Grenzen unserer biochemischen Körperreaktionen hinausreicht, eine Energie, die wir nicht nur durch unser Ku-System aufnehmen, sondern in unserem Ku-Zentrum auch speichern und nach außen in die Welt senden können.

- Nach dem Huna-Verständnis dient unser persönliches Ku-System als Energietransformator, der die allgemeine Ki-Energie aus verschiedenen Quellen aufnimmt, von denen einige subtiler sind als andere, und auf eine Ebene »heruntertransformiert«, auf der unser Organismus sie nutzen kann – genauso wie der Transformator vor Ihrem Haus die elektrische Spannung auf eine Voltzahl einstellt, bei der die Leitungen in Ihrem Haus nicht verschmoren.

Die Kahuna-Meister haben gelehrt, daß unser Organismus große Mengen an Ki-Energie aufnehmen und verarbeiten kann, wenn unser Lono-Selbst harmonisch mit unserem Ku-Selbst verbunden und unser Dasein auf der Ku-Ebene ausgeglichen ist. Dann fließt unser Leben wunderbar und wir erleben regelmäßig die zu Beginn dieses Kapitels beschriebenen Augenblicke der Glückseligkeit – unsere Gedanken und unser Handeln wirken dann zusammen, um das zu manifestieren, was wir uns wünschen.

Aber wenn unser Lono-Selbst das Ku-Selbst ständig ignoriert oder mit Angst oder Abscheu darauf reagiert hat, dann entstehen Probleme, die sich nur beseitigen lassen, wenn wir der Ursache wirklich auf den Grund gehen, um uns zu heilen und uns zu erholen. Kala drückt es so aus: »Ki kann mit Wasser und dem Fließen von Wasser verglichen werden. Es breitet sich normalerweise in alle Richtungen aus, aber wenn es blockiert wird, baut sich Druck auf, es kommt zu Überschwemmungen, und dieselbe Kraft, die einst nützlich war, wirkt nun zerstörerisch. Die Lebenskraft, die durch unseren Körper strömt, ist die ursprüngliche kreative Energie, durch die wir das manifestieren, was wir uns im Leben wünschen. Doch wenn sie an irgendeinem Punkt behindert wird, ist unser ganzes Leben blockiert, und diese Blockade stört den normalen Fluß der Dinge, so daß sich in unserem Leben nichts mehr leicht und mühelos vorwärtsbewegt.«

So viele von uns – vielleicht die meisten Menschen in unserer Gesellschaft, wo eine Schulung im Umgang mit Ki nicht vorgesehen ist – leiden chronisch unter einer schlechten Steuerung ihrer fundamentalen Energiequelle. Unser Ku-System würde das gerne korrigieren – aber dafür muß es erst einmal neue Einstellungen und Verhaltensweisen lernen, damit positive Veränderungen stattfinden können.

Werfen wir nun einen Blick auf die ursprüngliche innere Kraft, die oft die Ursache dafür ist, daß unser vorwärtsdrängender Ku-Partner sich so verhält, daß er unser Gleichgewicht stört – und die auch über die Macht verfügt, die Situation rasch zu unserem Vorteil zu verändern.

Lono, unser denkender Verstand

Wie Sie wissen, sind wir Menschen von der Evolution mit einem relativ großen »neuen« Gehirn gesegnet, das weit über das Gehirn der Reptilien und Säugetiere hinausreicht. Es gibt Kommunikationssysteme zwischen den älteren Gehirnteilen und diesem neuen, aber die verschiedenen Regionen sind doch stark voneinander getrennt, sogar in räumlicher Hinsicht. Bis zu einem gewissen Grad spiegeln Ku und Lono diese Trennung im Handeln wider.

Unser Lono-Verstand ist zu erstaunlichen Leistungen fähig. Wir können in einer bemerkenswert komplexen symbolischen Sprache denken und miteinander reden. Wir können von der Vergangenheit ausgehend kreative Visionen der Zukunft entwickeln. Wir können uns – hoffentlich – unseres eigenen Daseins bewußt werden. Und darüber hinaus besitzen wir die Fähigkeit, bewußt in höhere spirituelle Dimensionen der Wirklich zu gelangen, welche über die Sinneseinschränkungen unserer streng materiellen Existenz hinausreichen.

Jedesmal, wenn Sie logisch denken, um ein Problem zu lösen, benutzen Sie Ihren Lono-Verstand. Jedesmal, wenn Sie entdecken, wie Sie etwas besser machen können, benutzen Sie Ihre Kreativität. Und wann immer Sie zu sich selbst sagen, »wenn ich dieses tue, dann kann ich jenes erreichen«, benutzen Sie Ihre bewußten Lono-Kräfte, um Ihrem Ku-System eine neue Art des Umgangs mit dem Leben beizubringen.

Ihr Lono-Verstand spiegelt Ihre analytische, kognitive Fähigkeit, abstrakt zu denken und jeden Aspekt Ihres Lebens zu bewerten – und auch, etwas in die Zukunft zu projizieren und sich ein neues Bild davon zu machen, wie Ihr Leben werden könnte. Insofern übernimmt Ihr Lono-Verstand die Führung, wenn es darum geht, Veränderungen, für die Sie sich bewußt entschieden haben, in Ihrem Leben zu verwirklichen. Doch es gibt noch eine andere grundlegende Funktion des bewußten Lono-Verstandes, die wir uns sorgfältig ansehen müssen:

- Die wesentliche Kraft Ihres Lono-Verstandes ist vielleicht die Kraft, von Augenblick zu Augenblick zu entscheiden, was in Ihrem Alltagsleben das Wichtigste ist, worauf Sie sich konzentrieren müssen. Nutzen Sie diese Entscheidungsfähigkeit, um Ihre Aufmerksamkeit gezielt darauf zu richten, daß Sie Tag für Tag Ihre Welt ständig selbst erschaffen.

Wenn Sie genau darauf achten, werden Sie feststellen, daß Ihr bewußter Verstand gerade jetzt entscheidet, Ihre Aufmerksamkeit auf die Worte in diesem Buch zu richten, Worte, die einen direkten Einfluß auf Ihr Selbstbild haben – dies ist Ihre aktive Wahl, Ihre Lono-Entscheidung. Ohne diese Fähigkeit zu wählen, worauf Sie Ihre Aufmerksamkeit richten, würden Sie vollständig von Ihren Gewohnheiten beherrscht. Sie würden darin steckenbleiben und könnten Ihr Leben nicht verändern.

Tatsächlich leben wir die meiste Zeit nicht wirklich bewußt – wir neigen dazu, uns von unseren Ku-Gewohnheiten automatisch lenken zu lassen, ohne eine bewußte Entscheidung zu treffen, worauf wir uns konzentrieren wollen. Unsere Lono-Aufmerksamkeit driftet in gewohnheitsmäßige Grübeleien über die Vergangenheit ab oder beschäftigt sich mit Zukunftsträumen oder -ängsten, während das Ku-System unsere gegenwärtige Aufmerksamkeit und unser körperliches Verhalten weitgehend über »Autopilot« steuert. Lono hat gerne das Gefühl, der Hauptdarsteller zu sein und herrscht oft wie ein kleiner Diktator über unser emotionales und körperliches Dasein – verliert aber oft den Kontakt mit der gegenwärtigen Realität und bleibt in einem Gefühl von Hilflosigkeit und Hoffnungslosigkeit stecken, dessen Grundlage der ständige Gedankenfluß und negative Überzeugungen sind.

Der Ausgleich von Ku und Lono

In unserer traditionellen westlichen Lebenssicht sind wir alle durch die vorherrschende dualistische Einstellung unserer Gesellschaft konditioniert worden, unseren Lono-Verstand so zu behandeln, als sei er von unserem Ku-Körper getrennt. Außerdem sorgen unsere Schulen dafür, daß unsere Kinder sich primär auf ihren denkenden Verstand konzentrieren, statt ihre Körperwahrnehmungen, Instinkte und Emotionen in ihre mentalen Aktivitäten einzubeziehen. Den größten Teil des Tages verbringen wir in unserem Verstand und außerhalb unseres Körpers, oder?

Diese starke und dauerhafte Trennung zwischen unserem Ku-Selbst und unserem Lono-Selbst würde ein Kahuna-Meister als sehr gefährliche und kontraproduktive Art zu leben ansehen. Wie wir schon festgestellt haben, zielt der Huna-Ansatz vor allem auf ein Gleichgewicht der verschiedenen Aspekte unseres Seins, und nicht auf die Vorherrschaft des einen über den anderen.

- Für den Huna-Weg zu Erfolg und Erfüllung empfehlen wir Ihnen nachdrücklich, besondere Techniken zum Ausgleich von Ku und Lono zu lernen, damit diese beiden Aspekte Ihres Lebens gleichwertige Elemente des Manifestationsprozesses darstellen und auch in eine offene Kommunikation und Harmonie miteinander gebracht werden.

Das wichtigste Ziel dieses Buches besteht nicht darin, Sie nur mit den Vorstellungen vertraut zu machen, die den Hintergrund des Huna-Manifestationsprozesses bilden, sondern Ihnen vor allem den Prozeß selbst zu vermitteln. Und der entscheidende Anfangspunkt beim Huna-Energetisierungsprozeß liegt – wie bei allen mächtigen schamanischen Traditionen – darin, Ihre Aufmerksamkeit von den gewohnheitsmäßigen Gedankenströmen auf eine erweiterte Wahrnehmung Ihres umfassenden irdischen Daseins zu lenken, also die Wahrnehmung von Ku und Lono in Ihrem eigenen Bewußtsein zu einem größeren Ganzen zu integrieren. *Der Erfolg des gesamten Programms in diesem Buch hängt davon ab, daß Sie lernen, sich aus Ihrer Gedankenverlorenheit heraus in das vollständige »Hier« des gegenwärtigen Augenblicks zu versetzen.* Die Huna-Kräfte haben nichts mit Vorstellungen und Gedanken über Vergangenheit und Zukunft zu tun – sie erfordern das volle Gewahrsein unserer körperlichen Existenz im gegenwärtigen Augenblick.

Deshalb lernen Sie zuerst den wirkungsvollsten Weg kennen, auf dem wir uns fast augenblicklich in einen Zustand ganzheitlicher Wahrnehmung versetzen können, in dem der Verstand vorübergehend von gewohnheitsmäßigen Gedanken frei und ganz auf die Ereignisse des gegenwärtigen Augenblicks konzentriert ist.

- Einfach ausgedrückt: Unser Verstand muß erst zur Ruhe kommen und sich unseres mehrdimensionalen Selbst voll bewußt sein, bevor wir uns auf die höhere Ebene der aktiven Huna-Harmonisierung und -Manifestation versetzen können.

Um diesen Wechsel zu der vom Huna geforderten Integration von Körper und Verstand zu vollbringen, wo der denkende Lono-Verstand vorübergehend schweigt und sich öffnet, um dieses tiefe Gefühl der bewußten Einheit mit unserem Ku-Selbst zu erfahren, müssen wir eine grundlegende Technik einsetzen, mit der wir unsere Aufmerksamkeit anders ausrichten. Diese Technik gilt in den meditativen Traditionen überall auf der Welt als der beste Weg, um das Ziel der Integration von Körper und Bewußtsein zu erreichen. Die Konzentration des Bewußtseins auf den Atem ist in der Huna-Tradition, wie in jeder anderen spirituellen Tradition der Welt, der erste Schritt, um einen Zustand erweiterten Bewußtseins zu erreichen. Überall auf der Welt weiß man: »Atem ist Leben.«

In der hawaiianischen Tradition ist einer der Schlüsselbegriffe, die große Macht entfalten, das Wort Ha, welches als »Atem« oder oft auch als »Leben« übersetzt wird. Beachten Sie, daß Hawaii mit dieser Silbe beginnt und Aloha damit endet. Der Ausdruck für eine harmonische Familie, Ohana, hat diese Silbe mit der Bedeutung »Atem/Leben« in seiner Mitte.

Also beginnen wir unser formales Huna-Training damit, daß wir die gesamte Aufmerksamkeit unseres bewußten Verstandes auf das ursprüngliche Dasein unseres körperlichen Selbst richten: Das läßt sich am wirkungsvollsten dadurch erreichen, daß wir uns auf die aktuellen Empfindungen konzentrieren, die hier und jetzt auftreten, wenn die Luft durch unsere Nase oder unseren Mund ein- und ausströmt.

Erste Übung: »Ha!« – Die Konzentration auf den Atem

Wenden Sie Ihre Aufmerksamkeit, selbst während Sie diese Worte lesen, auf eine sanfte und entspannte Weise den körperlichen Empfindungen zu, die Sie eben jetzt fühlen, während die Luft durch Ihre Nase ein- und ausströmt. Atmen Sie ohne Anstrengung. Erlauben Sie Ihrer inneren Lebenskraft, Sie atmen zu lassen. Stimmen Sie sich auf Ihre reine Körperempfindung ein, und erfahren Sie durch diesen bewußten Akt, wie sich Ihre Aufmerksamkeit erweitert und das sinnliche, körperliche Reich von Ku inmitten Ihrer bewußten Lono-Erfahrung einschließt.

Während Sie sich des Gefühls der Luft bewußt bleiben, die bei jedem Atemzug durch Ihre Nase ein- und ausströmt, gestatten Sie Ihrer Wahrnehmung, sich nun mühelos noch weiter auszudehnen, damit Sie auch die Empfindungen einschließt, die die Bewegungen Ihrer Brust und Ihres Bauches beim Atmen hervorrufen. Spüren Sie, wie sich das, was die Hawaiianer als Ki (Lebensenergie) bezeichnen und was Ihr Leben von Augenblick zu Augenblick erhält, in den Bewegungen Ihres Atmens manifestiert...

- Beachten Sie, daß, wenn Sie Ihre Aufmerksamkeit gezielt auf die verschiedenen Empfindungen zu Ihrem Ku-Körper richten, diese Konzentration dazu führt, daß Sie nicht mehr von den ständigen Gedanken in Anspruch genommen werden, die Ihre Aufmerksamkeit sonst beherrschen. Sie haben begonnen, Ihren denkenden Verstand mit Ihren Empfindungen zu harmonisieren.

Dieser gerade beschriebene Akt der Konzentration auf den Atem hilft Ihnen auf hervorragende Weise, Ihren denkenden Verstand zu beruhigen, und erlaubt Ihnen, Ihre eigene Ki-Energie, die Sie atmen läßt und damit am Leben erhält, direkt zu erfahren. Vielen Menschen fällt es jedoch schwer, ihre Aufmerksamkeit einfach nur bei diesem Erlebnis des Atmens zu halten. Ihr Geist beginnt abzuschweifen, kehrt zum Denken zurück, und dabei gehen die Konzentration auf das Atmen und die Präsenz von Ku verloren. Um mühelos tiefer in integriertes Lono-Ku-Bewußtsein zu gelangen, ist ein weiterer Meditationsschritt erforderlich, bei dem Sie mitten in Ihrer Atemerfahrung Ihre Aufmerksamkeit noch weiter ausdehnen, um auch die Empfindungen wahrzunehmen, die von Ihrem Herzschlag oder Puls ausgehen.

Die Hawaiianer bezeichnen das Herz als Pu'uwai, was »Hügel des süßen Wassers« bedeuten kann und sich gleichzeitig auf das Herz in unserem Körper bezieht, welches das Blut durch die Adern pumpt. Auch wenn man jemanden von Herzen liebt, nennt man diese Person seine/n Pu'uwai.

Wenn Sie mehr Harmonie und Einheit in Ihr Dasein bringen wollen, besteht der beste Weg zweifellos darin, daß Sie Ihre Aufmerksamkeit auf die körperliche Erfahrung des Atmens (Ha) richten und sie dann so ausdehnen, daß sie gleichzeitig den Herzschlag oder Puls (Pu'uwai) einschließt, den wir direkt in der Mitte unserer Atemerfahrung finden.

- Letzten Endes ist es die Einheit von Atem und Herzschlag, die ständig von unserer grundlegenden Lebenskraft mit Energie versorgt wird und unsere Existenz auf dieser Erde von einem Moment zum nächsten bewahrt. Wenn wir uns voll auf diesen Vorgang im Zentrum unseres Seins konzentrieren, finden wir zur Einheit im Kern unseres Wesens und schaffen so die Voraussetzungen für alle weiteren Huna-Fortschritte.

Beachten Sie: Wenn es Ihnen schwerfällt, Ihren Herzschlag oder Puls zu fühlen, stehen Sie einfach auf und springen Sie ein paarmal auf und ab – anschließend können Sie ganz bestimmt fühlen, wie Ihr Herz in der Mitte Ihres Atems schlägt.

Zweite Übung: »Herz und Atem zusammen«

Richten Sie Ihre Aufmerksamkeit wieder sanft auf Ihren Atem. Spüren Sie, wie die Luft durch Ihre Nase ein- und ausströmt und erweitern Sie Ihre Wahrnehmung auf die Bewegungen in Brust und Bauch, während Sie ohne Anstrengung atmen...

Während Sie mit voller Aufmerksamkeit bei Ihrem Atem bleiben, erweitern Sie Ihre Wahrnehmung ohne Anstrengung um den nächsten Schritt, um zu spüren, wie Ihr Herz schlägt, während Sie atmen. Konzentrieren Sie sich direkt auf Ihr Pu'uwai-Zentrum in der Mitte Ihres Brustkorbs. Spüren Sie Ihren Pulsschlag überall, wo er sich im Körper manifestiert. Gestatten Sie Ihrer Wahrnehmung, sich mühelos auszudehnen, um Ihren gesamten Körper in diesem gegenwärtigen Augenblick zu umfassen. Während Sie in diesem erweiterten Bewußtsein ganzheitlicher Körperwahrnehmung atmen, erlauben Sie sich, die natürliche Harmonie von Körper und Verstand als umfassendere Bewußtseinseinheit zu erleben.

Praktischer Hinweis: Diese grundlegende Meditation über Ihr persönliches Sein wird sich jedesmal vertiefen, wenn Sie sie praktizieren. Natürlich ist immer ein gewisses Maß an Wiederholung und Disziplin (bewußte Absicht) erforderlich, um wichtige neue Praktiken im Leben zu meistern. Deshalb empfehlen wir Ihnen, diese Meditation in den nächsten Tagen und Wochen häufig durchzuführen, bis Sie diesen augenblicklichen Wechsel zu einer integrierten Ku-Lono-Wahrnehmung Ihres gesamten Körpers beherrschen.

Das Gute daran ist, daß Sie für diese Meditation nur vier Atemzüge benötigen – und Sie werden sich dadurch jedesmal besser fühlen. Gestatten Sie also Ihrem auf Vergnügen ausgerichteten Ku-Prinzip, Sie auf mühelose und angenehmste Weise durch diesen Lernprozeß zu führen.

Erster Atemzug: Konzentrieren Sie sich darauf, wie die Luft durch Ihre Nase ein- und ausströmt...

Zweiter Atemzug: Nehmen Sie dabei auch bewußt die Bewegung in Ihrer Brust und Ihrem Bauch wahr...

Dritter Atemzug: Erweitern Sie Ihre Konzentration, um auch Ihren Herzschlag oder Puls wahrzunehmen...

Vierter Atemzug: Seien Sie sich Ihres gesamten Körpers in diesem gegenwärtigen Augenblick bewußt...

Harmonisches Zusammenwirken von Ku und Lono

Was Sie mit dieser ausgleichenden Meditation in vier Stufen eben gelernt haben, ist der erste Schritt des Huna-Weges, mit dem Sie Verantwortung für Ihr Leben übernehmen und die Welt um sich herum nach Ihren Wünschen erschaffen. Wenn Sie Ihre Ku- und Lono-Aspekte ins Gleichgewicht gebracht haben, sollten Sie sich in der idealen Position befinden, mit einem klaren »Ganzkörperbewußtsein« zu entscheiden, was Sie als nächstes im Leben tun wollen, und entsprechend zu handeln. Ein einfaches Beispiel demonstriert, wie Ku und Lono zusammenwirken, wenn Ihr denkender und Vorstellungen entwickelnder Verstand im Gleichgewicht mit Ihren körperlichen Empfindungen und Bedürfnissen ist.

Absicht in Aktion: Stellen Sie sich eine alltägliche Situation in Ihrem Leben vor, bei der Sie vor dem Fernseher sitzen oder ein Buch lesen oder mit jemandem reden und dabei weitgehend von Ihren Gedanken und anderen Lono-Aktivitäten in Anspruch genommen sind. Vielleicht haben Sie schon seit einer halben Stunde oder länger keinen wirklichen Kontakt zu Ihrem Körper und Ihren Gefühlen gehabt. Sie sind wie gewöhnlich mit Ihren Ideen beschäftigt. Doch langsam aber sicher stellen Sie fest, daß ein sehr körperliches Bedürfnis versucht, Ihre Aufmerksamkeit zu erregen. Vielleicht bemerken Sie ein körperliches Unbehagen irgendwo in Ihrem Ku-Reich. Aber das Gespräch, die Fernsehsendung oder das Buch sind so interessant, daß Sie auf den Versuch Ihres Körpers, Ihre Aufmerksamkeit zu erregen, nicht reagieren mögen. Das geht noch zehn oder fünfzehn Minuten so weiter. Schließlich nimmt Ihr Verstand so viele – längst nicht mehr subtile – Hinweise Ihres Körpers wahr, daß

Sie ihm widerwillig Ihre Aufmerksamkeit für einen Augenblick zuwenden. Lono empfängt durch eindeutige körperliche Symptome (trockener Mund, verkrampfter Magen, angespanntes Gefühl von Dringlichkeit) eine Botschaft von Ku, die Ihnen sagt, daß Sie durstig sind, sehr durstig sind.

Beachten Sie, daß Ku seine grundlegenden Bedürfnisse durch körperliche und emotionale Empfindungen an Lono meldet. Wenn Ihr Lono-Verstand dies wahrnimmt, kommen Ihnen entsprechende Gedanken in den Sinn, wie »Ich bin durstig«.

- Genau an diesem Punkt, wo der bewußte Verstand seinen körperlich-emotionalen Zustand erkennt und akzeptiert, daß die Forderung von Ku nach Befriedigung der entsprechenden Bedürfnisse berechtigt ist, werden Sie feststellen, daß Ihr Lono-Verstand die Absicht hervorbringt, etwas zu tun, um diesen Bedürfnissen nachzukommen.

Unser Körper tut im wesentlichen das, was unser Verstand ihm sagt, oder? Im großen und ganzen muß unser gesamtes Ku-System den generellen Absichten des Lono-Verstandes von Augenblick zu Augenblick folgen und um Erlaubnis bitten, wenn es etwas tun will, was den Absichten des denkenden Verstandes zuwider läuft. Unser denkender Verstand will das Gespräch fortsetzen, während unser Körper immer dringender etwas zu trinken braucht. Irgendwann muß der denkende Verstand das Bedürfnis des Körpers zur Kenntnis nehmen und sich darum kümmern, wenn unser Leben weiterhin gut verlaufen soll.

Sobald einem der Gedanke »Zeit für ein Glas Wasser« durch den Kopf geht, hat das Ku-System die Erlaubnis erhalten, alle gewohnheitsmäßigen Aktivitäten zu entfalten, um sein Bedürfnis zu erfüllen: vom Stuhl aufzustehen, in die Küche zu gehen und sich ein Glas Wasser einzugießen. Sie können währenddessen weiterdenken oder reden oder Ihren Träumen nachhängen, denn Ihr Ku-System erledigt die Dinge weitgehend automatisch. Doch die auslösende Absicht ist unverzichtbar.

Beachten Sie, wie sich in dieser einfachen Situation ein Konflikt zwischen Lono und Ku entwickelt. Vielleicht unterhalten Sie sich gerade mit einem wunderbaren Menschen, der weggehen könnte, während Sie sich ein Glas Wasser holen. Unser Lono-Selbst will das Wasser eigentlich nicht holen. Aber unser Ku-Selbst wird zunehmend ungeduldiger.

- Wenn Lono sich weigert, auf die subtilen Botschaften des Körpers zu reagieren, wird Ku beginnen, weniger subtile Botschaften zu senden. Ihr Hals wird trocken und kratzig, wenn der Durst zunimmt, Sie bekommen Magenschmerzen und werden reizbar. Ku kann sehr geduldig sein – aber andererseits kann der Überlebensinstinkt sich mit großer Dringlichkeit äußern.

Wir alle kennen Situationen, in denen wir uns von einem anderen Menschen sexuell stark angezogen fühlen (zweifellos ein Ku-Bedürfnis), aber unsere Lono-Vernunft weigert sich, diesem körperlichen Bedürfnis nachzukommen. Sie besteht darauf, die Erfüllung in eine hoffentlich günstigere Zukunft zu verlegen, weil eine sofortige Reaktion auf dieses Verlangen nicht angemessen wäre. Als Ergebnis bauen sich Empfindungen von Dringlichkeit und Leidenschaft, Anspannung und Frustration in unserem Körper auf, während unser Verstand sich weiterhin weigert, dem körperlichen Bedürfnis nachzugeben.

Stellen Sie sich nun die extremere Situation vor, in der Lono ständig und endlos die natürlichen Bedürfnisse von Ku zurückweist. Ein Mensch ist in dem Glauben erzogen worden, daß Sex eine Sünde ist, daß körperliches Vergnügen und unsere eher animalischen Bedürfnisse scheußlich und peinlich sind. Dieser Mensch wächst damit auf, daß er seinem Ku-System regelmäßig das Vergnügen und die Befriedigung verweigert, die es von Natur aus verlangt. Die bewußte und gewohnheitsmäßige Lono-Ansicht wird ständig die Versuche von Ku durchkreuzen, im Leben Vergnügen zu finden.

Daraus entsteht eine chronische Spannung. Man fühlt sich unglücklich und frustriert. Da Lono gewohnheitsmäßig die natürlichen Bedürfnisse von Ku zurückweist, wird Ku irgendwann beginnen, die Absichten von Lono zu durchkreuzen, indem sich beispielsweise gesundheitliche Probleme entwickeln. Ku kann auch die normalen Gedächtnisfunktionen unterbrechen, Träume stören, gewohnte Bewegungsabläufe durcheinanderbringen – es unternimmt alles, um die Aufmerksamkeit von Lono zu erregen und hoffentlich die Erlaubnis zu bekommen, etwas zu tun, das körperliches Wohlbefinden hervorruft. Wenn es sich zu lange ignoriert oder schlecht behandelt fühlt, hat Ku auch die Macht, den normalen Fluß der Lebenskraft durch Körper und Geist zu stören, was entweder zu Reizbarkeit und überzogenen Reaktionen oder zu Depressionen und Energiemangel führt.

- Am Ende kann Ku, weil es den fundamentalen Strom der Manifestationsenergie Mana kontrolliert, die uns zum Handeln befähigt, unsere schönsten langfristigen Wünsche und Träume untergraben, indem es sich weigert, unsere Absicht in erfolgreiches Handeln umzusetzen.

Es ist eine universelle Wahrheit, daß wir uns allzuoft in Situationen befinden, wo unser intellektueller Verstand das eine will, während unser Ku-Selbst etwas anderes will. Wie wir gesehen haben, neigt unser Denken und Planen dazu, die sofortige Erfüllung von Bedürfnissen zugunsten wichtigerer Ziele auf später zu vertagen, während unser instinktives Selbst das Vergnügen sofort haben will. In der westlichen Gesellschaft ist es die Regel und nicht die Ausnahme, daß Lono und Ku im Widerstreit miteinander liegen, und als Ergebnis sehen wir allgemeine Funktionsstörungen in vielen Bereichen.

Die Grundregel lautet: Wenn der Lono-Verstand dazu neigt, die Bedürfnisse von Ku zu ignorieren oder zurückzuweisen, verschließt er sich der offenen Kommunikation und ignoriert alle Emotionen oder körperlichen Symptome von Ku, die eine Entscheidung herbeiführen könnten, welche Ku gegenüber Lono begünstigt. Dies ist die klassische Situation, in der jemand chronisch den Kontakt zu seinen Gefühlen und zu seinem Körper verloren hat, und statt dessen nur träumt, sich Sorgen macht und denkt – denkt – denkt.

Dieser Zusammenbruch der Kommunikation und die Vorherrschaft eines Aspektes des Selbst über die gesamte Person führen mit Sicherheit zu einer allgemeinen Spannung oder Lethargie, zu Verwirrung oder Ärger, Depressionen oder manischem Verhalten. Viele Maßnahmen der Psychologie und Psychotherapie zielen darauf ab, die Menschen aus diesem chronischen Zustand einer inneren Sackgasse wieder herauszuführen. Doch allzuoft haben diese Bemühungen wenig Erfolg – und dafür gibt es unserer Ansicht nach folgenden Grund: Der denkende Lono-Verstand, der Ku gewohnheitsmäßig von allen Entscheidungen ausschließt, verfügt nicht über die umfassende Sichtweise, um diese Situation klar zu erkennen und den Bruch zwischen Verstand und Körper zu heilen.

- Lono muß lernen, sich dem dritten Aspekt unseres Seins zu öffnen, der gewöhnlich als höheres Selbst, spirituelle Dimension, intuitive Weisheit, Gott oder in der polynesischen Terminologie als Akua lani bezeichnet wird: Ein erweitertes Bewußtsein, das allein über die Macht und Klarheit verfügt, die Harmonie und Resonanz zwischen den beiden scheinbar verfeindeten Parteien – Gedanken und Gefühle, Verstand und Körper, Absicht und Impuls – wiederherzustellen.

Wenn wir eine streng materielle Weltsicht vertreten, sind wir definitionsgemäß auf die Ebene von Verstand und Körper begrenzt. Und wie wir alle wissen, ist es extrem schwierig, allein durch die Absicht unseres denkenden Verstandes die alten, tiefverwurzelten negativen Gewohnheiten und Einstellungen aufzulösen, die dazu tendieren, unser gegenwärtiges Leben zu unterminieren. Selbst wenn Lono sich tatsächlich dafür entscheidet, eine bessere Beziehung zu Ku zu entwickeln, kann es uns unmöglich vorkommen, die alten Muster von Verleugnung und Zurückweisung, Feindseligkeit und vorgetäuschter Ignoranz bewußt zu durchbrechen.

Deshalb werden einige von Ihnen feststellen, wenn Sie versuchen, die Atemmeditation zum Ausgleich von Ku und Lono zu praktizieren, daß Ihr denkender Verstand eine Vermeidungshaltung entwickelt, die Ihre positiven Absichten sabotiert, Ku und Lono wenigstens vorübergehend zu harmonisieren, Spannung und Reizbarkeit können auflodern, wann immer Sie versuchen, Ihren Lono-Verstand auf ihr Ku-Selbst einzustimmen.

- Machen Sie sich keine Sorgen, wenn das passiert. Es ist nur ein zuverlässiger Hinweis darauf, daß Sie sich den dritten Aspekt Ihres Seins ansehen sollten. Indem Sie diese spirituelle Dimension, Akua lani, in Ihr Selbstgewahrsein einschließen, werden Sie zwangsläufig mit der heilenden Energie in

Berührung kommen, die Ihnen eine neue harmonische Beziehung, gegenseitigen Respekt und Zusammenarbeit von Verstand und Körper ermöglicht.

Im Interesse der emotionalen Heilung und des allgemeinen geistigen und körperlichen Wohlbefindens ist es wichtig zu lernen, wie man sein höheres Selbst ins Spiel bringt, um Frieden zwischen Lono und Ku zu stiften. Und es gibt noch einen wichtigen zweiten Grund. Wie schon erwähnt, speichert, kanalisiert und sendet Ku die Absichten Ihres Verstandes durch eine sehr spezielle Form von Ki-Energie, welche die Kahunas Mana nannten. Nur wenn Lono sich für Ku geöffnet hat und sich um eine ernsthafte Kommunikation oder Lösung der Spannungen durch Akua lani bemüht, wird Ku sich seinerseits voll öffnen, um die Befehle von Lono zum Handeln auf der Ebene der Manifestation aufzunehmen und beginnen, das nach außen auszustrahlen, was Lono mitteilen will. Einige Seiten weiter werden wir auf das Wesen und die Dynamik dieser als Mana bezeichneten Kraft zurückkommen.

Ihr höheres Selbst: Akua lani

Jeder von uns hat sein eigenes Bild von den spirituellen Ebenen des Seins. Einige von Ihnen werden in diesem Zusammenhang das Wort Gott bevorzugen. Andere sprechen lieber vom höheren Selbst oder bevorzugen die Ausdrücke großer Geist oder höchstes Wesen. Und manche Menschen, die in keinen religiösen Kontext eingebunden sind, halten sich an die Vorstellung einer umfassenden Weisheit des Universums, des Kosmos oder ihres eigenen intuitiven Selbst.

- Dieses Buch verfolgt keineswegs die Absicht, Ihre individuellen religiösen Überzeugungen zu ändern. Huna ist keine Religion, sondern ein pragmatischer Ansatz. Insofern können Sie Ihre eigene Vorstellung von Gott, Ihrem höheren Selbst oder Ihrer intuitiven Weisheit ungeschmälert einbringen.

Aus Gründen der Klarheit haben wir uns entschieden, diesen besonderen polynesischen Ausdruck Akua lani zu benutzen, wenn wir uns hier auf den tieferen spirituellen Aspekt unseres Seins beziehen. Auf diese Weise haben wir einen allgemeinen Begriff, den jeder zusammen mit Ku und Lono verwenden kann. Es gibt verschiedene hawaiische Worte, die man in diesem Zusammenhang benutzen kann, und wir haben lange darüber diskutiert und nachgedacht, bevor wir uns für Akua lani entschieden haben. In der hawaiianischen Sprache haben die Worte je nach ihrem Kontext unterschiedliche Bedeutungen. Und Akua lani kommt unserem Verständnis der spirituell-intuitiven Kraft und Einsicht am nächsten, die in der Huna-Perspektive einen Menschen zu einem vollständigen Wesen macht.

Eine der wichtigsten Kahuna-Quellen für dieses Buch (eine Frau, deren Familie über zahllose Generationen von früheren Kahuna-Meistern abstammt, und die anonym bleiben wollte) hat uns geduldig und genau erklärt, daß ihre Vorfahren nie besonders philosophisch waren. Wie ihre Gesänge und ihre Sprache ebenfalls zeigen, scheinen die Polynesier nicht viel Zeit damit verbracht zu haben, über die Existenz eines weit entfernten theoretisch höchsten Wesens nachzudenken.

- Im Gegenteil: Die Schönheit und Kraft der Huna-Tradition liegt darin, daß sie auf dem gründet, »was ist«, statt sich in luftigen Projektionen über das zu verlieren, »was sein könnte«.

Deshalb sollte man die polynesischen Ausdrücke für Gott oder das höhere Selbst – Akua, Aumakua, Akua lani oder Akua nui – nicht als zwangsläufige Parallelen zu dem verstehen, was wir philosophisch mit dem Wort Gott bezeichnen. Wenn ein traditioneller Hawaiianer von Akua spricht, ruft dieses Wort nicht die abstrakte Vorstellung eines fernen, theoretischen Gottes oder Schöpfers hervor, sondern ein mächtiges Gefühl von unmittelbarer Nähe, von »der Geist ist jetzt hier«.

In der alten Tradition hieß es, Akua habe sich bisweilen mit menschlichen Wesen gepaart, woraus Menschenkinder hervorgegangen seien – vielleicht stellt dieser Mythos eine Resterinnerung an den Besuch der Pleiadenbewohner dar. Jedenfalls aber beinhaltet dieses Wort Akua definitiv die Existenz einer spirituellen Präsenz direkt am Rande unseres menschlichen Bewußtseins, die im Alltagsleben ihre Macht entfaltet und fähig ist, damit die materiellen Dimensionen zu berühren. Akua alleine kann »Gott, Geist, göttlich, von hohem Rang, übernatürlich...« bedeuten. Der Ausdruck Amakua, der ebenfalls häufig benutzt wird, kann »persönliche Götter, Familiengottheiten, vergöttlichte Ahnen, welche die Gestalt von Haien, Eulen, Falken etc. annehmen können«, bedeuten. In den Zeiten der Missionierung haben die christlichen Priester Gott in der hawaiianischen Sprache Akua nui genannt, denn »nui« bedeutet »groß, der Höchste, wichtig, Prinzip, Maximum«. Jedes dieser Worte hat besondere Bedeutungen, die den Ausdruck mit einer speziellen religiösen Sichtweise in Verbindung bringen könnten.

Wir haben in diesem Buch für unsere Zwecke die eher neutrale Bezeichnung Akua lani gewählt, wobei »lani« soviel bedeutet wie »spirituell, edel, hoch, himmlisch«. Sie können auch jeden der anderen Ausdrücke benutzen. Wichtig ist nicht die Bezeichnung, sondern die Wirklichkeit, auf welche die Bezeichnung unsere Aufmerksamkeit lenkt.

- Nach unserem Verständnis lenkt der Ausdruck Akua lani unsere Aufmerksamkeit direkt auf das weite spirituelle Bewußtsein, das jenseits der Grenzen unseres persönlichen, menschlichen Ku-Lono-Bewußtseins existiert. Akua lani repräsentiert das weite nichtmaterielle Reich, wo die unbegrenzte Quelle, die Intelligenz und die kreative Kraft des Universums herrschen und direkt mit der Menschheit interagieren.

Vielleicht am bedeutsamsten für unsere gegenwärtigen Überlegungen ist die Tatsache, daß man Akua lani auch als eine spirituelle Präsenz verstehen kann, die nicht nur »dort draußen«, sondern auch tief im inneren Kern unseres Seins existiert. Der Ausdruck »innere Gottheit« entspricht genau dem, was mit Akua lani gemeint ist. Und in der Kahuna-Praxis kann Akua lani benutzt werden, um direkt auf den dritten, vereinigenden Aspekt unserer Persönlichkeit zu verweisen – das höhere Selbst, das die Brücke zwischen dem materiellen und dem spirituellen Teil unseres Bewußtseins darstellt.

- In diesem Licht können wir verstehen, wie unsere Intuition die Verbindungsmembran zwischen Geist und Materie bildet, wo Akua lani mit unserem persönlichen Bewußtsein verschmilzt und direkt zu uns spricht – durch plötzliche Einsichten, Visionen, Erkenntnisse, das Aufblitzen von Weisheit und vollständige gedankliche Klarheit. Indem wir unseren Lono-Verstand auf diese Intuition und das, was dahinterliegt, einstellen, erlangen wir diese wichtigen Einsichten, die unseren Lebenssinn klären und festlegen, worin unsere höhere Absicht in allen Aspekten unseres Lebens bestehen sollte.

Dieses Verständnis macht deutlich, warum unser rationaler Lono-Verstand, wenn er die Situation vollständig erfaßt, sich unbedingt dafür entscheiden sollte, Akua lani ebenso wie Ku in seine erweiterte Selbstwahrnehmung einzubeziehen. Die Integration von Akua lani verleiht uns sowohl die Macht, Konflikte zwischen Lono und Ku zu lösen, als auch von einer übergeordneten Warte aus zu erkennen, worauf wir unsere Absichten im Leben konzentrieren sollten.

Wenn Ku, Lono und Akua lani zusammenwirken, herrschen ideale Voraussetzungen für ein wirklich erfülltes Leben. Lassen Sie uns nun sehen, auf welche Weise wir diese Voraussetzungen schaffen können.

Harmonisierung der drei Aspekte des Selbst

Dieses gesamte einleitende Kapitel soll Sie darauf vorbereiten, die grundlegende Zeremonie zur Heilung und Manifestation durchzuführen, die in der Kahuna-Tradition Haipule genannt wird. Wir werden Ihnen diesen Prozeß im nächsten Kapitel vollständig vorstellen.

Am Ende dieses ersten Kapitels möchten wir Sie einfach durch die erste Phase von Haipule begleiten, damit Sie direkt erfahren, wie Sie Akua lani gezielt in Ihrem persönlichen Alltagsleben willkommen heißen können. Die Vorgehensweise ist einfach, wie die meisten mächtigen Huna-Praktiken, die Ihnen zu größeren Fortschritten im Leben verhelfen. Wir vollziehen noch einmal die vier Atemzüge der Meditation zur Ku-Lono-Integration von Verstand und Körper und fügen dann den logischen abschließenden Schritt hinzu.

Dritte Übung: Ku, Lono und Akua lani zusammen

Vielleicht wollen Sie ein paarmal auf- und abspringen, damit Ihr Herz kräftiger schlägt. Und machen Sie es sich bequem, indem Sie sich entweder hinsetzen oder auf den Rücken legen, und beschließen Sie, als positive Lono-Absicht, die volle Aufmerksamkeit Ihres Verstandes auf die körperliche Einheit von Ku in diesem zeitlosen gegenwärtigen Augenblick zu richten...

Lenken Sie Ihre Aufmerksamkeit sanft darauf, wie die Luft durch Ihre Nase ein- und ausströmt... Erweitern Sie Ihre Wahrnehmung darauf, wie sich Brust und Bauch beim Atmen bewegen. Und erweitern Sie Ihre Wahrnehmung noch mehr, um auch Ihren Herzschlag oder Puls in der Mitte Ihrer Atmung zu spüren...

Erweitern Sie Ihre Wahrnehmung um einen zusätzlichen Schritt, mit dem Ziel, Ihren gesamten Körper hier in diesem gegenwärtigen Augenblick zu spüren: »Ich bin mir meines gesamten Daseins hier in diesem gegenwärtigen Augenblick bewußt.«

Atmen Sie in diesem Zustand erweiterten Bewußtseins einige Momente, wobei Sie die Gedanken ruhen lassen. Wenn es Ihnen schwerfällt, sich auf diese Meditation zu konzentrieren, ist das kein Problem – wir werden jetzt den entscheidenden Schritt machen, der Ihrer bewußten Absicht mehr Kraft und Klarheit verleiht: Während Sie sich Ihrer Atmung, Ihres Herzschlags und Ihres gesamten Körpers bewußt bleiben, sagen Sie einfach zu sich selbst: »Ich bin offen, mein höheres Selbst, Akua lani, inmitten meines persönlichen Selbsts zu erfahren.«

Formulieren Sie diese klare Absicht beim Ausatmen. Lassen Sie Ihre Gedanken dann ruhen und lassen Sie auf sich wirken, was auch immer beim Einatmen geschehen mag. Dann formulieren Sie Ihre Absicht beim nächsten Ausatmen erneut. Seien Sie wieder offen für das, was beim Einatmen geschieht...

Sie brauchen nichts weiter als diesen einfachen Prozeß, um eine erweiterte Wahrnehmung von Integration und spiritueller Erdung in Ihrem Leben anzuregen. Ihr Lono-Verstand hat seinen Teil dazu beigetragen, indem er sich für die notwendige Absicht, Mana'o, entschieden hat – der Rest sollte mühelos geschehen.

Wir können das Verschmelzen unseres höheren Selbst mit unserem Ku- und Lono-Gewahrsein nicht erzwingen. Wir können von unserem Verstand nicht fordern, daß er sich in die höheren Reiche der Wahrnehmung und Klarheit ausdehnt. Wir können lediglich dafür sorgen, daß diese Absicht in unserem eigenen Selbst klar ist, sie formulieren und dann für das offen sein, was als nächstes geschieht. Außerdem werden Sie jedesmal, wenn Sie die integrierende Meditation praktizieren, eine neue, einzigartige Erfahrung machen. Es ist nie genauso wie beim letzten Mal. Das macht den Prozeß so spannend und vermittelt uns so viele Einsichten.

Und wenn Sie diesen integrierten und erweiterten Bewußtseinszustand erst einmal erreicht haben, befinden Sie sich, wie wir im nächsten Kapitel sehen werden, in der idealen Position, um sich auf jeden beliebigen Aspekt Ihres Lebens, den Sie fördern wollen, zu konzentrieren, indem Sie die Haipule-Manifestationszeremonie durchführen, die Ihrer Absicht Macht verleihen und sie in die Welt ausstrahlen wird.

Um dieses Kapitel zu beenden, kehren wir an den Ausgangspunkt unserer Überlegungen zur entscheidenden Bedeutung der Absicht im Huna-Manifestationsprozeß zurück. Sobald Sie Ihre Wahrnehmung erweitert haben, daß Sie Ihre höhere Weisheit zumindest ein wenig in Ihr Alltagsbewußtsein integrieren können, sind Sie perfekt gerüstet, um sich für das tiefe Gefühl der Klarheit im Hinblick auf Ihre höheren Absichten (Mana'o) zu öffnen und dieses auf jede Situation zu beziehen, die Sie in Ihrem Leben verbessern wollen.

Eben jetzt können Sie Ihr erweitertes Bewußtsein und die Weisheit des Akua lani direkt auffordern, Ihnen einen kurzen Einblick in Ihre tieferen Bedürfnisse zu geben und Ihnen eine Vorstellung davon zu vermitteln, wie sie Ihren höheren Lebenssinn am besten erkennen. Machen Sie eine kurze Pause und beginnen Sie zu erleben, wie es sich anfühlt zu sagen:

»Ich bin jetzt offen dafür, die höhere Einsicht und Klarheit im Hinblick auf den Sinn meines Lebens zu empfangen.«

Zweites Geheimnis
Der Haipule-Prozeß der Manifestation

In diesem Kapitel wollen wir dafür sorgen, daß Sie Ihre bereits vorhandenen kreativen Kräfte zu schätzen wissen, bevor Sie lernen, Ihre Manifestationsfähigkeiten zu verstärken. Tatsache ist, daß Sie schon jetzt alles besitzen, was Sie brauchen, um im Leben das zu bekommen, was Sie wollen – sozusagen die fundamentale Manifestations-Hardware. Unser Ziel besteht darin, ihre verborgenen Kräfte (Mana) zum Vorschein zu bringen, Ihnen zu zeigen, wie Sie diese Macht bewußt verstärken (Pikopiko) und dann gezielt wirken lassen (Haipule), und zwar genau dort, wo Sie in Ihrem Inneren oder Ihrer Umgebung eine Veränderung herbeiführen wollen.

Sehen wir uns Ihren gegenwärtigen Alltag an: Sie sind heute morgen aufgestanden, haben sich angezogen, Frühstück gemacht. Schon dabei haben Sie Ihre Huna-Kräfte eingesetzt, um Ihren neuen Tag zu wählen und zu schaffen. Während des Aufwachens befanden Sie sich überwiegend in Ihrem Ku-Körper und haben automatisch funktioniert. Aber machen Sie sich auch klar, daß irgendwann heute morgen Ihr bewußter Lono-Verstand einige wichtige Entscheidungen getroffen hat, die Ihren neuen Tag konkret beeinflussen.

Ihre Ku-Gewohnheiten sagten, »also los, steh auf und fang an!« und sorgten dafür, daß Ihr Körper in Bewegung kam, die Zähne putzte, sich anzog und so weiter, um sich für den Tag fertig zu machen. Aber an irgendeinem Punkt hätte Ihr denkender, planender, Vorstellungen entwickelnder Verstand auch eine andere Idee ins Spiel bringen können, die Ihren Tag völlig verändert hätte: Während Sie Ihr Haar bürsteten, sich anzogen, hätten Sie festgestellt, daß Sie darüber nachgrübelten, wie Sie Ihren Tag verbringen sollten. Statt einfach Ihren Gewohnheiten zu folgen, könnten Sie beschlossen haben, an diesem Tag einmal etwas ganz Ungewöhnliches oder Neues zu tun. Es hätte so einfach wie dies sein können: Statt mit der negativen Einstellung, daß Sie lieber im Bett geblieben wären, zur Arbeit zu gehen, hätten Sie beschlossen, Ihre inneren Gefühle zu verändern und positiv über Ihre Arbeit zu denken. Mit dieser neuen Haltung wären Sie zur Arbeit gegangen – und weil Sie danach gesucht hätten, wäre Ihnen eine Gelegenheit, den Tag zu verbessern, ins Auge gesprungen. Sie hätten diese Chance wahrgenommen – und Ihre Arbeitssituation zu Ihrem Vorteil verändert.

- Dieses einfache Beispiel zeigt Ihnen, wie Sie Ihr Leben ständig selbst erschaffen, mit jeder Entscheidung, die Sie treffen, mit jeder Haltung, die Sie einnehmen, mit jeder Wahl, für die Sie sich öffnen. In der Kahuna-Tradition geht Ihre gesamte Wirklichkeit ständig aus Po hervor, dem unsichtbaren Reich des noch nicht Erschaffenen, und tritt ein in A'o, die sichtbare Welt der manifesten Wirklichkeit. Und Sie entscheiden darüber, was verwirklicht werden soll.

Ob es uns klar ist oder nicht, wir erschaffen tatsächlich unsere individuellen Lebenserfahrungen von einem Moment zum nächsten, und sie basieren auf den Absichten, die wir unserem Ku-Selbst und der Außenwelt gezielt senden. Dies gilt für alle Dimensionen unseres Seins. Als typisches Alltagsbeispiel gehen viele von uns regelmäßig in die Küche, bleiben einen Augenblick stehen und denken darüber nach, was sie für die nächste Mahlzeit kochen wollen. Der Tisch ist leer, und nichts deutet darauf hin, daß es bald etwas zu essen geben könnte. Aber in weniger als einer halben Stunde entwickeln wir allein durch die Lono-Funktion unseres kreativen Verstandes eine Vorstellung und einen Plan, die Projektion einer Mahlzeit, unser Ku-Körper geht an die Arbeit und schafft auf der Grundlage des vorgestellten Bildes die materielle Wirklichkeit – voilà, das Abendessen ist serviert!

Wir praktizieren die Huna-Manifestation also bereits jeden Tag in unserem Leben bei Kleinigkeiten, und manchmal auch auf sehr eindrucksvolle Weise. Wir haben unsere Fertigkeiten und Talente im Leben. Wenden wir sie an, um Ziele zu erreichen, die wir zunächst in unserem Kopf schaffen und dann manifestieren, indem wir unsere kreative Energie entsprechend ausrichten: Einige von uns können auf eine weiße Leinwand sehen und aus ihrer inneren Vision heraus auf die Leinwand Bilder malen. Andere sehen in einen häßlichen Hinterhof, stellen sich vor, dort einen wunderschönen Garten zu haben und machen sich an die Arbeit, um ihre Vision zu verwirklichen. Wieder andere schauen in ein Klassenzimmer mit lärmenden Kindern, sehen dabei ein Klassenzimmer mit intelligenten Schülern vor sich und gehen an die Arbeit, um gut ausgebildete Staatsbürger zu schaffen. Und jeden Tag machen sich Millionen von uns ans Werk, um die Vision eines Wirtschaftsplans zu schaffen, die sie dann Schritt für Schritt in die geschäftliche Wirklichkeit umsetzen.

- Worum es geht, ist klar – ohne die inneren Visionen würde in unserem Leben nichts passieren, was über die fundamentalen, animalischen, instinktiven Reaktionen hinausginge. In

> diesem Sinne erschaffen wir tatsächlich alle ständig die Welt um uns herum, basierend auf unseren inneren Träumen, Einstellungen, Plänen und Absichten, die wir und andere in unseren Gedanken hegen.

Hier ist noch ein anderes unmittelbares Beispiel: Während Sie diese Worte lesen, entscheiden Sie sich dafür, diese für Sie vielleicht ziemlich neuen Hinweise, welche Ihr gegenwärtiges Leben mit den mächtigen Weisheiten und Manifestationstechniken einer sehr alten Tradition verbinden, weiter zu erkunden und damit zu experimentieren. Sie könnten sich in diesem Moment genausogut dafür entscheiden, das Buch wegzulegen und es nie wieder anzusehen – und damit würden Sie Ihr Leben zweifellos beeinflussen. Sie könnten sich dafür entscheiden, es bei dem zu belassen, was Sie wissen, in Ihren gewohnheitsmäßigen Lebensmustern steckenzubleiben, auf der sicheren Seite zu bleiben und den herrschenden Normen zu folgen, statt sich in Reiche zu wagen, in denen Sie die volle Kraft für Ihr Handeln in dieser Welt finden können.

Achten Sie gerade jetzt darauf – hier ist der Schlüssel , daß Sie die Freiheit der Wahl haben, und daß Sie diese freie Wahl aktiv ausüben. Sie entscheiden sich dafür, die Aufmerksamkeit Ihrer Lebenskraft, Ihrer Ki-Energie, auf die Worte und Ideen auf dieser Seite zu richten, statt irgend etwas anderes zu tun. Sie entscheiden sich, eine Richtung einzuschlagen, die Ihr Leben verbessern wird – und es ist wichtig, sich immer wieder klarzumachen, daß Sie schon dabei sind, dies zu tun.

Sogar auf der untersten Ebene unserer körperlichen Existenz sind wir ständig mit der wahrhaft erstaunlichen, wenn auch scheinbar profanen Herausforderung beschäftigt, uns als ein Körper im dreidimensionalen Spiel des Lebens zu manifestieren. Die alten Hawaiianer wußten genau, daß jeder von uns sogar auf der rein physiologischen Ebene ständig seine eigene körperliche Präsenz manifestiert.

Wenn wir uns auf einer subtilen Ebene entscheiden, keine Ki-Energie mehr aufzunehmen, siechen wir dahin und sterben, wie Ärzte es täglich bei Patienten erleben, die »ihren Lebenswillen aufgeben«, obwohl sie aufgrund ihres körperlichen Zustandes nicht sterben müßten.

Viele Menschen sterben beispielsweise an einem gebrochenen Herzen – vor allem ältere Leute, die ihren Lebenspartner verloren haben und bald darauf selbst sterben. Umgekehrt ist es wichtig, sich klarzumachen, daß wir in jedem Augenblick, in dem wir uns dafür entscheiden zu leben, unser Ku-System anweisen, Ki-Energie aus verschiedenen Quellen (Nahrung, Sonnenlicht und auch höhere energetische Quellen) aufzunehmen und unseren Organismus soweit aufzuladen, daß unser Überleben gewährleistet ist.

Die Haipule-Zeremonie

Wir haben jetzt die besten Voraussetzungen, um damit zu beginnen, den grundlegenden Huna-Manifestationsprozeß eingehend zu erkunden. Er wird in der hawaiianischen und Südsee-Tradition als Pule oder Haipule bezeichnet. Der Haipule-Prozeß bildet den Kern der gesamten Lehren dieses Buches, so daß Sie von Kapitel zu Kapitel diesen Vorgang zunehmend besser verstehen und beherrschen werden.

Lassen Sie sich genug Zeit, um dieses neue Wort, die damit verbundenen Vorstellungen, Abläufe und das zugrundeliegende Weltbild allmählich in sich aufzunehmen. Selbstverständlich erwarten wir nicht, daß Sie diese Ideen und Techniken sofort erfassen. Kein Manifestationssystem von wirklichem Wert läßt sich umgehend erlernen.

Wir haben den Lernprozeß jedoch so strukturiert, daß Sie am Ende des ersten Durchgangs durch dieses Buch mit Sicherheit genug erfahren haben werden, um Ihr Leben konkret verbessern zu können. Und wenn Sie drei Wochen lang ungefähr eine halbe Stunde täglich darauf verwenden, die fundamentalen Manifestationsprozesse zu üben, sind Sie auf einem guten Weg zum Erfolg.

Wie alle polynesischen Worte hat auch Haipule je nach Kontext verschiedene Bedeutungen. »Hai« bedeutet »feststellen, ausdrücken, erklären oder bekennen.« Es bezieht sich beispielsweise auf eine öffentliche Bekanntmachung oder eine Absichtserklärung in der Gemeinschaft. »Pule« ist einer der wichtigsten spirituellen Ausdrücke in der hawaiianischen Sprache und den gesamten polynesischen Kulturen und bedeutet soviel wie »Gebet, Zauberspruch, Anrufung/Beschwörung oder Segensworte«.

Die eng damit verwandte Bezeichnung Pule hai bezieht sich auf ein Opfergebet, in dem wir etwas aufgeben, das mit unserer Vergangenheit zu tun hat, um uns für etwas Neues zu öffnen. Pule Ho'ola ist ein Gebet, mit dem man um Heilung bittet. Und Haipule als ein Wort meint eine Zeremonie, die sich auf eine tiefere spirituelle Absicht bezieht.

In den traditionellen Haipule-Zeremonien gab es natürlich abergläubische Vorstellungen und Praktiken, die wir in unseren gegenwärtigen Haipule-Prozeß nicht einbeziehen müssen. Ebensowenig werden wir in diesem Buch auf irgendwelche »Zaubereien« der alten Kahuna-Folklore eingehen. Statt dessen betrachten wir Haipule losgelöst von allen religiösen oder esoterischen Untertönen mit der eindeutigen Absicht, die universellen psychologischen und spirituellen Wahrheiten der Haipule-Tradition zu suchen, die wir unabhängig von unserer religiösen oder nichtreligiösen Einstellung auf unser Alltagsleben anwenden können. Über diesen Punkt sollten wir uns völlig klar sein:

- So wie wir Huna betrachten, handelt es sich keineswegs um ein Glaubenssystem, das eine besondere religiöse Hingabe verlangt. In unserem Sinne repräsentiert Huna vielmehr das spezifische polynesische Verständnis bestimmter universeller Prinzipien, welche, bewußt oder unbewußt, die gesamte menschliche Erfahrung erzeugen.

Wie können wir die Wirksamkeit dieser Prinzipien in unserem eigenen Leben entdecken? Indem wir durch unsere persönliche Erfahrung erkunden, was passiert, wenn wir bestimmte Vorgänge praktizieren, die ihren Ursprung in der Huna-Weisheit haben. Die Haipule-Zeremonie ist eine ursprüngliche, direkte Technik, die Ihnen Ihre wirkliche Macht enthüllen wird, wenn Sie sie einige Male praktiziert haben und beginnen, in Kontakt mit der ihr (Ihnen) innewohnenden Kraft zu kommen. Es gibt viele verschiedene Weisen, wie man die Haipule-Zeremonie durchführen kann, je nachdem, aus welchem Bereich der polynesischen Kultur man stammt, welche Absicht man verfolgt, mit wem man zusammen ist... Was wir Ihnen vermitteln werden, ist eine Variante, die speziell für Nichtpolynesier entwickelt wurde, welche die Zeremonie außerhalb des traditionellen Rahmens durchführen, entweder alleine oder zusammen mit einer Gruppe gleichgesinnter Freunde. Die Zeremonie kann immer dann eingesetzt werden, wenn ein Mensch oder eine Gruppe von Menschen ein materielles, zwischenmenschliches oder spirituelles Bedürfnis zu erfüllen sucht, eine Lebenssituation ändern will oder eine hinderliche innere Einstellung klar erkennen möchte, um sich davon zu befreien und sie zu überwinden. In jedem der folgenden Kapitel werden wir die Haipule-Zeremonie auf Ihre verschiedenen Bedürfnisse und Absichten anwenden. In diesem Kapitel werden wir zunächst den grundlegenden Prozeß lernen, damit Sie sofort selbst damit beginnen können. Es ist im Prinzip ein sehr einfacher Ablauf, den Sie rasch nachvollziehen können. Seine Macht liegt gerade in seiner Einfachheit – er zielt direkt auf den Kern, ohne daß wir dabei Zeit oder Mühe verschwenden.

Akua lani beschwören

Unabhängig von Ihren jeweiligen Bedürfnissen oder Absichten sollten Sie bei jeder Haipule-Zeremonie dieselben grundlegenden Abläufe beachten. Die Zeremonie besteht aus fünf Schritten, von denen Sie jeden einzelnen für sich genommen sehr faszinierend finden werden.

Lassen Sie uns lernen, wie wir jeden Schritt schnell meistern – und dann werden wir am Ende des Kapitels alle fünf Schritte zusammenfassen, damit Sie den vollständigen integrierten Ablauf selbst nachempfinden können. Wenn Sie weitere Anleitungen für diesen Prozeß wünschen, können wir Ihnen über unsere Website oder Kassettenaufnahmen auch akustische Unterstützung anbieten (vgl. Anhang). Hier sind nun kurz zusammengefaßt die fünf Schritte der Haipule-Zeremonie, die das Herzstück der Lehren dieses Buches bildet.

Erster Schritt:
Beschwören Sie Ihr höheres Selbst (Akua lani).

Zweiter Schritt:
Erhöhen Sie Ihr Energieniveau (Mana).

Dritter Schritt:
Erklären Sie Ihre spezifische Absicht (Mana'o).

Vierter Schritt:
Strahlen Sie diese Absicht aus (Ho'olaha).

Fünfter Schritt:
Handeln Sie im Sinne der Manifestation (Ho'ohana).

Jeder dieser Schritte ist ein eindeutiger Aufruf zum Handeln. Bei jedem Schritt tun Sie aktiv etwas. Es handelt sich hier zweifellos um eine Zeremonie, bei der Sie eher Initiator als Publikum sind.

Wenn Sie sich jeden dieser Schritte ansehen, achten Sie darauf, wie Sie im ersten Moment auf die Worte selbst reagieren. Machen Sie jetzt eine kurze Pause, lesen Sie die Liste noch einmal und nehmen Sie gleichzeitig Ihre inneren Gefühle bei jedem Aufruf zum Handeln bewußt wahr.

Beherrschung der fünf Haipule-Schritte

Bei der Haipule-Zeremonie hat unsere persönliche Absicht eine ähnliche Bedeutung wie die Absicht der Versuchspersonen bei den Princeton-Studien, denn auch wir wollen die innere Kraft unseres Bewußtseins einsetzen, um die äußere Welt zu beeinflussen. Sie werden sehen, daß der dritte und vierte Schritt (in denen Sie Ihre Absicht erklären und anschließend ausstrahlen) auch (aber nicht nur) die Anweisungen für die Experimente in den zuvor erwähnten Forschungsprojekten enthalten, bei denen es um die Herrschaft des Geistes über die Materie ging.

Doch hier enden die Ähnlichkeiten auch schon. Die Princeton-Studien sollten zeigen, daß eine ungeschulte »naive« Versuchsperson durch die Aktivität ihres Bewußtseins eine kleine materielle Veränderung in der Außenwelt herbeiführen kann. Wir wollen Ihnen jedoch demonstrieren, wozu ein gut ausgebildeter »Meister« fähig ist.

Der erste und zweite Schritt können als »Vorbereitung« gelten, weil Sie erst danach Ihre Absicht formulieren, was Sie in Ihrem Leben verändern wollen. Aber für die Huna-Tradition der Manifestation bilden diese beiden Schritte den wesentlichen Prozeß des »Einklinkens«, der das menschliche Bewußtsein voll aktiviert, bevor es seine Kraft einsetzt.

Erster Schritt: Das höhere Selbst (Akua lani) beschwören

Wir haben im ersten Kapitel gelernt, unser körperliches, instinktives Ku-Selbst mit unserem bewußten, kreativen Lono-Selbst zu harmonisieren und zu vereinigen, um anschließend unsere Wahrnehmung zu erweitern und auch unser tieferes spirituelles Selbst, Akua lani, in unser Bewußtsein zu integrieren. Aber wie machen wir das praktisch? Als Teil des weiteren Lernprozesses wiederholen wir den Vorgang hier noch einmal:

Erster Atemzug: Konzentrieren Sie sich darauf, wie die Luft durch ihre Nase ein- und ausströmt.

Zweiter Atemzug: Nehmen Sie dabei auch bewußt die Bewegung in Ihrer Brust und Ihrem Bauch wahr.

Dritter Atemzug: Erweitern sie Ihre Konzentration, um auch Ihren Herzschlag oder Puls wahrzunehmen.

Vierter Atemzug: Seien Sie sich Ihres gesamten Körpers in diesem gegenwärtigen Augenblick bewußt.

Fünfter Atemzug: Sagen Sie beim Ausatmen: »Ich bin offen, mein höheres Selbst, Akua lani, inmitten meines persönlichen Selbst zu erfahren.

Sechster Atemzug: Sagen Sie beim Ausatmen: »Ich bin offen, höhere Einsichten und klare Erkenntnisse über meinen Lebenssinn zu empfangen.«

Dieser Prozeß, in dem Sie Ku und Lono harmonisieren und dann Ihr höheres Selbst um tiefen Frieden, Einsicht und Verwirklichung bitten, ist immer der erste Schritt einer erfolgreichen Haipule-Zeremonie. Die alten Kahunas verstanden von innen heraus, daß das individuelle menschliche Bewußtsein sich öffnen und mit dem spirituellen Bewußtsein, welches über unser individuelles Bewußtsein hinausreicht, verschmelzen muß, wenn wir zu höherer Weisheit gelangen und die »äußere« Welt tatsächlich beeinflussen wollen.

Denken Sie bitte daran, daß Sie sich je nach Ihren persönlichen religiösen Überzeugungen an jedes höhere Wesen wenden können, ganz gleich welchen Namen Sie der spirituellen Realität geben, die der menschlichen Wirklichkeit zugrunde liegt. Blicken Sie in Ihr eigenes spirituelles Zentrum, das auf Ihrer eigenen spirituellen Praxis basiert. Sobald Sie die Aufmerksamkeit Ihres Bewußtseins vom permanenten Gedankenfluß weg und auf Ihr tieferes inneres Dasein hin gelenkt haben, können Sie das Niveau Ihrer kreativen Manifestationsenergie erhöhen.

Zweiter Schritt: Erhöhen des Energieniveaus (Mana)

Die Polynesier haben erkannt, daß es zwischen der allgemeinen Energie der Lebenskraft (Ki-Energie), die wir empfangen und für unsere grundlegenden Körperfunktionen benutzen, und der besonderen Energie, die wir auf der mentalen Ebene in die Welt hinaussenden, um unsere Wünsche zu verwirklichen, einen subtilen, aber wesentlichen Unterschied gibt.

Das hawaiianische Wort für diese spezielle Manifestationskraft ist Mana. Sie werden sich vielleicht erinnern, daß wir den älteren Ausdruck Manahunas für die Vorfahren der polynesischen Zivilisation gewählt haben, und nicht den etwas veränderten populären Ausdruck Menehunes, den unsere Gesellschaft gewöhnlich für diese Wesen verwendet. Und in ebendiesem ursprünglichen Namen finden wir das Wort Mana und das Wort Huna vereint. Das zeigt, welche grundlegende Bedeutung das Wort Mana in der Huna-Tradition hat.

Die Princeton-Studien und zahlreiche andere authentische ähnliche Untersuchungen (vgl. Anhang) haben dokumentiert, daß es eine bisher noch nicht gemessene Energie gibt, die vom menschlichen Bewußtsein in die Umgebung ausgestrahlt wird und sowohl mentale als auch materielle Ereignisse über die körperlichen Grenzen der ausstrahlenden Person hinaus verändern kann. Die Wissenschaftler müssen sich noch auf ein bestimmtes Wort für diese intelligente Energie verständigen, wenngleich ihre Existenz bereits nachgewiesen ist.

Wir tun also gut daran, das alte Wort Mana für dieses energetische Phänomen zu benutzen, weil die Kahunas offenbar die weltweiten Experten sind, wenn es um das Wesen und den sinnvollen Gebrauch dieser Energie geht.

- Die beste Definition von Mana in Aktion ist vielleicht diese: Mana ist eine kodierte energetische Ausstrahlung, welche die Macht hat, sowohl mentale als auch materielle Ereignisse in der äußeren Welt im Sinne der ausstrahlenden Person zu beeinflussen.

Die einzige Ergänzung dieser Definition, die sich hoffentlich weiter verbreiten wird, wenn die Wissenschaft das Mana-Phänomen genauer untersucht, ist das Einbeziehen der inneren Auswirkungen, die Mana auf den Verstand und den Körper der ausstrahlenden Person haben kann. Im Bereich der medizinischen Therapie beispielsweise beeinflußt unsere eigene Absicht, uns selbst zu heilen, durch die Ausstrahlung von Mana – unsere eigene körperliche Leistungsfähigkeit positiv – (vgl. »Information, Bewußtsein und Gesundheit« im Anhang).

Insofern speichern wir alle natürlicherweise eine bestimmte Menge von Mana und benutzen es regelmäßig im Alltag, wenn wir unsere allgemeine Absicht ausstrahlen, gesund und körperlich sowie geistig vital zu bleiben. Wie schon gesagt, führt uns der Huna-Pfad nicht aus unserem alltäglichen Leben hinaus, sondern ist vielmehr eine gezielte Verstärkung und bewußte Neuorientierung im Hinblick darauf, wie wir unser Leben bisher gestaltet haben.

Oft wird gefragt, worin die Huna-Tradition den Unterschied zwischen der Ki-Energie und der Mana-Energie sieht. Die Ki-

Energie ist überall im Universum. Sie ist die allgemeine Lebenskraft, die unser körperliches Dasein aufrechterhält und das Ökosystem unseres Planeten belebt. Sie ist gewissermaßen der Treibstoff der lebendigen Welt. Mana bezieht sich dagegen auf die Ki-Energie, die unser Verstand bewußt aussendet, um unseren Gedanken in der äußeren Welt eine materielle Realität zu verleihen. Serge King hat dies vielleicht unter allen hawaiianischen Gelehrten am besten ausgedrückt, indem er erklärt hat, Mana sei »dasjenige, womit der Geist auf die Materie einwirkt«.

Atem-Mana: Der Pikopiko-Zuwachs an Energie

Piko ist ein grundlegender polynesischer Ausdruck, der »Kraftzentrum« bedeutet. In der vormissionarischen Kahuna-Tradition kannte man drei hauptsächliche Kraftzentren im energetischen Ku-Körper. Die Ki-Energie strömt am wirkungsvollsten über den Scheitelpunkt am Kopf (Piko po'o) in unseren Körper und wird in der Region unterhalb unseres Nabels (Piko waena) gespeichert. Beim dritten Energiezentrum handelt es sich, wie wir später sehen werden, um das Sexualzentrum (oder Piko am'i).

- Die ursprüngliche Huna-Technik zur Erhöhung des Energieniveaus über den Atem wurde sehr zutreffend Pikopiko genannt, was bedeutet, sich im Wechsel auf diese beiden grundlegenden Kraftzentren im Körper zu konzentrieren.

Die Pikopiko-Atmung dient einem doppelten Zweck: Erstens vertiefen Sie Ihre Atmung und die Wahrnehmung Ihres erweiterten Energiekörpers, und zweitens erhöhen Sie Ihr Mana-Niveau beträchtlich – indem Sie Ihren bewußten Verstand klar auf bestimmte Körperregionen konzentrieren.

Die Pikopiko-Übung:

Sitzen Sie ruhig mit überkreuzten Beinen oder auf einem Stuhl. Werden Sie sich Ihrer Atmung, Ihres Herzschlags und Ihrer gesamten körperlichen Existenz bewußt...

Während Sie langsam und bewußt durch die Nase einatmen, konzentrieren Sie Ihre Aufmerksamkeit auf den Scheitelpunkt Ihres Kopfes (Piko po'o) und ziehen Ki aus dem allgemeinen energetischen Aka-Feld, das Sie umgibt, in ihr persönliches Energiesystem (Ku).

Während Sie bewußt durch die Nase ausatmen, lassen Sie Ihre Aufmerksamkeit nach unten zum Kraftzentrum unterhalb Ihres Nabels (Piko-waena) wandern und speichern die Ki-Energie tief im Inneren dieser Region Ihres Ku-Körpers.

Setzen Sie diese Atmung in zwei Phasen fort, wobei Sie Ihre Aufmerksamkeit mit jedem Einatmen und Ausatmen abwechselnd vom Scheitelpunkt zum Nabel und wieder zurück wandern lassen. Wenn Sie wollen, können Sie sich bei jedem Ausatmen still sagen: »Ich speichere zusätzliches Mana.«

Sie werden schnell feststellen, daß dies eine sehr angenehme Erfahrung ist! Der Schlüssel zum Erfolg liegt darin, daß Sie sich bei der Atemübung stets Ihres gesamten Körpers im gegenwärtigen Augenblick bewußt sind. Wenn Sie dieses Ganzkörperbewußtsein während der Übung verlieren sollten, ist es unerläßlich, daß Sie zum Ausgangspunkt zurückkehren und wieder mit dem ersten Schritt beginnen, die Integration von Ku und Lono wiederherstellen und dann erneut zur Pikopiko-Übung übergehen.

Zu Anfang wird es vielen von Ihnen esoterisch oder vielleicht sogar unglaublich vorkommen, daß es »dort draußen« eine unsichtbare Energie gibt, mit der Sie Kontakt aufnehmen und die Sie in Ihren Körper lenken können. Sie sollten nicht das Gefühl haben, daß Sie sofort alles akzeptieren müssen, wovon wir in diesem Buch sprechen. Denken Sie daran, daß die Huna-Tradition extrem pragmatisch ist – was Sie tatsächlich empfinden, was Sie mit Ihren eigenen Sinnen und Ihrem Bewußtsein wahrnehmen können, das ist Ihre Wirklichkeit.

Wir empfehlen Ihnen lediglich eine geistige Offenheit, wenn Sie mit den in diesem Buch vorgestellten Praktiken experimentieren und erleben, was dabei passiert, was Sie empfinden und als Wirklichkeit entdecken. Seien Sie ruhig skeptisch, aber bleiben Sie offen dafür, neue Reiche zu entdecken, von denen Sie bisher vielleicht noch nichts bemerkt haben.

Meditations-Mana: Visualisierungen und verbale Absichtserklärungen

Während sie die Pikopiko-Atmung praktizieren, können Sie sich auch einige Schlüsselbilder plastisch vorstellen und Absichtserklärungen (Affirmationen) formulieren, die Ihrem Ku-System helfen zu verstehen, was Sie tun wollen, damit es sich effektiver mit Mana auflädt. Weitere Meditationen dieser Art werden wir in späteren Kapiteln lernen.

Pikopiko-Atmung mit Visualisierung:

Während Sie sich beim Einatmen auf den Scheitelpunkt Ihres Kopfes (Piko po'o) konzentrieren, stellen Sie sich vor, wie Energie oder Licht von oben in Sie hineinströmt.

Beim Ausatmen stellen Sie sich vor, daß diese Energie sich nach unten, tief in Ihr inneres Kraftzentrum bewegt.

Sie können dabei jedes beliebige Bild benutzen, das Ihnen besonder effektiv erscheint – es geht darum, Ihrem Ku-Selbst hier eindeutig zu vermitteln, was Sie auf sehr realen energetischen Ebenen erreichen wollen. Denken Sie währenddessen immer daran, daß die Bilder, die Sie sich aktiv vorstellen, den schöpferischen Prozeß auslösen. Was Sie sich vorstellen, führt zu konkreteren Ereignissen – in diesem Fall dazu, daß eine sehr reale Energie in Ihren ebenso realen Energiekörper strömt.

Neben den Visualisierungen können Sie auch durch gezielte Sätze, die Ihre Absicht bekräftigen, dazu beitragen, daß sich Ihr Organismus stärker mit Mana auflädt. Während Sie die Pikopiko-Atmung praktizieren, sagen Sie sich schweigend und regelmäßig bestimmte Sätze vor. Diese Affirmationen bringen in Ihrem Ku-Gewahrsein eine tiefe und sofortige Resonanz hervor und vermitteln dabei genau die Absicht, die Sie mit Ihrer Pikopiko-Zeremonie verfolgen.

Pikopiko-Atmung mit Affirmation:

Während Sie die Pikopiko-Atmung praktizieren, sagen Sie sich beim Einatmen: »Ich nehme kreative Energie auf«, oder einen ähnlichen Satz.

Beim Ausatmen sagen Sie: »Ich speichere kreative Energie.«

Sie werden in den nächsten Wochen die Erfahrung machen,

daß solche wiederholten Absichtserklärungen das Aufnehmen und Speichern von Mana erstaunlich wirkungsvoll unterstützen können.

Bewegungs-Mana: Die Verbindung von Pikopiko-Atmung und körperlicher Bewegung

Das dritte Element, mit dem Sie die Aufnahme kreativer Energie verbessern können, ist sehr einfach und doch lebenswichtig – regelmäßige körperliche Bewegung. Menschen, die Tag für Tag nur herumsitzen, fallen unweigerlich auf ein immer geringeres Energieniveau, bis es ihnen schwerfällt, überhaupt irgend etwas Kreatives im Leben zu bewerkstelligen. Wenn es Ihnen auch so geht, wird dieser Abschnitt Sie hoffentlich anregen, ein neues »bewegteres« Leben zu entwickeln.

In diesem Fall besteht die Absicht des Lono-Verstands einfach darin, Ihrem Körper mehr Bewegung zu verschaffen, um die natürliche energetische Aufladung zu aktivieren, die bei körperlichen Übungen stattfindet. Blicken Sie nur einen Moment zurück und erinnern Sie sich an eine Wanderung, oder an eine Tour mit dem Rad, an Skifahren, Tennis, Schwimmen. Also an eine körperliche Bewegung, wo Sie wirklich in Schwung gekommen sind und gespürt haben, wie Ihre körperliche Kraft wuchs und Ihnen mehr Stärke verlieh. Denken Sie an das lebendige Gefühl, wenn Ihnen körperliche Bewegung zu einer besseren Kondition verhilft!

Keine Frage: Sofern Sie nicht emotional deprimiert sind (mehr darüber später), gewinnen Sie aktiv zusätzliche Energie und erhöhen Ihr Mana, wenn Sie etwas tun, das Ihr Herz schneller schlagen läßt und Ihren gesamten Körper in Bewegung versetzt – wenn Sie die frische Luft auf der Haut spüren und die Kraft in Ihrem Körper wahrnehmen.

Körperliche Bewegung belebt uns! Und regelmäßige körperliche Bewegung erhöht unser verfügbares Mana. Die Vorstellung ist also klar – wenn wir mehr Kraft erlangen wollen, um unsere Welt zu verändern, müssen wir uns aufraffen und uns mehr bewegen. Auf welche Weise wir das tun, ist nicht so wichtig – entscheidend ist, daß wir es regelmäßig tun.

Beginnen Sie auf Ihre täglichen Gewohnheiten bei der Arbeit zu achten, vor allem, wenn Sie wie die meisten von uns einen Bürojob haben. Was passiert mit Ihrem Körper und mit Ihrer grundlegenden Mana-Kraft? Lassen Sie es zu, daß diese Arbeit Sie Ihrer Kraft beraubt, oder hilft sie Ihnen, ein hohes Niveau an kreativer Energie zu bewahren?

- Sobald Sie beginnen, Ihre täglichen Bewegungsgewohnheiten zu beobachten, werden Sie feststellen, daß eine natürliche Verbesserung Ihrer Energieversorgung eintritt. Wenn Sie bemerken, daß Sie stundenlang sitzen, ohne auch nur einmal für fünf Minuten zu gehen oder aufzustehen, um sich ein wenig zu strecken, werden Sie in Gedanken die Vorstellung entwickeln, daß Sie herumgehen oder sich strecken könnten. Und diese Vorstellung wird dazu führen, daß Sie handeln!

Seien Sie beispielsweise bei einer langen Sitzung der erste, dem auffällt, daß das Energieniveau der Teilnehmer sinkt. Reagieren Sie auf Ihre innere Wahrnehmung, indem Sie eine Pause anregen, aufstehen und ein wenig herumgehen. Durchbrechen Sie das niedrige Energieniveau im Raum, seien Sie ein Anführer, wenn es darum geht, mehr Mana-Energie an Ihren Arbeitsplatz zu bringen! Achten Sie auch zu Hause darauf, wenn Sie in einen

Zustand der Passivität verfallen und spüren, daß Ihr Energieniveau sinkt – und während Sie sich beim Sitzen ertappen, fassen Sie die Idee, daß sie etwas Bewegung in Ihr Leben bringen könnten – und tun Sie es!

Denken Sie daran, daß Sie bei jeder Art von sportlicher Betätigung Pikopiko praktizieren können. Machen Sie es sich also zur Gewohnheit, Ihr Energiesystem im Laufe des Tages bewußt immer wieder aufzuladen.

Dieser gesamte Prozeß des Aufladens mit Mana kann nun sehr einfach zusammengefaßt werden, so daß Sie ihn jederzeit und überall mühelos praktizieren können.

- Sagen Sie sich bei jedem Einatmen »aufnehmen« und bei jedem Ausatmen »speichern«. Das ist die Pikopiko-Praxis, und das geschieht mit jedem Atemzug und jedem Pulsschlag zwischen den Augenblicken, in denen Ihre Lungen luftleer (Po) und wieder mit Luft gefüllt (A'o) und dann wieder luftleer sind...

Sie heben sich selbst ständig auf ein höheres Energieniveau, wenn Sie bewußt ein- und ausatmen und sich dabei immer wieder selbst sagen: »Aufnehmen... speichern... aufnehmen... speichern... aufnehmen...«

Und es gibt keine Grenze für die Energieaufnahmen, abgesehen von Ihren eigenen diesbezüglichen Überzeugungen – und wir werden noch lernen, wie wir diese Überzeugungen erweitern können.

Nun sind wir soweit, daß wir von unserem grundlegenden Atemrhythmus, mit dem wir Energie aufnehmen und speichern, zum zweiten fundamentalen Rhythmus der Haipule-Manifestation-Zeremonie weitergehen können: beabsichtigen... ausstrahlen....

Dritter Schritt: Die konkrete Absicht (Mana'o)

Wir verstehen nun zumindest ansatzweise, was Mana bedeutet oder ist. Im nächsten Schritt wollen wir uns genauer ansehen, wie die Polynesier diesen Ausdruck für Energie in den Ausdruck integrieren, der »Absicht, Zweck, Gedanke, Idee, Plan, Äußerung…« bedeutet. Sie benutzen das Wort Mana'o, wenn sie Gedanke und Absicht zugleich meinen – und zeigen damit, daß *unsere Gedanken nicht von der Energie zu trennen sind, welche sie manifestiert!*

Oft wird gesagt, man solle seine Absichtserklärung schon zu Beginn der Haipule-Zeremonie mitbringen. Doch außerhalb jedes spirituellen Bezugsrahmens benutzen wir unser gewöhnliches Denken, um einen Wunsch oder ein persönliches Bedürfnis zu formulieren, und das kann aus unserer Sicht ein gravierender Fehler sein. Denn man ist noch in der Situation, wo der Lono-Verstand über das Ku-Selbst dominiert. Wir halten es im Gegenteil für wesentlich, daß Sie die Haipule-Zeremonie in einer offenen Geisteshaltung beginnen und der Zeremonie selbst gestatten, Ihnen zu geistiger Klarheit darüber zu verhelfen, was Sie in Ihrem Leben ändern möchten. Die Pikopiko-Übung versetzt Ihr Bewußtsein in einen sehr empfänglichen Zustand. Nun ist der richtige Zeitpunkt gekommen, um sich gezielt auf Ihre Absichtserklärung zu konzentrieren, damit Sie sicher sein können, daß sie dem Kern Ihres Wesens entspricht. Denn nur dann erlangt sie die volle Aufmerksamkeit und Kooperation Ihres energetischen Ku-Körpers, der die Aufgabe hat, Ihre Mana-Energie zu lenken.

Nehmen wir beispielsweise an, daß Sie frustriert sind, weil Sie Geldprobleme haben. Es reicht hinten und vorne nicht, Sie stehen finanziell ständig unter Druck, und trotz aller Bemühungen haben Sie immer noch nicht den geschäftlichen Durchbruch erreicht, den Sie sich so sehr wünschen. Wenn Sie nun die ersten beiden Schritte der Haipule-Zeremonie durchführen (Beschwörung Ihres höheren Selbst und Erhöhung Ihres Energieniveaus) und an den Punkt kommen, wo Sie sich öffnen, um eine klare Einsicht in das zu erlangen, was Sie finanziell wirklich brauchen, dann haben Sie vielleicht schon einige Einzeiler zur Hand, die Ihnen als Absichtserklärung für die Haipule-Zeremonie geeignet erscheinen. Ihre Absicht könnte lauten: »Ich will soviel Geld verdienen, daß ich nie wieder finanzielle Sorgen habe«, oder »Ich will das Geheimnis kennen, wie man schnell reich wird«, oder »Ich will aus der grenzenlosen Quelle des Überflusses schöpfen, der mir zusteht, und ohne Anstrengung all das bekommen, was ich mir wünsche.«

Dies sind natürlich Feststellungen Ihres Lono-Verstandes, der seine materiellen Wünsche ausdrückt. Diese mögen Ihrer tieferen spirituellen und materiellen Bestimmung auf diesem Planeten entsprechen – oder auch nicht. Erst beim dritten Schritt (Erklärung Ihrer spezifischen Absicht) bitten Sie darum, daß Ihr höheres Akua-Selbst Ihnen zusätzliche Einsichten hinsichtlich Ihrer Lage vermittelt. Diese helfen Ihnen dann, Ihre Absicht unter übergeordneten Gesichtspunkten zu fassen, damit das Universum mehr Möglichkeiten hat, Ihnen zu Hilfe zu kommen. So könnten Sie beispielsweise beim dritten Schritt auf neue Gedanken über die tieferen Hintergründe Ihrer chronischen finanziellen Probleme kommen. Wenn Sie Ihren ständigen inneren Monolog über Ihre finanziellen Schwierigkeiten zum Schweigen bringen und auf Ihr tieferes Selbst hören, werden Sie oft von Einsichten überflutet, als ob dahinter ein Druck stünde, Ihnen die notwendigen Erkenntnisse mitzuteilen, denen Sie sich bisher verweigert haben.

Der dritte Schritt ist in sich selbst von unschätzbarem Wert, weil er uns für die intuitiven Erkenntnisse unserer ganzheitlichen Wahrnehmung und unseres übergeordneten Akua-Bewußtseins öffnet, das unsere Situation nicht nur aus der Lono-Perspektive, sondern aus einem sehr viel umfassenderen Blickwinkel kennt.

- Nur im Rahmen dieses erweiterten Bewußtseins, in dem Sie Ihren persönlichen Verstand mit dem grenzenlosen Akua lani verbinden, können Sie Einsichten gewinnen, die Sie über die Grenzen Ihrer Lono-Überzeugungen hinausführen und Ihnen einen Aktionsplan (Mana'o) zeigen, der wirklich funktionieren wird. Auf diese Weise nutzen Sie Ihre höhere Vorstellungskraft und Intuition, um eine Vision zu schaffen, die Ihrem Lebenssinn voll entspricht.

Im Verlauf dieses Buches werden wir Ihre Fähigkeit vertiefen, sich schnell und kraftvoll in diesen Zustand erweiterter Einsicht und Erkenntnis zu versetzen. An dieser Stelle lernen Sie zunächst den grundlegenden dritten Schritt der Mana'o Praxis. Auch ihn haben wir bewußt vereinfacht und auf seinen Kern reduziert, damit Sie ihn rasch aufnehmen und anwenden können.

Mana'o-Übung:
Die eindeutige Absicht festellen

Nach der Ha!-Ganzkörperatmung und der Pikopiko-Übung zur Erhöhung der Energie sollten Ihre Gedanken nun ruhen. Falls nicht, konzentrieren Sie sich wieder auf Ihre Atmung, Ihren Herzschlag, Ihr ganzheitliches Körperbewußtsein in diesem Augenblick.

Atmen Sie nun ohne Anstrengung, und um sich über Ihre Absicht für diese Zeremonie klarzuwerden, lassen Sie beim Ausatmen sachte den Gedanken entstehen: »Ich bin offen, um Einsichten von meinem höheren Selbst zu empfangen.«

Achten Sie beim Einatmen weiter auf Ihren Atem, Ihren Herzschlag, Ihr ganzheitliches Körperbewußtsein in diesem Augenblick. Und erweitern Sie Ihre Wahrnehmung, um auch die Gegenwart von Akua lani in das Zentrum Ihres persönlichen Bewußtseins aufzunehmen.

Beim nächsten Ausatmen sagen Sie sich selbst wieder: »Ich bin offen, um Einsichten von meinem höheren Selbst zu empfangen. Wenn Sie nun erneut einatmen, seien Sie offen für neue Gedanken oder Visionen darüber, wie Sie Ihr Leben verbessern wollen.

Nachdem sie einige Minuten in diesem ruhigen Rhythmus ein- und ausgeatmet haben, beginnen Sie fast immer zu spüren, wie sich in Ihren Gedanken eine klare Absichtserklärung herauskristallisiert, anfangs vielleicht als körperliches Gefühl, dann als Vorstellungsbild und in Form von Gedanken, die Ihre intuitive Einsicht ausdrücken.

Wesentlich ist dabei, daß Sie ohne Beurteilung für alles offen sind, was kommt. Entdecken Sie, was Sie wirklich wollen, um Ihr Leben zu verbessern. Lassen Sie Ihre persönlichen Gedanken mit der größeren Akua-lani-Weisheit eins werden. Öffnen Sie sich, um Ihr höheres Mana'o zu erkennen.

Vierter Schritt: Ausstrahlen der Absicht (Aka)

Nehmen wir an, Sie hätten eine klare Absicht im Hinblick auf ein bestimmtes Problem entwickelt und wollten diese in Ihre

Haipule-Zeremonie einbringen. Der nächste Schritt besteht darin, diese Vorstellung, diesen Plan, dieses Konzept Ihrem Ku-System mitzuteilen, damit es aktiv wird, den Ball aufnimmt und damit losläuft.

- Denken Sie daran: Sie mögen noch so viel von Ihren großartigen Plänen für ein besseres Leben träumen, solange Sie sich nicht voll und ganz mit Ihrer Ku-Dimension verbünden, wird absolut nichts geschehen, um Ihre Träume zu verwirklichen. Ku – und nicht Lono – verfügt über die notwendige Mana-Energie und die erforderliche direkte Verbindung zur äußeren Realität, um Ihre Absichten auszustrahlen und in der äußeren Welt entsprechende Reaktionen auszulösen, die diese Absichten in Realitäten umsetzen.

Ein hochentwickelter Kahuna-Meister brauchte sich nur seiner grundlegenden Absicht klar bewußt zu sein, als einfache Visualisierung dessen, was geschehen sollte, und schon begann die Manifestation der Absicht, weil weder Zweifel noch Furcht die Harmonie zwischen Ku und Lono blockierten.

Die meisten von uns beherrschen dieses Spiel nicht so gut, daß wir unsere Absicht vollständig an unser Ku-System weitergeben könnten, ohne dabei ein paar Tricks anzuwenden, die dafür sorgen, daß unser tieferes Selbst unseren Plan versteht und billigt. Im folgenden geht es nun darum, dafür zu sorgen, daß Ku versteht, was wir wollen, und entsprechend handelt.

Die Macht der Suggestion

Unser denkender Verstand kann zur Manifestation seiner Träume nur eine ausgezeichnete Strategie oder Absicht beitragen, die er dann dem ausstrahlenden Ku-System suggestiv übermittelt, das seinerseits diese Absicht aufgreift und in die Welt hinaussendet, um sie zu manifestieren. Die Macht der Suggestion ist sehr real, und unser Ku-Bewußtsein greift die Suggestionen des Lono-Bewußtseins meist bereitwillig auf. Wir müssen lediglich lernen, wie wir die Kommunikation zwischen Lono und Ku aktivieren. Hier liegt das Kernproblem, mit dem wir uns in den folgenden Kapiteln eingehender beschäftigen werden:

- Wir können nur eine Absicht ausstrahlen, deren Verwirklichung wir selbst für möglich halten. Unsere fundamentalen Überzeugungen setzen dem, was wir im Haipule-Prozeß erreichen können, strenge Grenzen.

Unser denkender Verstand entwickelt oft großartige Ideen, was wir im Leben verwirklichen möchten. Wir versuchen uns dann vorzustellen, wie wir unsere großen Ziele erreichen. Wir versuchen sogar, unser Ku-Selbst davon zu überzeugen, daß wir es zum Handeln auffordern, damit unsere Träume wahr werden. Aber wir können diese Manifestation nicht erreichen, solange es in unserem Inneren oft völlig unbewußte Einstellungen und Überzeugungen gibt, die sagen: »Nein, unmöglich.«

Wenn Sie also nun lernen, wie Sie Ihrem energetischen Selbst vermitteln, daß Sie Ihren Traum verwirklicht sehen wollen, denken Sie daran, daß Sie dafür sorgen müssen, daß Ihre Absicht nicht von einschränkenden Überzeugungen blockiert wird.

Vierter Haipule-Schritt: Die Macht der Suggestion einsetzen

Verbale Absichtserklärung:
Kehren Sie zurück in den Ha!-Zustand Ihrer ganzheitlichen Körperwahrnehmung, machen Sie einige Pikopiko-Atemübungen und richten Sie Ihre Aufmerksamkeit dann sanft auf Ihre Absichtserklärung. Sprechen Sie diese (»Ich will, daß das und das geschieht«) bei jedem Ausatmen. Bei jedem Einatmen erhöhen Sie die Energie in Ihrem Organismus, und bei jedem Ausatmen lassen Sie diesen Zustrom von Energie Ihrer Absichtserklärung mehr Kraft verleihen...

Visualisierung:
Nun visualisieren Sie das, was in Ihrem Leben geschehen soll, als materiellen Ausdruck Ihrer Wünsche... Gestalten Sie die Vision so real wie möglich, aber schränken Sie das Ergebnis nicht durch zu viele Details ein. Erweitern Sie Ihre Vorstellung um sinnliche Wahrnehmungen – Berührung, Geruch, Klang, Geschmack...

Emotionale Gefühle:
Während Sie Ihren Traum visualisieren, erlauben Sie sich auch, die positiven Gefühle wahrzunehmen, die mit der Materialisierung einhergehen werden. Empfinden Sie diese Gefühle inmitten Ihrer Atmung. Gestatten Sie sich ebenfalls, den natürlichen Strom der Begeisterung zu empfinden, der Ihren Traum begleitet...

Ku-Energetisierung:
Stellen Sie sich vor, wie der lebendige, kreative Energieüberschuß, den Sie in Ihrem Organismus gespeichert haben, Ihr Mana-Speicher, in die Umgebung hinauszufließen beginnt, um

Ihre Absicht in die Umwelt auszustrahlen und Hilfe bei der Manifestation Ihrer Vision zu erbitten.

Leben im Traum:
Der letzte Schritt der Haipule-Zeremonie besteht darin, einfach zu entspannen, alle Lono-Aktivitäten aufzugeben, und am Ende der Zeremonie in den Gefühlen und Einsichten zu »sein«, die aufgetreten sind. Erleben Sie, wie sich alle drei Aspekte Ihres Selbst, Ku, Lono und Akua lani, in Harmonie und Frieden befinden ...

Fünfter Schritt: Handeln für die Manifestation (Hana)

Viele Menschen denken, es reicht, wenn sie die beschriebenen Schritte tun und dann dasitzen und darauf warten, daß ihnen ihre Träume auf einem Silbertablett serviert werden. So funktioniert die Sache natürlich nicht. Wenn wir hingebungsvoll um etwas beten, dabei jedoch keinen Finger rühren, um unser Leben in die angestrebte Richtung zu lenken, wird das Universum unsere Gebete schnell vergessen.

Wenn wir Ku mit unserer Absicht beeindrucken wollen, dann geschieht das am besten dadurch, daß wir dieser Absicht gemäß handeln. Sie kennen das Sprichwort: »Wenn du ein Schriftsteller sein willst, dann schreibe!« Das trifft zweifellos auch auf alles andere zu, was wir manifestieren wollen. Wenn Sie ein liebevoller Mensch sein wollen, dann finden Sie heraus, was Sie für andere tun können. Wenn Sie mehr Geld verdienen wollen, dann sollten Sie in die Welt hinausgehen und bereit sein, auf neue Gelegenheiten zu reagieren ...

- Und das bringt uns zum letzten polynesischen Schlüsselbegriff in diesem Kapitel, der Ho'ohana heißt. Dieses Wort bedeutet »handeln, praktizieren, sich engagieren, machen, entwickeln, herstellen, erschaffen«.

Handeln auf der materiellen Ebene, hingebungsvolle Arbeit für ein bestimmtes Ziel ist einer der sichersten Wege, um tiefere Dimensionen in Resonanz mit Ihrer Absicht zu bringen.

Die Haipule-Zeremonie mit zwei Atemzügen

Eine der mächtigsten Formen der Haipule-Zeremonie ist der Rhythmus von zwei Atemzügen, den Sie gleich ausprobieren können. Wir garantieren Ihnen, daß Sie ihn als sehr wertvolle Alltagspraxis empfinden werden. In späteren Kapiteln werden wir uns damit beschäftigen, wie wir diese grundlegende Praxis oder deren Modifikationen auf fast jede Situation anwenden können, die wir positiv beeinflussen wollen.

Ein Beispiel dafür ereignet sich gerade, während wir diese Seite schreiben: Eine Freundin von uns, die einige Meilen entfernt wohnt, will ihr Baby zu Hause zur Welt bringen und hat schon seit sieben oder acht Stunden Wehen. Wir haben eben gehört, wie der Krankenwagen auf dem Weg zu ihr hier vorbeigefahren ist. Natürlich möchten wir ihr gerne helfen, aber was können wir tun?

Wir können sofort die Haipule-Zeremonie mit zwei Atemzügen beginnen und all die liebevolle heilende Energie ausstrahlen, die wir durch unsere Körper und Seelen kanalisieren können:

Beim Einatmen sagen wir »empfangen«.

Beim Ausatmen sagen wir »speichern«.

Beim Einatmen sagen wir »beabsichtigen«.

Beim Ausatmen sagen wir »ausstrahlen«.

Wir konzentrieren uns auf das Wohlbefinden unserer Freundin und ihres Babys als generelle Absicht und wiederholen dieses grundlegende Gebet in zwei Atemzügen aufs neue. Das erzeugt einen kraftvollen Mana'o-Energiestrom, der im Verlauf der Übung immer intensiver wird.

Jedes dieser vier auslösenden Haipule-Worte hat eine enorme Kraft!

»Empfangen« lenkt unsere volle Aufmerksamkeit beim Einatmen darauf, daß wir für jede höhere Hilfe aus dem Universum offen sind.

»Speichern« lenkt unsere volle Aufmerksamkeit beim Ausatmen auf die ganzheitliche Wahrnehmung unseres Körpers, wo diese Energie jede unserer Zellen und unsere Seele durchdringt.

»Beabsichtigen« lenkt unsere volle Aufmerksamkeit beim Einatmen auf den spontanen Wunsch oder in die Richtung, die unser höheres Selbst für unsere Mana-Energie ausgewählt hat.

»Ausstrahlen« gibt unserem gesamten Dasein beim Ausatmen die gezielte Anweisung, die Energie unserer liebevollen Absicht in die Richtung zu senden, wo sie am meisten benötigt wird.

Wir fordern Sie auf, diese einfache, aber sehr wirkungsvolle Übung in den nächsten Tagen häufig zu praktizieren, damit Sie sich daran gewöhnen, sie regelmäßig durchzuführen, beispielsweise beim Autofahren, wenn Sie in einer Warteschlange stehen, bei der Arbeit, beim Spülen in der Küche, beim Radfahren und natürlich in erweiterter Form bei der Meditation von oder vor dem Einschlafen.

Rhythmus ist das ursprüngliche Prinzip unseres Universums.

Mit jedem Atemzug nehmen wir an diesem Lebensrhythmus teil. Die Haipule-Zeremonie mit zwei Atemzügen ermöglicht uns eine direkte Beteiligung an der höheren Manifestation beim Entstehen der Wirklichkeit. Es gibt nichts, was Sie daran hindern könnte: Fangen Sie damit an!

Drittes Geheimnis

Holopono: Konditionierungen überwinden und aufwachen

Wenn wir uns selbst gegenüber ehrlich sind, hungern viele von uns die meiste Zeit nach Erfolg. Vielleicht haben Sie dieses Buch in der Hoffnung gekauft, endlich den bisher vergeblich gesuchten Zusammenhang zu finden, der Ihnen zu mehr Erfolg in Geld- und Liebesangelegenheiten verhilft. Der Haipule-Prozeß wird diese Lücke wahrscheinlich füllen, denn er hilft Ihnen, mit Ihrem höheren Selbst in Kontakt zu kommen, Ihre persönlichen Energien mit dem universellen Mana oder der Lebenskraft zu vereinigen und dann die Kraft Ihrer bewußten Absicht so einzusetzen, daß Sie das bekommen, was Sie im Leben wollen und brauchen.

Der erste Schritt bei diesem Prozeß besteht in einer kritischen Bestandsaufnahme Ihrer gegenwärtigen Überzeugungen: Was halten Sie für möglich und machbar und wie schätzen Sie sich ein. Nehmen Sie andere Menschen und die Ereignisse in Ihrer Umgebung wahr? Mit diesem Kapitel sollen Sie Ihre gegenwärtigen begrenzenden Überzeugungen und Einstellungen möglichst schnell überwinden, um ohne die Last negativer Konditionierungen, die Ihre Energie und Ihre Handlungsmöglichkeiten einschränken, mit der Haipule-Zeremonie zu beginnen.

Zu diesem Zweck werden wir die alte Weisheit der Kahunas mit einigen sehr neuartigen und außerordentlich wirksamen psychologischen Ansätzen verbinden. Sie gestatten uns einen

Blick auf den Kern unserer eigenen Überzeugungen und ermöglichen es, diese negativen Muster, die einen raschen Erfolg Ihrer Bemühungen verhindern würden, sanft, aber nachhaltig zu löschen. Sie werden bald feststellen, daß der Prozeß, sich von Einstellungen zu befreien, die zu Leid und Versagen führen, sehr spannend ist und Ihnen zu vielen neuen Erkenntnissen verhilft.

Fließen statt drängen

Für die traditionellen Bewohner Hawaiis oder der Südseeinseln gehörte das Wort für Erfolg, Holopono, zu den schönsten Ausdrücken der polynesischen Sprache. Es konnte sich auf eine spezielle Situation oder einen Zeitraum beziehen, wo im Leben des einzelnen oder der Gemeinschaft alles sanft, harmonisch und stetig auf einem guten Weg war. Es beinhaltete außerdem eine mühelose Beteiligung am Überfluß, ohne daß man drängen oder schieben mußte, um zum Erfolg zu kommen.

Zudem war das polynesische Verständnis von Erfolg in keiner Weise auf materiellen Reichtum, persönlichen Status oder politische Macht beschränkt. *Im Sinne des Huna bedeutete Erfolg nicht weniger, als einen Bewußtseinszustand zu erlangen, in dem wir eine dauerhafte Verbindung zu den übergeordneten Absichten des Akua lani – unserer ursprünglichen spirituellen Natur – haben, so daß wir Weisheit, Gnade, Mitgefühl und die Kraft zur Manifestation unserer Absichten mühelos in jeden Aspekt unseres Lebens integrieren können.*

Ein Blick auf die beiden Ausdrücke, aus denen sich das Wort Holopono zusammensetzt, zeigt, was die Menschen auf Hawaii und den Südseeinseln unter Erfolg verstanden. »Holo« bedeutet wörtlich laufen, fließen oder gleiten. Es beinhaltet die Fähigkeit, flink und schnell zu sein, sich im Eiltempo oder Galopp zu bewegen, zu beschleunigen und ungehindert zu rennen. Gedanklich bezieht es sich auf die Fähigkeit, aus dem eigenen Kern heraus einen sanften Fluß klarer Gedanken hervorzubringen, ohne von negativen Einstellungen oder einschränkenden Überzeugungen behindert zu sein.

»Pono«, der zweite Teil des Ausdrucks Holopono, bezieht sich auf die positiven menschlichen Eigenschaften von »Güte, Aufrichtigkeit, scharfer Beobachtung, Brillanz, Wohlbefinden oder Wohlstand und Glück«. Im Hinblick auf unser eigenes Innenleben bedeutet das Wort »ehrlich, klar denkend, gerecht, korrekt, die eigene Natur erkennend und ihr entsprechend«.

Wenn wir diese beiden Grundbegriffe zu dem alten Ausdruck Holopono zusammensetzen, schaffen wir sofort eine ausgeprägte positive Bedeutung, welche direkt auf Brillanz, geistige Offenheit und Erfolg durch Ehrlichkeit, Klarheit und bewußtes Handeln hinweist.

- Die Grundidee ist ein müheloses Strömen und positive Beteiligung statt selbstsüchtigen Raffens oder krampfhaften Bemühens. Den Hawaiianern war deutlich bewußt, daß es in jeder geografischen oder familiären Gemeinschaft genug Ressourcen gab, damit alle ein gutes Leben oder Kana lani führen konnten.

Natürlich hungern wir alle nach diesem »Erfolgs«-Bewußtsein, das Überfluß und Wohlbefinden hervorbringt. Fast jeder von uns spürt innerlich die Sehnsucht – unsere begrenzenden Einstellungen zu überwinden und zu der uns innewohnenden höheren Macht vorzudringen. Aber in unserer Gesellschaft sind wir darauf konditioniert zu glauben, daß wir kämpfen, drängen und schieben und im Wettbewerb gewinnen müssen, um das Gefühl des Erfolgs zu haben. Doch genau diese Haltung beschert uns allzuoft das Gegenteil: eine ruinierte Gesellschaft, ruinierte Beziehungen, ruinierte Geschäfte.

Holopono ist ein Bewußtseinszustand, in dem wir mit dem Strom des von uns gewählten Flusses treiben oder schwimmen, statt dagegen anzukämpfen. Es ist ein Zustand, in dem unsere Gedanken sich in Harmonie mit der uns umgebenden Realität befinden und unsere Gefühle uns auf wunderbare Weise durch Geschäftsverhandlungen und persönliche Beziehungen leiten. Wenn wir glauben, daß uns diese Eigenschaften des Lebens zu unseren Zielen bringen, dann befähigt uns diese Überzeugung dazu, die Haipule-Zeremonie mit größtem Gewinn einzusetzen.

Im Verlauf dieses Buches werden wir immer wieder daran arbeiten, unsere gegenwärtigen Überzeugungen im Hinblick auf Erfolg zu überwinden, um mehr und mehr mit der Huna-Vision eines guten Lebens in Übereinstimmung zu kommen. Es geht immer um den Fluß der Dinge und die harmonische Teilhabe daran. Ohne jeden Kampf oder Druck können wir mühelos unsere tieferen Absichten ausstrahlen und alles empfangen, was wir brauchen, um voller Leben und Liebe zu sein und materiellen Überfluß zu genießen.

Dieses Kapitel, vielleicht das tiefgründigste des ganzen Buches, ist einer intensiven Untersuchung unserer vorherrschenden Überzeugungen und Bewußtseinszustände gewidmet, so daß Sie gleich damit anfangen können, Ihre negativen und begrenzenden Einstellungen zu identifizieren – und sie sanft aber sicher zugunsten anderer abzulegen, die besser zu Ihnen passen und Ihnen mehr Kraft geben.

Vor allem, wenn wir die Haipule-Zeremonie zum ersten Mal einsetzen, werden wir die einleitenden Übungen zur Konzentration, zur Erhöhung der Energie, zur Heilung und Manifestation mit psychologischen Übungen zur Dekonditionierung verbinden, die Katie Byron entwickelt hat.

Sie werden feststellen, daß die Befreiung von tiefverwurzelten negativen Überzeugungen und Einstellungen, Vorurteilen und Ängsten schon für sich genommen Ihre Fähigkeit enorm erhöhen kann, mühelos das anzuziehen, was Sie im Leben brauchen.

Die Grundlinie Ihrer Überzeugungen

Wann immer wir uns aktiv für die Erfüllung unserer Herzensbedürfnisse einsetzen möchten, stehen wir unseren inneren Überzeugungen von Angesicht zu Angesicht gegenüber: über das, was wir verdienen oder nicht verdienen, was wir können oder nicht können, was in der Welt möglich ist oder nicht, welche guten, schlechten oder gar entsetzlichen Dinge uns dabei zustoßen könnten ... und so weiter und so fort.

- Die Huna-Weisheitslehren besagen, daß die meisten unserer kulturell bedingten Lebensanschauungen unseren vollständigen Selbstausdruck und unser Potential einschränken. Deshalb müssen wir unsere inneren Einstellungen und Überzeugungen neu bewerten und aktualisieren, wenn wir es schaffen wollen, unsere höchsten Ziele zu erreichen.

Als typisches Beispiel dafür, wie negative Überzeugungen einen geschäftlichen Erfolg direkt vereiteln können, erinnert sich John an einen Klienten, der ihn kürzlich aufsuchte, weil er ein neues Geschäft gründen wollte. Rick hatte eine glänzende Idee für einen innovativen Ansatz in der Tourismusbranche. Er verfügte über entsprechende Berufserfahrung und auch über das nötige Investitionskapital. Seine Frau unterstützte ihn bei seinem Vorhaben, und sogar der Bürgermeister seiner Stadt hatte ihn persönlich ermutigt, die Unternehmensgründung zu wagen. Nichts stand zwischen Rick und seinem angestrebten Erfolg – außer seinem eigenen Denken. Er bat um Hilfe, weil er das Gefühl hatte, daß ihm die innere Stärke oder Willenskraft fehlte, das durchzuführen, was er geschäftlich vorhatte.

»Können Sie mir sagen«, forderte John ihn auf, »was Sie innerlich im Hinblick auf Ihre neue Geschäftsidee empfinden?«

»Na ja, tief in meinem Inneren bin ich mir einfach unsicher«, gab er zu, »eine innere Stimme sagt mir, daß ich es nicht schaffen kann, daß alles über mir zusammenbrechen würde, und daß ich am Ende völlig vernichtet wäre.«

»Wenn Sie jetzt einmal kurz innehalten und in sich hineinsehen«, fragte John weiter, »was fürchten Sie wirklich?« Rick atmete tief durch und überlegte einen Moment. »Oh, ich weiß nicht – ich stelle mir vor, daß niemand in meinen Laden kommt, daß ich Stunde um Stunde hinter der Theke stehe und niemand hereinkommt, um das zu kaufen, was ich anbiete.« »Okay, Rick, sehen Sie sich das einmal genau an. Können Sie wirklich wissen, daß Ihre Befürchtungen eintreten werden?« Rick schwieg erneut. »Nein, ich denke, man kann nie vorher genau wissen, was passieren wird. Ich habe nur tief im Inneren diese Angst, daß niemand das haben will, was ich anbiete.« »Sie haben also diese negative Überzeugung, daß Sie versagen werden – eine Überzeugung, an der Sie offenbar sehr festhalten, obwohl sie nicht unbedingt etwas mit der Wirklichkeit zu tun haben muß.« »Ja, ich glaube schon.«

»Okay. Entspannen Sie sich jetzt. Achten Sie darauf, wie Sie ein- und ausatmen. Lassen Sie ihre Gedanken ruhen und öffnen Sie sich für jede beliebige Erkenntnis, die jetzt in Ihnen auftauchen könnte. Und nun sehen Sie sich wieder genau Ihre Überzeugung an, daß niemand kommen wird, um etwas bei Ihnen zu kaufen. Sagen Sie mir: Was bekommen Sie dafür, daß Sie an dieser Überzeugung festhalten? Was gewinnen Sie dadurch, daß Sie diese Überzeugung in sich lebendig halten?« »Was ich dafür bekomme?« fragte Rick, und wandte sich einen Moment nach innen. »Das ist ziemlich offensichtlich – ich bekomme das Zittern, ich werde nervös und schwach, ich kann nicht einmal mehr klar denken – das bekomme ich für meine Überzeugung.« »Also gut«, fuhr John sanft fort, »lassen Sie uns noch etwas genauer hinsehen. Sagen Sie mir, was für ein Mensch Sie ohne diese Überzeugung wären.«

Rick zögerte kurz. »Meine Güte, ich hätte keine Angst mehr, ich würde mich leicht fühlen, ich hätte mehr Selbstvertrauen. Ich würde einfach das tun, was ich vorhabe.«

»Dann machen Sie sich das jetzt selbst klar. Ist es Ihre negative Überzeugung oder die Realität, die Sie daran hindert zu handeln und Erfolg zu haben?« Rick dachte wieder nach. »Es ist peinlich, das zuzugeben, aber – ja, ich denke, es stimmt – ich meine, ich erkenne, daß es wahr ist. Ich laufe herum und sage mir selbst, daß ich ein Versager bin, und deshalb werde ich vermutlich auch versagen.«

»Was empfinden Sie jetzt?« »Ich fühle mich schon besser, einfach, weil wir auf diese Weise darüber reden. Irgendwie bin ich wirklich so programmiert zu glauben, daß Leute, die ein Risiko eingehen, versagen und leiden. Aber das ist nur in meinen Gedanken so, oder? Ständig gehen Leute Risiken ein und haben Erfolg. Und wenn ich mir vorstelle, ich hätte nicht diese negative Haltung, würde sie ein für allemal aufgeben – wow, ich fühle mich stärker.«

»Richtig. Wenn wir feststellen, daß eine Überzeugung nicht gut für uns ist, daß sie uns schadet – dann können wir sie einfach aufgeben«, ermutigte John seinen Klienten. Rick lehnte sich in seinem Stuhl zurück und lächelte zum ersten Mal, seit er hereingekommen war.

Er hatte ziemlich schnell etwas sehr Wesentliches über seine inneren Funktionen begriffen– daß seine Überzeugungen in seinem Gehirn nicht in Stein gemeißelt waren. Tatsächlich lösen sie sich schnell in Luft auf, wenn wir sie konzentriert betrachten. Wir wissen instinktiv, daß es besser ist, sich für die Realität statt für Illusionen zu entscheiden.

Rücknahme negativer Projektionen

Wenn wir die Haipule-Zeremonie mit einem Maximum an Kraft und positiver Klarheit beginnen wollen, müssen wir zunächst dafür sorgen, daß wir keine negativen Selbstbilder mit uns herumtragen, die unsere Fähigkeit zur Manifestation direkt blockieren. Aber den meisten von uns scheint es fast unmöglich, zu entdecken, wie wir uns selbst abwerten, weil wir es so gewohnheitsmäßig und unbewußt tun.

Doch es gibt in der Psychologie ein beachtliches Werkzeug, das uns unsere negativen Selbstbilder buchstäblich sofort vor Augen führt. Indem wir dieses Werkzeug in die Haipule-Zeremonie integrieren, können wir unseren inneren Speicher von negativen Selbstbildern befreien und anschließend sprunghafte Fortschritte in Richtung auf unsere wahre Erfüllung machen. *Es ist eine grundlegende psychologische Tatsache, daß wir Dinge, die wir über uns selbst nicht gerne zugeben, oft auf die Außenwelt projizieren. Wenn wir nun unsere Projektionen betrachten, können wir durch eine einfache verbale Umkehrung zum Kern der Selbstbeurteilung finden.*

Betrachten wir noch einmal Ricks Erfahrung und sehen wir, wie seine negativen Erwartungen im Hinblick auf die Reaktion der Außenwelt in Wirklichkeit eine innere Selbstbeurteilung darstellen: Rick sonnte sich in der Erkenntnis und der Erleichterung darüber, daß er negative Einstellungen nach Belieben aufgeben konnte, wenn er feststellte, daß sie ihm nicht nützten. John ließ ihn einige Atemzüge lang entspannen und sagte dann: »Nun lassen Sie uns noch einen Schritt weitergehen, Rick. Sie haben festgestellt, daß Sie fürchten, die Außenwelt würde Ihr Geschäft nicht unterstützen. Nun könnte es sein, daß Sie etwas auf die Außenwelt projizieren, was sich eigentlich in Ihrem Inneren abspielt. Lassen Sie uns Ihre Feststellung herumdrehen.«
»Herumdrehen?«

»Statt zu sagen, ich fürchte, daß ›die Außenwelt‹ mein Geschäft nicht unterstützen wird, sagen Sie: Ich fürchte, daß ›ich‹ mein Geschäft nicht unterstützen werde. Sprechen Sie diese Umkehrung ein paarmal aus, und hören Sie hin, ob das richtig klingt – überlegen Sie, ob Sie Ihre eigene Einstellung zu Ihren geschäftlichen Plänen auf die Außenwelt projizieren.« Rick zögerte, denn ein Teil von ihm wollte sich auf dieses Experiment nicht einlassen. Schließlich sagte er ziemlich angespannt und ohne Gefühlsausdruck: »Ich fürchte, daß ich mein Geschäft nicht unterstützen werde.« »Sagen Sie es noch einmal«, ermutigte ihn John. »Spüren Sie, wie sich die Feststellung tief in Ihrem Inneren anfühlt.«

Wieder kämpfte Rick mit sich – und begann dann erneut zu sprechen – und diesmal lag Gefühl in seiner Stimme, während er spürte, wie die Worte tief in seiner Seele ein Echo auslösten: »Ich fürchte, daß ich mein eigenes Geschäft nicht unterstützen werde. Mein Gott, das stimmt ja – das ist wahr!« Seine Stimme klang erstickt, und seine Emotionen spiegelten sich in seinen Augen. Rasch unterdrückte er die Gefühle.

»Sagen Sie es noch einmal«, forderte John ihn auf.

»Ich fürchte, daß ich mein eigenes Geschäft nicht unterstützen werde. Wie kann das sein. Aber ich weiß, ich fühle es. Es ist verrückt, aber in meinem Inneren ist etwas, das mich zurückhält, das nicht wirklich daran glaubt, daß ich es schaffen kann. Es hat nicht so sehr mit den Kunden zu tun, dieses Gefühl – es hat mit mir zu tun!«

Das war der Durchbruch, auf den John gewartet hatte. Rick hatte den ersten Schritt zur Auflösung einer ganzen Liste von Selbsturteilen getan, die er eher auf andere als auf sich bezog. Er arbeitete mit dem Gefühl: »Meine Frau unterstützt mich bei meinem Projekt nicht wirklich«, drehte es um, und auch hier ergab sich wieder: »Ich unterstütze mich bei meinem Projekt nicht wirklich.« Immer wenn er seine negativen Gefühle anderen unterschob, stellte er fest, daß das, was er auf die Außenwelt projizierte, eher für ihn selbst galt.

»Ich habe jeden anderen beschuldigt, daß er mich nicht unterstützt, während ich im Grunde selbst der Schuldige bin«, erkannte er schließlich. »Gut«, sagte John. »Aber das ist kein Grund für Schuldgefühle. Wir müssen lediglich weiter hinsehen, weiter nachforschen und weiter all die negativen Gedanken ans Licht bringen, die Ihnen durch den Kopf gehen. Bei jedem einzelnen können wir überlegen, ob er Ihnen nützt, und wenn das nicht der Fall ist, dann werfen Sie ihn einfach weg.«

Den Weg zu Ende gehen

Während er Rick direkt die Hilfe gab, um die er gebeten worden war – ihm im Hinblick auf seine Geschäftseröffnung Mut zu machen – führte John seinen Klienten gleichzeitig tiefer und tiefer in die wesentlichen Elemente der Haipule-Zeremonie ein. Rick lernte, seinen ständigen Gedankenfluß zur Ruhe zu bringen, so wie wir es gelernt haben; er entdeckte, daß er sich willentlich in einen Bewußtseinszustand versetzen konnte, in dem er seinen Körper als Ganzes wahrnahm, besonders wenn er sich zittrig oder verwirrt oder emotional aufgewühlt fühlte. Und er lernte, seinen Körper mit Energie aufzuladen.

John brachte Rick auch bei, sich etwa jede Stunde ein paar Minuten zu gönnen, um sich in diesen ruhigen, rezeptiven Zustand zu versetzen und sich für intuitive Einsichten und Hinweise zu öffnen. Jeden Abend setzte sich Rick außerdem eine halbe Stunde hin, um sich wirklich auf sein eigenes inneres Wachstum zu konzentrieren. Und während dieser täglichen Haipule-Sitzungen arbeitete er weiter daran, das aufzulösen, was er seine »tödlichen Einzeiler« nannte, die ihn sein Leben lang geplagt und daran gehindert hatten, das zu tun, was er wollte.

Beim Rückblick auf seine Kindheit entdeckte Rick einige tiefverwurzelte Einstellungen, die genaue Ebenbilder der negativen Überzeugungen seines Vaters und wahrscheinlich auch seines Großvaters waren. »Ich bin einfach nicht gut genug«, hieß einer dieser Sätze – eine unterschwellige Behauptung, die ihm ständig in den Sinn kam, wenn er darüber nachdachte, etwas Neues anzufangen. Eine andere Überzeugung lautete: »Mir wird der Boden unter den Füßen weggezogen, wenn ich am wenigsten damit rechne«, und eine dritte hieß: »Wer aus der Reihe tanzt, endet im Dreck«. Bei jedem dieser Sätze konnte sich Rick daran erinnern, daß sie aus seinem konservativen Familienerbe stammten.

»Ich bin wirklich wütend auf meine Eltern und auf meine ganze Familiengeschichte, weil sie mir diese blödsinnigen Überzeugungen eingeprägt haben«, sagte Rick eines Tages. »Okay«, lächelte John. »Sehen Sie sich diese Feststellung an, die wie eine weitere Projektion erscheint, mit der wir uns beschäftigen müssen. Wenn Sie bereit sind, lassen Sie uns die Sache umdrehen. Versuchen Sie, das Gegenteil zu sagen – ›ich bin vor allem wütend auf mich selbst, weil ich mir diese blödsinnigen Überzeugungen eingeprägt habe‹ – und horchen Sie in sich hinein, ob das zutreffender klingt.«

Erneut nahm Rick seine Projektionen zurück und spürte plötzlich eine Welle von Erkennen und Emotion. »Das stimmt ja«, gab er zu. »Ich bin derjenige, der an diesen negativen Gedanken festhält. Es bringt überhaupt nichts, wenn ich auf meinen Großvater wütend bin.«

»Was werden Sie also mit diesem Einzeiler tun?« Rick wandte seine Aufmerksamkeit einen Moment nach innen und beobachtete den Auflösungsprozeß, der in seinem Inneren schon eingesetzt hatte. »Ich werde ihn wegwerfen«, erklärte er und lächelte zurück.

Das Auflösen von Überzeugungen

Der Prozeß der Befreiung von Überzeugungen ist ein sehr einfaches, aber wirkungsvolles »kognitives Werkzeug«, das uns hilft, die Überzeugungen zu entdecken, die uns im Weg stehen. Die Technik resultiert im wesentlichen aus den Erkenntnissen und Arbeiten der Amerikanerin Katie Byron* (www.thework.org). Im siebten Huna-Prinzip, das Sie noch kennenlernen werden, heißt es sinngemäß: »Was wirkt, ist Huna – be-

* Im Goldmann Verlag erscheint ein Taschenbuch von Moritz Börner über Katie Byrons Arbeit unter dem Titel »Byron Katies The Work«.

nutze es!« In diesem Sinne wollen wir Katie Byrons Techniken als neues Element in die Huna-Arbeit integrieren – einfach weil sie so effektiv sind.

Sowohl Katie Byron als auch die alten Kahuna-Meister heben klar hervor, daß wir alle ständig die äußere Welt provozieren, so zu erscheinen und sich so zu verhalten, wie wir glauben, daß sie erscheinen und sich verhalten sollte. Der größte Teil, wenn nicht die Gesamtheit unserer Leiden, entsteht nicht dadurch, daß die äußere Wirklichkeit uns Schläge versetzt, sondern durch die innere Ängstlichkeit und Verzweiflung, Frustration und Wut, die unsere eigenen Vorstellungen über die Wirklichkeit in uns hervorrufen. Wir haben tiefverwurzelte innere Lebenseinstellungen, die wir in jede Situation und Erfahrung projizieren – und diese Projektionen, die wir ständig ausstrahlen, veranlassen die Außenwelt, uns das Entsprechende zurückzusenden – wie die Princeton-Studien dokumentieren.

Katie Byron hat den grundlegenden Prozeß zur Auflösung von Projektionen entwickelt, den John bei Rick anwandte. Wir möchten Ihnen diesen Prozeß gerne als Hilfe zur Selbsthilfe vermitteln, damit Sie ihn jederzeit auf Ihre eigenen negativen Überzeugungen anwenden können, um Bewußtsein, Herz und Seele von dem »Einstellungsmüll« zu befreien, mit dem Sie sich vielleicht immer noch selbst belasten.

Die Einstellungen herausfinden, die hinderlich sind

Der erste Schritt im Auflösungsprozess besteht darin, sich in einen erweiterten Haipule-Bewußtseinszustand zu versetzen, bevor Sie mit der eigentlichen Auflösung der Projektionen beginnen. Was dabei aus der Kahuna-Sicht geschieht, ist das Erwachen Ihres Lono-Verstandes, der nun bestimmte negative Gewohnheiten erkennt, welche sich zu ständigen Gedankenströmen entwickelt haben, die unser Ku-Selbst in dem Glauben, sie seien irgendwie nützlich, aufrechterhält.

- Der Prozeß der Auflösung läßt uns diese Gewohnheiten im Licht unseres höheren Selbst betrachten, so daß wir in einem integrierten Bewußtseinszustand erkennen, daß diese negativen Einstellungen uns keinen Vorteil bringen – und sie aufgeben. Von entscheidender Bedeutung ist dabei die Tatsache, daß diese plötzliche Erkenntnis aus der Sicht des Huna nur möglich ist, wenn unser höheres spirituelles Selbst, Akua lani, bewußt in unsere Ku-Lono-Wahrnehmung einbezogen ist.

Identifikation einer negativen Überzeugung oder Einstellung:

1. Setzen Sie sich zehn Minuten hin, nehmen Sie Stift und Papier und machen Sie es sich irgendwo bequem, wo Sie ein wenig Ruhe und Frieden haben. Praktizieren Sie die Haipule-Meditation, die zur ganzheitlichen Körperwahrnehmung führt (S. 72 ff.) und öffnen Sie sich für die heilenden Einsichten Ihres höheren Selbst.
2. Konzentrieren Sie sich nun auf eine bestimmte Person, Situation, Organisation oder einen anderen Aspekt der Außenwelt, über den Sie sich oft ärgern oder der in Ihnen Angst, Feindseligkeit oder eine andere negative Emotion hervorruft. Wichtig ist dabei, daß es sich um eine negative emotionale Energie handelt, die Sie jedesmal ergreift, wenn Sie an diese Situation oder Person denken oder ihr begegnen. Diese starke Reaktion ist ein Hinweis darauf, daß Ihr inneres Selbst etwas Persönliches in dieses negative Gefühl investiert hat.

3. Machen Sie sich nun die kleine, aber wesentliche Mühe, auf Ihrem Papier zu notieren, um welche Person oder Organisation es sich handelt, welche Gefühle sie bei Ihnen auslöst, warum das so ist, und was sie tun sollte, um die Situation zu verbessern. Das Grundschema dazu sieht also folgendermaßen aus:

Feststellung, wer oder was mich ärgert

Diese Person oder Organisation etc. _______________ (Name) verursacht in mir Gefühle von ________ (Ärger, Angst, Trauer, Verwirrung ...) weil ____________________________________

____

____

Es ist notwendig, Ihre Aussage aufzuschreiben, weil Ihr Bewußtsein gerade an der Schwelle der Selbsterkenntnis wahrscheinlich alles tun wird, um zu verhindern, daß Sie eine Wahrheit über sich selbst entdecken, von der es annimmt, daß Sie damit nicht umgehen können oder sie nicht wissen wollen.

Hier sind einige Beispiele, welche die Grundidee verdeutlichen:
1. Joe macht mich traurig und wütend, weil er mich nicht genug liebt.
2. Die Weltbank regt mich wirklich auf, weil sie nicht so für die Welt sorgt, wie sie es sollte.
3. Kathy verletzt meine Gefühle, weil sie nicht genug arbeitet, um Geld für unseren Lebensunterhalt zu verdienen.
4. Die Unterhaltungsindustrie macht mich sauer, weil sie mich ständig mit soviel Sex konfrontiert.
5. Josh löst bei mir Abscheu aus, weil er ständig versucht zu beweisen, daß er besser ist als alle anderen.

Die vier Schritte zur Freiheit von negativen Überzeugungen

Lassen Sie uns das erste der aufgeführten Beispiele nehmen und sehen, wie die Auflösung der negativen Überzeugungen in der Praxis funktioniert (wenn Sie schon soweit sind, können Sie auch Ihre eigene Feststellung verwenden).

»Joe macht mich traurig und wütend, weil er mich nicht genug liebt.«

Erster Schritt:
Wenn Sie mit Katie Byron selbst an dieser Feststellung arbeiteten, würde sie wahrscheinlich sagen: »Ist diese Feststellung wirklich wahr? Wie können Sie wissen, daß Joe Sie mehr lieben sollte, als er es tut?«

Wir denken oft darüber nach, wie andere Leute uns behandeln »sollten«, aber woher wissen wir, daß sie es wirklich sollten – beispielsweise uns mehr lieben? Eine wesentliche Erkenntnis lautet: *Die Wirklichkeit ist wie sie ist. Gegen das, was »ist« anzukämpfen, ist unsinnig und tragisch – denn zu glauben, etwas sollte anders sein, als es ist, trennt uns von der Wahrheit.* Joe liebt die Leute ebenso wie er sie liebt. Das ist Joe. Haben wir das Recht, unsere Nase in sein Leben zu stecken und ihm zu sagen, er sollte anders sein als er ist?

Wenn wir mit unseren Haipule-Manifestationszeremonien beginnen, wird es sehr wichtig sein, diese »Wirklichkeit« als solche zu respektieren und nicht zu versuchen, andere Leute so zu ändern, daß sie zu unseren Vorstellungen von »sollte« oder »sollte nicht« passen. Zunächst akzeptieren wir die Realität, wie sie ist, und nicht wie sie sein sollte – dann überlegen wir, wie sie sich in eine Richtung entwickeln könnte, die uns gefallen würde. Es kann dann für sich genommen schon eine beachtliche Offenbarung sein, daß unsere regelmäßig in die

Außenwelt projizierten Vorstellungen, wie die Dinge sein »sollten«, tendenziell die Integrität unserer Mitmenschen verletzen.

- Bei näherer Betrachtung werden wir feststellen, daß viele unserer Annahmen über die Außenwelt keine Gültigkeit haben. Der größte Teil unserer Leiden und unserer Unzufriedenheit im Leben entsteht aus unzutreffenden Vorstellungen darüber, wie die Realität dort draußen wirklich ist, aufrechterhalten von unserem Wunschdenken darüber, wie die Realität sein »sollte«.

Zweiter Schritt:
Wie wir bei Rick gesehen haben, kommen wir nun in bezug auf unseren hypothetischen Joe zu der Frage: »Was gewinnen Sie durch das Festhalten an der Überzeugung, daß Joe Sie nicht genug liebt. Wirkt sich diese Überzeugung positiv oder negativ auf Sie aus?«

In dieser Situation werden die meisten Menschen (in der Überzeugung, jemand sollte sie mehr lieben als er es tatsächlich tut) ehrlich antworten: »Also, ich fühle mich verletzt und gekränkt und einsam, weil er mich nicht so liebt, wie er sollte. Ich leide jedesmal, wenn ich so empfinde.«

Achten Sie wieder genau darauf – die Überzeugung selbst (die Leute sollten mich so lieben, wie ich es von ihnen erwarte) ist das, was die emotionalen Gefühle des Verletztseins hervorruft! Joe ist einfach er selbst – das ist seine Sache. Und wir projizieren unsere Vorstellung, wie er sein sollte, auf ihn – statt ihn zu lieben wie er ist. Das Ergebnis sind jede Menge negative Emotionen, die nicht existieren würden, wenn diese Überzeugung nicht wäre.

- Wenn wir erkennen (aha!), daß unser Festhalten an einer Überzeugung uns selbst verletzt und leiden läßt, werden wir natürlich beginnen, diese Überzeugung aufzugeben – das ist einer der wirklich bemerkenswerten Heilungsprozesse des menschlichen Organismus.

Dritter Schritt:
Nun kommt die nächste Auflösungsfrage: Wer würden Sie ohne diese Überzeugung sein? Was würde geschehen, wenn Sie emotional nicht mehr an dieser Einstellung festhalten würden?

Eine ehrliche Antwort lautet gewöhnlich so: »Wenn ich meine Vorstellung davon, wie Joe mich lieben sollte, aufgeben würde und ihn einfach so sein ließe, wie er ist – dann würde ich mich erleichtert fühlen. Die Spannung zwischen uns würde verschwinden. Wir würden uns einfach gegenseitig so lieben, wie es uns entspricht. Das wäre alles – ich würde mich wesentlich besser fühlen!«

Genau das ist der Moment, in dem Ku und Lono in der Regel gemeinsam ihren Geistesblitz erleben – als Reaktion auf die Einsicht, die durch das erweiterte Bewußtsein von Akua lani oder unserem höheren Selbst bewirkt wurde. In einem Augenblick vollständiger Einheit und Harmonie erkennt man die negative Einstellung als selbstzerstörerisch und gibt sie ohne weiteres auf.

- Wir werden in den folgenden Kapiteln immer wieder sehen, daß wir, sobald wir uns selbst von negativen Einstellungen in bezug auf andere befreit haben, unsere eigene Energie, unsere Mana-Kraft freisetzen, um unsere tieferen positiven Bedürfnisse wirklich zu erfüllen. Man braucht eine Menge Energie, um an negativen Einstellungen festzuhalten: Befreien Sie sich davon, und Sie werden sich selbst stärken.

Vierter Schritt:
Sobald Sie die drei Fragen beantwortet haben, ob die negative Einstellung der Wahrheit entspricht und es uns nützt, daran festzuhalten oder sie aufzugeben, kommen wir zum Prozeß der »Umkehrung«. Dabei entdecken wir, ob die negativen Gefühle, die wir nach außen projiziert haben, in gleicher Weise oder sogar stärker die Beziehung zu unserem eigenen inneren Selbst betreffen.

In unserem Beispiel geht es um die Feststellung: »Joe macht mich traurig, weil er mich nicht genug liebt.«

Wenn wir den Satz umkehren, wird daraus: »Ich mache mich traurig, weil ich mich nicht genug liebe.«

Das Erstaunliche bei diesem Prozeß liegt darin, daß fast immer, wenn jemand die dargestellten vier Schritte vollzieht und bei der »Umkehrung« ankommt, die umgekehrte Feststellung wahr klingt. Und zwar aus folgendem Grund: *Wir empfinden keine starken negativen Emotionen gegenüber anderen Menschen, nur weil sie sich von uns unterscheiden – denn alle Menschen unterscheiden sich voneinander. Nur wenn wir im Leben eines anderen unbewußt uns selbst erkennen, entwickeln wir besonders starke Urteile oder Emotionen, die jedesmal auflodern, wenn wir diesem Menschen begegnen oder diese Situation erleben.* Sie werden feststellen, daß das auf fast peinliche Weise zutrifft – jedesmal, wenn Sie mit Ärger, Zurückweisung, Angst oder Trauer auf etwas »Äußeres« reagieren, zeigt die »Umkehrung«, daß Sie sich selbst gegenüber genauso empfinden.

Und wenn Sie sich an die »Arbeit« machen – wenn Sie sich die Zeit nehmen, all die negativen Gefühle zu beobachten, die jeden Tag so oft in Ihnen aufsteigen –, dann werden Sie feststellen: Je öfter sie sich dabei ertappen, daß Sie die negativen Gefühle, die Sie sich selbst gegenüber hegen, nach außen projizieren, desto mehr geben Sie diese Haltung auf. Sie akzeptieren die Realität wie sie ist, um erfolgreich mit Ihren eigenen inneren Problemen ins reine zu kommen.

Katie Byron drückt es einfach aus: »Hören Sie auf, gegen die Wirklichkeit zu kämpfen. Werden Sie wirklich!« Jesus sagte es vor zweitausend Jahren ganz ähnlich, auch wenn wir lange brauchen, um den Sinn seiner Worte zu erfassen: »Erkenne die Wahrheit, und die Wahrheit wird dich frei machen.«

Was wir jetzt zur Verfügung haben, ist ein spezielles Werkzeug für eine spezielle Aufgabe: die vier gedanklichen Schritte, mit deren Hilfe wir erkennen, wie unsere tief verwurzelten Einstellungen unser Leiden verursachen – und wie wir uns durch das Erkennen der Wahrheit von ihnen befreien können. Jedesmal, wenn wir in den folgenden Kapiteln die Haipule-Zeremonie auf unsere Lebensprobleme anwenden, werden wir die »Auflösungstechniken« benutzen, um sicherzustellen, daß Ihr Manifestationsprozeß nicht durch negative Einstellungen behindert wird. Hier ist noch einmal eine kurze Zusammenfassung, damit Sie sich die vier Schritte fest einprägen. Dann beginnen Sie die vier Schritte des »Auflösungsprozesses«:

1. Ist diese Überzeugung wirklich wahr?
2. Was bringt Ihnen das Festhalten an dieser Überzeugung ein?
3. Wer wären Sie ohne diese Überzeugung?
4. Drehen Sie die Feststellung herum, so daß sie sich auf Sie bezieht!

Sieben positive Grundprinzipien des Huna

Sie haben jetzt einen Eindruck davon, wie wir in jedem neuen Kapitel vorherrschende negative Überzeugungen auflösen werden, die Sie daran hindern könnten, das zu manifestieren, was Sie im Leben erreichen wollen. Da drängt sich die Frage auf: Wenn unsere Überzeugungen uns offensichtlich von der Wirklichkeit trennen und den größten Teil unseres Leidens auf diesem Planeten verursachen, warum befreien wir uns dann nicht von allen unseren Überzeugungen? Aber können wir leben, ohne an irgend etwas zu glauben? Seit den Anfängen der menschlichen Geschichte diskutieren Philosophen darüber, ob es uns möglich ist, unsere »in der Vergangenheit erworbenen« Überzeugungen aufzugeben und vollständig im zeitlosen gegenwärtigen Augenblick zu leben. Die Antwort auf diese Frage hängt – kurioserweise – von unseren Überzeugungen ab! Die Frage kann im Grunde nicht philosophisch gelöst werden. Unsere eigene Position dazu ist folgende: Viele unserer Überzeugungen, Einstellungen und Beurteilungen, die wir auf die Außenwelt projizieren, tun in der Tat nichts anderes, als zu verhindern, daß wir das Leben in vollen Zügen genießen. – Und diese sollten definitiv eine nach der anderen aufgelöst werden, bis wir von ihnen frei sind. Wenn Sie uns nicht nützen, dann weg mit ihnen!

- Aus der Sicht des Huna gibt es jedoch bestimmte Lebensanschauungen, die für uns von großem Nutzen sind. Sie repräsentieren die größtmögliche Erweiterung unserer Wahrnehmung, indem sie unsere Aufmerksamkeit direkt auf die grenzenlose Realität des materiellen und spirituellen Universums und darüber hinaus richten.

Am Ende dieses Kapitels möchten wir Sie mit den sieben Grundüberzeugungen der Huna-Tradition bekanntmachen, die wir, so gut es uns möglich war, im Hinblick auf unser gegenwärtiges Leben aktualisiert haben. Während des Haipule-Prozesses werden uns diese Grundüberzeugungen oder Prinzipien dabei unterstützen, das zu manifestieren, was wirklich gut für uns ist. Die Prinzipien sind als Werkzeuge zu betrachten, die uns auf dem Haipule-Weg helfen. An einem bestimmten Punkt der Zeremonie werden wir gleichwohl idealerweise zumindest für einen Augenblick alle Überzeugungen hinter uns lassen, während wir mit dem höchsten Bewußtsein oder großen Geist verschmelzen und uns jenseits aller Dualität, aller Überzeugungen befinden …

Abgesehen von solchen kurzen Augenblicken der Transzendenz neigen wir jedoch dazu, uns von Überzeugungen leiten zu lassen, die uns als grundlegend für die Erklärung des Lebens auf der gedanklichen Ebene erscheinen. Diese fundamentalen Überzeugungen sind das, was wir in die Welt hinausprojizieren, und sie entscheiden über die Effektivität unserer Absichten und der Haipule-Zeremonie.

Serge Kahili King (www.huna.org) hat die vielleicht beste Zusammenstellung von Huna-Prinzipien entwickelt, und mit seinem Einverständnis stellen wir diese sieben Grundüberzeugungen hier dar. Es gibt natürlich noch andere Listen von »Prinzipien« in der Huna-Tradition, und wir nehmen nicht für uns in Anspruch, alle polynesischen Familientraditionen hier zu repräsentieren – aber die allgemeine Richtung dieser Aufstellung entspricht dem, was man überall in der Huna-Welt findet.

Der Unterschied zwischen einem Prinzip und einer Überzeugung besteht darin, daß es sich beim Prinzip um eine abstrakte, logische, philosophische Feststellung handelt, während die Überzeugung eine Feststellung ist, die wir tief in unser persön-

liches Lebensgefühl verinnerlicht haben. Wenn Sie die folgende Liste lesen, sollten Sie darauf achten, inwieweit Sie jetzt schon jeder einzelnen Feststellung zustimmen können, bzw. in welchem Ausmaß die jeweiligen Positionen für Sie mögliche philosophische Prinzipien darstellen, mit denen Sie sich auseinandersetzen, um zu sehen, ob Sie sie als Bestandteil Ihres eigenen Weltbildes übernehmen können.

Erstes Prinzip: »Die Welt ist das, wofür wir sie halten.«
Unsere Gedanken und Einstellungen bestimmen aktiv unsere Erfahrungen. Wenn wir unser Leben ändern wollen, müssen wir unsere Überzeugungen und Gedankenströme ändern.

Zweites Prinzip: »Es gibt keine Grenzen.«
Alles, was wir uns in unseren Gedanken vorstellen können, ist möglich. Die einzigen Grenzen in unserem Leben sind jene, die wir uns von innen heraus selber setzen.

Drittes Prinzip: »Die Energie fließt mit der Aufmerksamkeit.«
Worauf wir uns konzentrieren, dem verleihen wir Energie – und bestimmen so unser Schicksal auf der Grundlage unserer Aufmerksamkeitsgewohnheiten. Um unser Leben zu ändern, müssen wir unsere Aufmerksamkeit in eine andere Richtung len ken.

Viertes Prinzip: »Jetzt ist der Augenblick der Kraft.«
Auf der materiellen Ebene geschieht alles im gegenwärtigen Augenblick. Um unsere Träume zu manifestieren, müssen wir auf den gegenwärtigen Augenblick konzentriert bleiben.

Fünftes Prinzip: »Zu lieben heißt, mit sich glücklich zu sein.«
Um andere im Sinne des Aloha tiefer zu lieben, müssen wir

zunächst lernen, mit unserem eigenen inneren Selbst in Harmonie und glücklich zu sein.

Sechstes Prinzip: »Alle Kraft kommt von innen.«
Um mehr Kraft zu erlangen, müssen wir zunächst lernen, unser Bewußtsein für die Gegenwart des Geistes im innersten Kern unseres Seins zu öffnen.

Siebtes Prinzip: »Effektivität ist der Maßstab der Wahrheit.«
Es gibt viele Wege, um unsere Ziele zu erreichen. Es kommt immer darauf an, ob ein Ansatz für uns selbst und für andere etwas bewirkt.

Diese sieben Huna-Prinzipien oder -Überzeugungen im Hinblick auf das Universum, in dem wir leben, sind Annahmen und die Wirklichkeit, denen eine große Macht innewohnt. Und weil sie in der tiefen schamanischen Weisheit der Welt gründen, erkennen die meisten Menschen spontan ihre eigenen spirituellen Erfahrungen darin wieder. Andererseits haben wir in der modernen wissenschaftlichen Welt kaum gelernt, die Realität in diesem Licht zu betrachten. Lange Zeit haben nur Mystiker und Schamanen das Leben so gesehen – und erst seit kurzem bestätigen auch Wissenschaftler diese Sichtweise. Wir werden alle Prinzipien genauer betrachten, um ihren direkten Bezug zu unserem Leben und unserer Fähigkeit, die eigenen Wünsche zu manifestieren, zu erkennen.

Erstes Prinzip: »Die Welt ist das, wofür wir sie halten.«

Diese Feststellung galt früher in unserer dickschädeligen, technologieorientierten Welt lediglich als religiöses Wunschdenken und New-Age-Träumerei ohne jeden Bezug zur Wirklichkeit. Doch jetzt zeigen uns die Princeton-Studien und viele andere Experimente, die deren Ergebnisse bestätigen, daß die Wissenschaftler sich der Tatsache stellen müssen, daß unsere Gedanken und vor allem unsere bewußten Absichten die äußere Welt beeinflussen können und sie tatsächlich verändern.

Empfinden Sie an diesem Punkt der Diskussion und Ihrer persönlichen Entwicklung die Aussage, daß »unsere Gedanken, ob wir es merken oder nicht, aktiv die Welt um uns herum beeinflussen«, als Wahrheit, als etwas, an das Sie von ganzem Herzen glauben – oder als etwas, dessen Sie sich noch nicht sicher sind?

Es macht nichts, wenn Sie die Frage mit »noch nicht sicher« beantworten. *Aufrichtigkeit ist der Schlüssel.* Sie werden die Wahrheit nicht dadurch entdecken, daß Sie den Professoren aus Princeton glauben, sondern indem Sie im Rahmen Ihres eigenen Lebens regelmäßig Ihre eigenen Experimente durchführen.

Zweites Prinzip: »Es gibt keine Grenzen.«

Dieses Prinzip läßt sich leicht als Wunschdenken beiseite schieben, weil unser logischer Verstand zu wissen glaubt, daß es Grenzen gibt. Unser Leben unterliegt beispielsweise den Naturgesetzen, und wenn wir sie verletzen, leiden wir unter den Folgen. Außerdem: Wie können wir sagen, daß es keine Grenzen gibt, wenn wir wissen, daß wir nur so hoch springen, so schnell laufen, so viel essen und so tief tauchen können? Grenzen als Tatsache zu akzeptieren ist klug und die einzig wissenschaftlich akzeptable Lebenseinstellung – oder etwa nicht?

Die meisten Menschen setzen ihrem Leben ziemlich enge Grenzen. Viele halten an einem Selbstbild fest, das etwa so aussieht: ziemlich schwach, nicht sonderlich klug, nicht wirklich spirituell, in geschäftlichen Dingen nicht besonders mächtig, im Bett nicht wirklich gut und insgesamt nicht gerade ein Siegertyp. Solche Überzeugungen setzen unseren Aktivitäten im Leben wahrlich enge Grenzen. Obwohl wir fast nie darüber nachdenken – sie sind die Grundannahmen, welche die Parameter unseres Lebens festlegen.

- Im Gegensatz dazu sagen uns die schamanischen Traditionen der Welt ganz eindeutig, daß alles möglich ist, was wir uns in unseren Gedanken vorstellen können – daß die einzigen Grenzen in unserem Leben jene sind, die wir uns selbst innerlich auferlegen. Weisen wir diese Möglichkeit umgehend zurück, weil wir davon überzeugt sind, daß wir tatsächlich unsere Grenzen haben?

Bisher haben Sie wahrscheinlich nicht geglaubt, daß sie fähig sein könnten, eine bewußte Absicht um die halbe Welt zu schicken, um auf diese Weise die Leistung eines Computers zu beeinflussen oder mit einem weit entfernten Freund zu kommunizieren. Ihr Großvater hätte es auch nie für möglich gehalten, daß Menschen auf den Mond und wieder zurück fliegen können. Aber heute wissen Sie, daß sogar Sie das tun könnten, wenn Sie das nötige Geld und die Zustimmung der Regierung hätten.

In unseren Träumen haben wir unbegrenzte Kräfte, und nichts scheint uns unmöglich zu sein. Unsere Phantasie kann uns in ungeahnte Höhen emportragen. Wir sprechen auch über ein grenzenloses Universum. Wir reden über Gott, der unbegrenzte Macht hat. Wir reden davon, eins mit diesem Gott zu sein, unseren Willen mit dem Willen Gottes zu verschmelzen. Insofern halten wir es durchaus für möglich, daß wir größer sind, als wir gemeinhin glauben.

Lassen Sie uns nur zum Spaß (und um der plötzlichen Erkenntnis willen) das »Auflösungsspiel« spielen, in dem wir die Gültigkeit und den Wert dieser Überzeugung in Frage stellen:

»Ich lebe in einem grenzenlosen Universum, in dem alles möglich ist, und deshalb habe auch ich letztendlich keine Grenzen.«

Erstens, ist das wirklich wahr? Einige von uns hatten schon mystische Erlebnisse, in denen sie aus erster Hand erfahren haben, daß es wahr ist. Und viele Wissenschaftler sagen uns zumindest in der Theorie, daß es keine Grenzen gibt. Doch viele von uns haben daran Zweifel, weil die traditionelle Wissenschaft uns dazu nichts Endgültiges sagen kann und auch weil unser ganzes Selbstbild darauf beruht, daß wir in der Tat sehr begrenzt sind.

Zweitens: Was nützt es uns zu glauben, daß wir »keine Grenzen« haben? Wir würden unsere alten Überzeugungen hinter uns lassen, daß unsere Möglichkeiten im Leben sehr eingeschränkt sind – wir würden uns frei fühlen, unser höchstes Potential zu erkunden, ohne von Überzeugungen niedergedrückt zu werden, die besagen: »Das ist leider nicht möglich.«

Schließlich: Wer würden wir sein, wenn wir akzeptieren könnten, daß diese radikal erweiterte Überzeugung in unserem Leben Gültigkeit hat? Wir würden unsere höchsten Träume verwirklichen, uns stets in Harmonie mit Akua lani befinden und dadurch offen sein für völlig unerwartete schöne Erfahrungen, die das Leben uns beschert. Und was haben wir zu verlieren, wenn wir unser Herz für die Vorstellung öffnen, daß es keine Grenzen in unserem Leben gibt? Nichts als unsere gedanklichen Ketten...

Drittes Prinzip: »Die Energie fließt mit der Aufmerksamkeit.«

Der einzige, wahrhaft unschätzbare Besitz, den wir während des ganzen Lebens in uns tragen, den uns niemand nehmen kann, und der darüber entscheidet, was uns geschieht, ist die Kraft unserer Aufmerksamkeit. Worauf wir uns konzentrieren, dem verleihen wir Energie – und bestimmen so unser Schicksal auf der Grundlage unserer Aufmerksamkeitsgewohnheiten. Und um unser Leben zu ändern, müssen wir unsere allmächtige Aufmerksamkeit in eine andere Richtung lenken. Glauben Sie, daß dies wahr ist oder bleiben Sie bei der traditionellen Überzeugung, daß die Kraft Ihrer Aufmerksamkeit nichts damit zu tun hat, was in Ihrem Leben geschieht, daß äußere Faktoren für Ihr Schicksal wesentlich wichtiger sind?

Nach der Veröffentlichung der Princeton-Studien wissen Mystiker und Wissenschaftler gleichermaßen, daß die Kraft unserer Aufmerksamkeit eine reale Energie ist, die im Labor experimentell gemessen werden kann. Insofern ist es relativ leicht, sich voll der Überzeugung anzuschließen, daß »die Energie mit der Aufmerksamkeit fließt«. Wir wissen zwar nicht genau, um welche Energie es sich dabei handelt, aber wir haben ihre Wirkung festgestellt und wissen, daß sie existiert.

Was nützt uns die Überzeugung, daß »die Energie mit der Aufmerksamkeit fließt«? Wir gewinnen das Selbstvertrauen, daß wir unsere Umwelt durch die Kraft unserer Aufmerksamkeit beeinflussen können. Außerdem lernen wir, Verantwortung dafür zu übernehmen, wohin wir unsere Aufmerksamkeit lenken und uns so der Auswirkungen bewußt zu sein, die aus unseren gedanklichen Gewohnheiten resultieren.

Versuchen Sie folgendes und stellen Sie fest, wie es sich anfühlt: Nachdem Sie diesen Abschnitt gelesen haben, setzen Sie sich ruhig hin, schließen die Augen und konzentrieren Ihre liebevollen Gedanken und Energien auf jemanden, den Sie kennen. Stellen Sie fest, ob Sie fühlen können, daß Energie aus Ihnen heraus- und in das Energiefeld dieser Person hineinströmt, während Sie ihr durch die Kraft der Aufmerksamkeit positive Schwingungen senden. Ist das real, und glauben Sie, daß Sie diesen Energietransfer tatsächlich bewirken?

Viertes Prinzip: »Jetzt ist der Augenblick der Kraft.«

Viele von uns verbringen einen viel zu großen Teil ihrer kostbaren »Gedankenzeit« damit, Erinnerungen an vergangene Ereignisse wieder abzuspulen oder von Dingen zu träumen, die in der Zukunft geschehen oder nicht geschehen könnten. Ein fundamentales Prinzip der schamanischen Traditionen der Welt lautet: Solange wir uns in Gedanken über Vergangenheit oder Zukunft »verlieren«, berauben wir uns selbst unserer Kraft – weil gerade jetzt, dieser zeitlose Augenblick, in dem wir uns unseres eigenen Daseins voll bewußt sind, der Augenblick unserer Stärke ist. Um dieses Prinzip bestätigt zu finden, können Sie darauf achten, was mit Ihnen passiert, wenn Sie in Erinnerungen oder Phantasien abschweifen. Wenn Sie in diesem gegenwärtigen Augenblick »nicht hier« sind, wo sind Sie dann? Und wenn Sie in Erinnerungen oder Phantasien schwelgen, können Sie dann Kontakt mit Ihrem Ku-Körper aufnehmen, der Ihr Mana speichert und ausstrahlt?

»I keia manawa«, wie die Hawaiianer den gegenwärtigen Augenblick nennen, ist jener besondere Bewußtseinszustand, in dem unsere sinnliche Wahrnehmung, unser emotionales und unser mentales Gewahrsein zu einer einzigen Erfahrung verschmelzen, die aufs engste mit der Entfaltung der äußeren Welt verbunden ist. Hier – und nur hier – können wir unsere innere

Absicht mit den Ereignissen der äußeren Welt verknüpfen. Aus diesem Grund beginnt die Haipule-Zeremonie stets damit, daß wir unsere allmächtige Aufmerksamkeit auf das konzentrieren, was im Augenblick passiert: unsere Atmung, unser Herzschlag – und im weiteren Sinne die Ereignisse in der Welt um uns herum. Wir müssen uns selbst regelmäßig vollständig in das zeitlose Jetzt »einbringen«, wenn wir an seiner Evolution teilhaben wollen.

Fünftes Prinzip: »Jemanden zu lieben heißt, mit ihm/ihr glücklich zu sein.«

Zu Beginn des Buches haben wir schon darauf hingewiesen, daß man den polynesischen Ausdruck für Liebe, Aloha, am besten als »freudiges Teilen des Lebens in der Gegenwart« oder auch »unsere Herzen singen zusammen« übersetzt. In der Huna-Tradition ist es geradezu unmöglich, Liebe und Glücklichsein zu trennen. Wenn die Freude verschwindet, ist auch die Liebe vergangen. Daran müssen wir vor allem denken, wenn es um die Liebe zu uns selbst geht – und die zu bewahren während der Haipule-Zeremonie außerordentlich wichtig ist.

Wenn wir die Haipule-Zeremonie ohne Freude im Herzen und ohne das Gefühl einer glühenden Liebe für uns selbst durchführen wollen, dann wird uns das Gewicht unserer Persönlichkeit so weit niederdrücken, daß wir einfach nicht die Energie oder die Konzentrationsfähigkeit aufbringen, um irgend etwas zu bewegen. Deshalb kehren wir immer wieder zu dem Thema zurück, wie wir uns in unserem eigenen Herzen und im Hinblick auf unser eigenes Selbst fühlen. Sind wir glücklich mit uns selbst, so wie wir sind, oder vertreten wir Einstellungen, die unser eigenes Selbst hart verurteilen?

Halten Sie jetzt einen Moment inne und schließen Sie Ihre Augen. Atmen Sie, erweitern Sie Ihre Wahrnehmung auf Ihr Herz... wie fühlt es sich an? Ist Ihr Herz in diesem Moment voller Freude? Und wenn nicht, können Sie es öffnen, um Freude und Liebe hereinzulassen?

Sechstes Prinzip: »Alle Kraft kommt von innen.«

Wenn wir unser Leben betrachten, haben wir oft das Gefühl, als würden uns äußere Kräfte ständig herumstoßen, manipulieren und beeinflussen. Wir fühlen uns eher als Opfer unserer Lebenssituation denn als Verantwortliche für das, was uns geschieht. Tatsache ist jedoch, wie die Kahunas genau wußten, daß jedes menschliche Wesen über einen freien Willen verfügt. Niemand kann uns zu irgend etwas zwingen, mit dem wir selbst nicht einverstanden sind. Wir haben die Macht, unsere Aufmerksamkeit auf jedes beliebige Ziel zu richten, zu glauben, was uns richtig erscheint, und nach unseren inneren Richtlinien zu handeln. In der Huna-Tradition besitzen alle Wesen, alle Objekte, vom Präsidenten bis zu den Blumen in seinem Garten, die Energie, ihr Dasein in der Welt zu manifestieren – andernfalls gäbe es sie gar nicht. Diese Lebensenergie oder Ki ist das, was uns in unserer besonderen atomaren und subatomaren Struktur «zusammenhält« und uns die Kraft gibt, hier in diesem gegenwärtigen Augenblick zu »sein«.

Wenn wir, wie bei der Pikopiko-Übung, spüren, wie die Energie in unseren Organismus hineinströmt, haben wir das Gefühl, daß diese Energie genau aus der Mitte unserer erweiterten Körperwahrnehmung hervorgeht und nicht etwa von »außen« kommt. Wir sind also einerseits die Empfänger dieser Energie, aber andererseits in unserer Einheit mit unserem höheren Selbst oder Akua lani auch deren Quelle. In der Huna-Tradition sind Quelle und Empfänger nicht getrennt. Das ist es, was uns letzten Endes die Kraft gibt, unsere Träume in der Welt zu manifestieren.

Siebtes Prinzip: »Effektivität ist der Maßstab der Wahrheit.«

Die Welt ist voller Regeln und Vorschriften, die uns sagen, wie dieses oder jenes zu tun ist. Besonders im Bereich der religiösen und schamanischen Praktiken wird oft gepredigt, daß wir uns genau an die Traditionen halten müssen, weil die Rituale sonst angeblich wirkungslos sind.

Die Huna-Tradition ist insofern schön, als sie nicht vorschreibt, daß jeder dasselbe Ritual auf dieselbe Weise durchführen muß, um zu denselben Ergebnissen zu kommen. Stattdessen gibt es zahllose Wege, um dasselbe Huna-Ziel zu erreichen – und das schenkt uns die Freiheit, uns bei unserem Handeln von unserem eigenen höheren Selbst leiten zu lassen, statt darauf fixiert zu sein, wie ein bestimmter Huna-Meister diese oder jene Zeremonie durchgeführt hätte.

In der Huna-Tradition gilt das, was wirkt. Natürlich erweisen sich die Techniken, die man von einem wahren Huna-Meister lernt, als besonders effektiv – deshalb sollten wir sie entsprechend schätzen. Aber es gibt in dieser Hinsicht keine Dogmen. *Wenn ein anderer Weg genausogut oder besser zum Ziel führt, fein – dann gehen Sie eben diesen Weg!*

In diesem Buch vermitteln wir Ihnen beispielsweise einen höchst effektiven Weg, wie Sie Ihre Energie konzentrieren können, um das im Leben zu manifestieren, wofür Sie sich auf einer tieferen Ebene entschieden haben. Wir präsentieren Ihnen eine

Form der Haipule-Zeremonie, die zweifellos sehr wirkungsvoll ist. Aber Sie sind selbstverständlich frei, unsere Grundform abzuwandeln oder andere Traditionen zu erkunden und in Ihren persönlichen Ansatz zur Manifestation zu integrieren. Dieses siebte Huna-Prinzip gilt wirklich für alles, was sich als effektiv erweist.

Nun haben Sie eine erste Einführung in die fundamentalen Prinzipien des Huna-Weges. Vielleicht wollen Sie am Ende dieses Kapitels noch einmal zurückblättern, die Prinzipien wiederholen und feststellen, inwieweit Sie damit übereinstimmen, wie Sie sich wirklich selbst in Ihrem höchsten Potential wahrnehmen? Was würde es Ihnen nützen, wenn Sie diese erweiterten Überzeugungen übernehmen würden? Wer würden Sie sein, wenn diese Prinzipien die Grundlage Ihres Handelns wären?

Viertes Geheimnis

Waiwai: Mühelos zu materiellem Wohlstand finden

Der polynesische Ausdruck für Wohlstand/Glück hat auch die Bedeutung einer Quelle, aus der reichlich süßes Wasser strömt. Wie der Hawaiianer Frank Kawaikapuokalani Hewett es ausdrückt: »Wai ist das Wort für frisches Wasser, diese kostbare Quelle des Lebens. Jemand, auf dessen Grundstück frisches Wasser floß, galt als reich.« Hier wird deutlich, daß aus der Huna-Sicht die metaphorische Eigenschaft des »freien Fließens« ein wesentlicher Bestandteil des Wohlstandes ist. Eine ähnliche Bedeutung finden wir auch im deutschen Wort Überfluß, das ausdrückt, daß etwas »reichlich fließt«. Und in der Tat betrachten die traditionellen Kulturen der Welt das Leben im Wohlstand im wesentlichen als müheloses Dasein, und nicht so sehr als Überlebenskampf.

In diesem Kapitel, in dem es um spezielle Techniken der finanziellen Manifestation geht, wollen wir uns damit beschäftigen, was die Huna-Tradition unter dem natürlichen menschlichen Zustand des Reichtums versteht – und wir werden erkennen, daß wir von Natur aus aufs engste mit dem universellen energetischen Strom des Wohlstands verbunden sind. Wir brauchen nur zu lernen, wie wir unser Gefühl für die Teilhabe am Strom der finanziellen Energie erweitern, um diese ständige Bewegung von Po (unsichtbare Schöpfung) zu A'o (manifeste Schöpfung) für uns zu erschließen.

Vor allem geht es darum, daß wir dem Reichtum erlauben, sich mühelos in unserem Alltag zu manifestieren, indem wir auf der tiefsten Ebene einen »freien Fluß von benötigten Dingen, richtigen Umständen und hilfreichen Menschen« in unserem täglichen Leben fördern. »Reichtum ist die Erfahrung, daß unsere Bedürfnisse und Wünsche leicht und spontan erfüllt werden«, erklärt Deepak Chopra kurz und bündig. Er schlußfolgert, daß wir in dem Maße, wie wir diesen »freien Fluß« in unserem Leben erfahren, »sorgloser werden und unser Leben sich zu einem Ausdruck unbegrenzter Liebe entwickelt«.

Dann erklärt er den Zusammenhang: »Je mehr Sie verstehen, wer Sie als Energiewesen wirklich sind – ein integraler Bestandteil des kosmischen Stroms –, desto mehr werden Sie feststellen, daß Ihre Herzenswünsche materielle Wirklichkeit werden. Wenn Sie sich ein höheres Maß an Wohlstand wünschen, und den Gedanken daran als höhere Schwingungsrate festhalten, dann wird diese Schwingung unweigerlich Ihr gesamtes Leben auf eine höhere Ebene anheben.« Weiter erläutert er: »Wenn Sie Ihr eigenes grenzenloses Potential erkennen und wissen, wer Sie wirklich sind, beinhaltet dieses Wissen selbst die Fähigkeit, jeden Ihrer Träume zu verwirklichen – denn Sie sind die ewige Möglichkeit, das grenzenlose Potential all dessen, was ist und sein wird.«

Hawaiianischer Schamanismus und finanzieller Wohlstand

Die hawaiianische schamanische Tradition geht von der Voraussetzung aus, daß wir alle ständig gemeinsam mit dem Universum unsere Wirklichkeit erschaffen, denn es gibt keine Trennung zwischen dem Schöpfer und der bewußten Schöpfung. Deshalb versuchen wir als Mitschöpfer, besonders im Kontext der Haipule-Manifestationszeremonie, nicht »etwas zu bekommen«, das nicht schon da wäre – wir handeln vielmehr, um bereits Vorhandenes in eine Form zu bringen, von der unsichtbaren in die sichtbare materielle Realität, von Po in A'o.

- Wir erschaffen das Leben ständig von innen heraus, meist unbewußt, und deshalb eher zufällig. Warum sollten wir es nicht bewußt tun? Warum sollten wir das Leben nicht nach unseren Wünschen gestalten?

Wie können wir nun, besonders im Hinblick auf Wohlstand und Überfluß, unsere Wünsche von unsichtbaren Träumen in sichtbare, manifeste Formen verwandeln? Wie schon gesagt, besteht der erste Schritt darin, daß wir uns der meist unterschwelligen Gedanken bewußt werden, die uns ständig durch den Kopf gehen – als verbaler Ausdruck von Überzeugungen, die alles bestimmen, was wir im Leben tun. Diese Überzeugungen, ob positiv oder negativ, entscheiden zweifellos über unsere gegenwärtigen finanziellen Erfahrungen – und wenn wir sie nicht prüfen und gegebenenfalls ändern, werden sie das auch weiterhin tun.

Die Erkenntnis, daß wir durch unsere Gedanken unsere eigenen Erfahrungen mitgestalten, ist natürlich nur eine andere Formulierung des ersten Huna-Prinzips, welches besagt, daß die Welt das ist, wofür wir sie halten. Napoleon Hill formuliert das in »Denke nach und werde reich« sehr deutlich: »Unsere Energiefelder werden von unseren vorherrschenden Gedanken magnetisiert, und diese Magneten ziehen uns zu den Kräften, den Menschen und den Lebensumständen, die zu unseren vorherrschenden Gedanken passen.«

- Einfach ausgedrückt: Ihre Gedanken beeinflussen Ihr Selbstbild, Ihre Lebenskraft und die Geldmenge, die Ihnen im Leben zur Verfügung steht. Stellen Sie sich also die Frage – halten Sie sich selbst für finanziell erfolgreich und wohlhabend? Welche finanzielle Wirklichkeit schaffen Sie Tag für Tag durch Ihre gewohnheitsmäßigen Gedankenströme und Überzeugungen?

In der Haipule-Zeremonie, die Sie in diesem Kapitel über Reichtum lernen, werden wir Ihnen zeigen, wie Sie direkt einen dauerhaften Bewußtseinszustand herbeiführen können, der Ihre Absicht auf den erwünschten materiellen Wohlstand ausgerichtet hält. Zunächst jedoch wollen wir uns Ihre augenblicklichen Einstellungen zum Thema »Geld« etwas genauer ansehen.

Die Bedeutung des Geldes für Sie als Kind

Würden Sie sagen, daß Sie ein gesundes Verhältnis zum Geld haben, oder gibt es in dieser Beziehung Probleme? Und wie ist diese Beziehung genau entstanden? Wenn dieses Kapitel über die Veränderung Ihrer Beziehung zum Geld Sie stark interessiert, ist die Wahrscheinlichkeit groß, daß Sie in dieser Hinsicht während Ihrer Kindheit eine Menge negativer Konditionierungen erfahren haben. Wie Suze Orman, die Autorin des Bestsellers »9 Steps to Financial Freedom«, schreibt: »Ich behaupte sogar, daß nach meiner Erfahrung die größten aktuellen Lebensprobleme der meisten meiner Klienten – sogar solche, die oberflächlich nichts mit Geld zu tun haben – direkt auf ihre frühen, prägenden Erfahrungen mit Geld zurückzuführen sind ... deshalb besteht der erste Schritt zur finanziellen Freiheit darin, sich an die frühesten Augenblicke zu erinnern, in denen Geld Ihnen etwas bedeutete und Sie zum ersten Mal verstanden, was es bewirken konnte.«

Lassen Sie uns diesen Schritt unternehmen und die frühen Ursprünge Ihrer Einstellung zum Geld untersuchen – und feststellen, ob diese frühen Überzeugungen, die Sie von Ihren Eltern übernommen haben, für Ihr heutiges Leben noch gelten – und ob Sie Ihnen wirklich in Ihrem jetzigen Leben als erwachsener Mensch nützen.

Haipule-Erinnerungsexkursion: »Ihre Mutter, Ihr Vater und Geld.«

Wir beginnen jetzt erneut mit den ersten Schritten der Haipule-Zeremonie, um uns von alten Programmierungen zu befreien, damit wir unsere gegenwärtige Absicht mit positiver Energie aufladen können.

Während Sie nun diese Worte lesen, entspannen Sie sich wieder, erlauben Sie sich selbst, den gegenwärtigen Augenblick zu genießen. Richten Sie Ihre Aufmerksamkeit auf Ihren Atem. Spüren Sie, wie die Luft durch Ihre Nase ein- und ausströmt, genießen Sie die Bewegung in Ihrer Brust und in Ihrem Bauch beim Atmen ...

Lassen Sie Ihre Gedanken nun zur Ruhe kommen, während Sie Ihre Wahrnehmung erweitern, um auch Ihren Herzschlag oder Puls mitten in der Atmung zu spüren. Und nun erweitern Sie Ihre Wahrnehmung noch mehr, um Ihren Körper als Ganzes zu spüren, hier in diesem gegenwärtigen Augenblick ...

Wenn Ihre Gedanken nun ruhen und Ihr Körper entspannt ist – wenn Lono und Ku bewußt im gegenwärtigen Moment eine Einheit bilden – sagen Sie sich selbst: »Während ich den folgenden Ausflug in meine Erinnerungen unternehme, bin ich offen, um Einsichten von Akua lani, meinem höheren Selbst, zu empfangen.«

Bringen Sie nun, eine nach der anderen, die folgenden Fragen in Ihr empfängliches Bewußtsein, und schauen Sie, welche Erinnerungen dabei spontan auftauchen und zu welchen Einsichten Sie mühelos gelangen. Nachdem Sie jede Frage gelesen haben, können Sie die Augen schließen oder vom Buch wegsehen und sich ganz und gar erlauben, die auftauchenden Erinnerungen wiederzuerleben:

1. Was haben Ihre Eltern während Ihrer Kindheit in Gesprächen miteinander und mit Ihnen über Geld gesagt. Was waren die vorherrschenden Aussagen über Geld in Ihrer Familie?
2. Welches Verhältnis hatten Sie als Kind zum Geld? Waren es Gefühle von Freude und Begeisterung oder Wut und Angst? Fühlten Sie sich in bezug auf Geld gestreßt oder entspannt?
3. Was haben Sie von Ihren Altersgenossen und Klassenkameraden über Geld gelernt? Und was hat Ihnen möglicherweise Ihre Kirche oder Ihre Religion über Geld beigebracht?
4. Lassen Sie nun diese verschiedenen »Gelderinnerungen« vor Ihrem geistigen Auge vorüberziehen und suchen Sie eine zutiefst negative Überzeugung oder Einstellung, die Sie als zutreffend übernommen haben – einen starken Einzeiler, der vielleicht Ihrer ganzen Beziehung zum Geld zugrunde liegt und heftige Emotionen in Ihnen auslöst.

Die Bedingungen, unter denen sich bei Kala eine negative Geldüberzeugung entwickelt hat, die sie viele Jahre lang mit sich herumschleppte, sind ein gutes Beispiel:

»Als ich ein Kind war«, erzählt sie, »mußten meine Eltern, die als arme Einwanderer aus Kroatien in Kanada angekommen waren, sehr hart arbeiten, um im Baugewerbe Fuß zu fassen. Ich selbst und mein jüngerer Bruder lebten immer in wunderschönen Häusern, die meine Eltern gebaut hatten, um sie zu verkaufen. Irgendwann während meiner Kindheit hörte ich abfällige Bemerkungen anderer Kinder darüber, daß meine Eltern »reich« seien – obwohl es ihnen in Wirklichkeit nicht sehr viel besser ging als unseren Nachbarn. Doch die dahinterstehenden Emotionen von Neid und Zurückweisung, die ich gelegentlich von anderen zu spüren bekam, bezog ich auf unseren »Reichtum«: Mehr Geld als andere zu haben, bedeutete demnach, daß man mich nicht akzeptieren würde. Mein Ku versuchte natürlich, mich vor Mißbilligung oder Zurückweisung zu schützen – indem es sich dem Reichtum widersetzte. Später, als Erwachsene, nahm ich diese unbewußte Überzeugung plötzlich wahr und erkannte, wie stark sie mich in meiner Entwicklung einschränkte. Ich entschied mich bewußt und mit Nachdruck dafür, dieses Muster durch ein anderes zu ersetzen.«

Geld und Auflösung von negativen Überzeugungen

Wenn Sie Stift und Papier zur Hand haben, ist jetzt der geeignete Augenblick, um eine negative Einstellung in bezug auf Geld zu notieren, die Sie vielleicht bisher in Ihrem Leben eingeschränkt hat.

Dazu werden Ihnen wahrscheinlich mehrere Sätze einfallen. Schreiben Sie fürs erste die Feststellung auf, die Sie am stärksten bedrückt: Eine wird immer im Vordergrund stehen, wenn Geld ein Thema für Sie ist. Während Sie entscheiden, was Sie aufschreiben wollen, atmen Sie bewußt, stimmen Sie Ihren gesamten Körper auf den gegenwärtigen Augenblick ein, öffnen Sie sich für die Inspiration, die Ihr höheres Selbst für sie bereithält...

Negative Feststellung über Geld

Der Gedanke an Geld macht mich ______________ (wütend, besorgt, traurig, hoffnungslos), weil ____________________
____

Nun sind Sie bereit für die vier Schritte des Auflösungsprozesses.

Nehmen Sie sich zunächst den zweiten Teil des Satzes vor, der mit »weil« beginnt, und stellen Sie sich dazu die folgenden Fragen.

Wir demonstrieren den Prozeß an folgendem Einzeiler, den viele Leute aufschreiben: »Der Gedanke an Geld macht mich besorgt, weil ich nie genug davon habe.«

1. Ist diese Feststellung »ich habe nie genug Geld«, wirklich wahr?

So viele von uns glauben, daß sie nie genug Geld haben, und sind immer in Sorge, es könnte dabei für sie um Sein oder Nichtsein gehen. Doch die Wahrheit ist, daß die meisten Leute genügend Geld zum Überleben haben. Wir empfinden tief in unserem Inneren eine echte Panik, wenn wir das Gefühl haben, knapp bei Kasse zu sein. Aber ist das wirklich gerechtfertigt? Sind wir wirklich in ernster Gefahr, ist unser Leben jemals dadurch bedroht, daß wir nicht genug Geld haben? Haben wir einen echten Grund für diese chronische Sorge?

Wir haben das Gefühl, unser Leben sei bedroht, wenn das Geld knapp wird. Aber kennen Sie irgend jemanden, der verhungert ist, weil er kein Geld hatte, der erfroren ist oder anderweitig ein schreckliches Ende gefunden hat, nur weil es ihm an Geld fehlte?

- Wenn wir auf unser Leben zurückblicken, können wir feststellen, daß wir in der Realität auf die eine oder andere Weise immer genug Geld hatten, um unsere körperlichen Bedürfnisse zu erfüllen. Wozu also dieses ständige Gefühl, daß es beim Thema Geld um Leben oder Tod geht?

Was hier abläuft, ist eine Form von psychologischer Regression: Unbewußt projizieren wir alte Kinderängste (die wir zweifellos von unseren Eltern übernommen haben, wenn sie selbst vor Geldsorgen krank waren) auf eine Situation unseres Erwachsenendaseins, in der es keineswegs um Leben oder Tod geht. Wir fallen zurück in Existenzängste, die wir als Kinder hatten, als wir die Wirklichkeit der Situation noch nicht klar erkennen konnten. Tatsächlich ist die Vorstellung, daß wir nicht genug Geld hätten, nichts weiter als eine falsche Überzeugung, die mit der Realität nichts zu tun hat. Doch wenn wir bewußt oder unbewußt an dieser Überzeugung festhalten, verursachen wir dadurch vielleicht mehr Leiden (Angst, Sorgen, Panik und so weiter) als durch jede andere Überzeugung, denn sie wird von Generation zu Generation weitergegeben, indem Kinder die Angst vor Geldmangel von ihren Eltern übernehmen.

2. *Welchen Vorteil bringt es Ihnen, an dem Glauben festzuhalten, daß Sie nie genug Geld haben?*
Wenn wir uns ständig sagen: »Ich habe nicht genug Geld«, dann bringt uns das zweifellos nur schreckliche Gefühle in Körper und Seele ein. Wir bekommen davon Magengeschwüre und

Kopfschmerzen, unsere Nerven werden strapaziert und unsere Gedanken reagieren verwirrt und panisch, weil wir uns eine Welt erschaffen, in der das unzutreffende Gefühl einer tödlichen Bedrohung herrscht, die einhergeht mit der Vorstellung, nicht genug Geld zu haben.

Es bringt uns nicht den geringsten Nutzen, uns Sorgen um Geld zu machen. Fragen Sie Leute, die einen Bankrott hinter sich haben: Auch das ist nicht das Ende der Welt, sondern lediglich das Ende eines Kapitels in Ihrem großen Buch des Lebens. Das Schlimme an einem Bankrott ist nicht der Bankrott selbst – sondern all die Gefühle, die durch unsere negativen Einstellungen zum Bankrott hervorgerufen werden. Auch hier ist es nicht die Realität selbst, sondern es sind unsere Vorstellungen und Überzeugungen, die dazu führen, daß wir uns Sorgen über Geld machen.

3. Wer wären Sie ohne diese negative Überzeugung, daß Sie nicht genug Geld haben?

Ganz klar, Sie wären auf der Stelle frei von Ihren schlimmsten Sorgen und Ängsten im Leben. Und Sie würden sofort beginnen, eine positivere Welt nach außen zu projizieren, die ihrerseits reagieren und Ihnen mit Sicherheit zu mehr Geld verhelfen würde!

Wahrscheinlich haben Sie den Kern der Sache längst verstanden: *Unsere Überzeugungen im Hinblick auf Geld lassen uns leiden, nicht etwa das Geld als solches.* Geld ist, wie Deepak Chopra hervorhebt, lediglich ein Stück Papier oder ein Computerausdruck. Es hat als solches keine Macht. »Geld ist in Wirklichkeit ein Symbol – für die Lebensenergie, die wir austauschen, und für die Lebensenergie, die uns als Gegenleistung für unseren Dienst am Universum zur Verfügung steht«, sagt er. »Es ist ein Tauschmittel, welches Güter und Dienstleistungen repräsentiert. Und das ist auch schon alles. Es hat nicht mehr Macht als Sie ihm zubilligen.«

An diesem Punkt des Auflösungsprozesses können Sie also die Wahrheit erkennen und sich selbst sagen: »Ich will nicht länger an der Überzeugung festhalten, daß ich nicht genug Geld habe. Ich habe immer genug Geld, um zu überleben, und ich bin es leid, mir Sorgen zu machen, wenn mein Leben nicht wirklich in Gefahr ist.«

- Wenn Ihr Lono-Verstand das Licht sieht und sich auf diese Weise klar und hochmotiviert äußert, hört Ihr unbewußtes Ku-Selbst, welches an Gewohnheiten festhält, diese Botschaft und beginnt, eine neue Überzeugung aufzubauen, einen neuen Einzeiler, der Ihnen wunderbare Dienste leisten wird.

Entwickeln Sie eine eigene Aussage über Geld

Wenn Sie nun bereit dazu sind, können Sie diesen grundlegenden »Auflösungsprozeß« auf Ihre eigene negative Einstellung zum Geld anwenden, die Sie aufgeschrieben haben: Prüfen Sie, ob Ihre fundamentalen Annahmen über Geld wirklich zutreffend sind – oder nur eine weitere Illusion, die Sie viele Jahre lang in die Welt projiziert haben.

4. *Nun drehen Sie die Feststellung um, so daß Sie selbst die Verantwortung übernehmen: »Geld macht mir Sorgen …« – »Ich mache mir Sorgen …«*

Welche Feststellung entspricht mehr der Wahrheit: Kann Geld uns Sorgen machen, oder tun wir uns das selbst an? Wahrscheinlich bedarf es hier keiner weiteren Diskussion, die Sache ist eindeutig.

Um sich darüber klarzuwerden, wie Ihre Beziehung zum finanziellen Erfolg belastet ist, müssen Sie alle Ihre damit zusammenhängenden Einzeiler auf dieselbe Weise prüfen und bewerten, wie wir es beim ersten Beispiel getan haben. Wenn Sie den Unterschied zwischen der Realität Ihrer gegenwärtigen finanziellen Situation und Ihren in der Kindheit programmierten Ängsten erst einmal erkannt haben, können Sie Ihre alten Muster ohne weiteres aufgeben und sich mit Herz, Verstand und Seele auf die Wirklichkeit einlassen.

- Kala formuliert es so: »Sie haben die Wahl, die Realität des Augenblicks zu erkennen, oder diesen Augenblick mit Projektionen zu belasten, die sich auf die Vergangenheit oder die Zukunft beziehen. Wenn Sie sich außerhalb der Realität des Augenblicks befinden, verpassen Sie das wirkliche Leben.

Prüfung weitverbreiteter Einzeiler

Lesen Sie jeden dieser weitverbreiteten Einzeiler und prüfen Sie, was Sie wirklich glauben: Ist die Aussage für Sie wahr oder falsch:

Geld ist die Wurzel allen Übels.
Reiche Leute sind skrupellos und gierig.
Es ist mir einfach nicht bestimmt, reich zu sein.
Es gibt nicht genug Geld für alle.
Geld ist mir nicht wichtig.
Leute wie ich kommen nie nach oben.
Geld und Spiritualität sind Gegensätze.
Geld verschwindet ständig.
Geld verdienen ist harte Arbeit.
Ich werde nie viel Geld haben.

Zu Geld kommen nur Leute mit besonderen Talenten oder Fähigkeiten.

Geld verdienen kann man nur mit einer guten Ausbildung oder durch Beziehungen.

Wie viele dieser Einstellungen, die für finanziell weniger erfolgreiche Menschen typisch sind, vertreten auch Sie? Wenn Sie einige davon für zutreffend halten, sollten Sie genauer hinsehen: Entsprechen sie wirklich der Wahrheit? Woher wollen Sie wissen, daß sie wahr sind? Und was bringen Ihnen diese Überzeugungen ein? Was würde in Ihrem Leben geschehen, wer würden Sie sein, wenn Sie sich jetzt dafür entscheiden würden, diese negativen Einstellungen nicht länger mit sich herumzuschleppen?

Gedanken über Ihre eigenen Möglichkeiten, zu Wohlstand zu gelangen

Zur weiteren Vorbereitung auf die Waiwai-Haipule-Zeremonie, die dieses Kapitel beenden wird, sollten Sie jetzt prüfen, was Sie von den folgenden expansiven Feststellungen halten:

Ich bin fähig, es in meinem Leben zu Wohlstand zu bringen.

Geld ist leicht zu verdienen.

Jede/r kann eine Menge Geld verdienen.

Ich konzentriere mich darauf, es in meinem Leben zu Wohlstand zu bringen.

Ich habe keine Angst davor, reich zu werden.

Geld ist mein bester Freund.

Spiritualität und Geld harmonisieren vollkommen miteinander.

Geld ist gut. Ich liebe Geld.

Geld strömt gerade jetzt meinen Weg entlang.

Da Sie nach dem ersten Prinzip der Huna-Manifestationstradition die Welt um sich herum mit jedem Gedanken erschaffen, müssen Sie lernen, den Strom Ihrer Gedanken zu beobachten und jene gewohnheitsmäßigen Einzeiler, die Ihnen nichts nützen, aktiv wegzuwerfen – und durch positive Gedanken zu ersetzen, welche die Entwicklung anregen, die Sie sich für Ihr Leben wünschen. Während wir versuchen, die besten Einzeiler in unseren Alltag zu integrieren, sollten wir uns zunächst die sieben Prinzipien selbst ansehen, denn sie sind das Fundament des gesamten Waiwai-Prozesses zur Förderung des Wohlstands. Deshalb folgt an dieser Stelle das zweite Huna-Prinzip.

Sie können alles tun und erlangen, was Sie sich wünschen

Haben Sie den Eindruck, daß die mutige Feststellung »Es gibt keine Grenzen für das, was ich in diesem Leben erreichen kann«, Ihren tiefsten Überzeugungen entspricht? Oder beurteilen Sie ihr eigenes Potential eher negativ, indem Sie an der Überzeugung festhalten? »Es gibt eindeutige Grenzen für das, was ich in diesem Leben erreichen kann.«

Als wir kleine Kinder waren, projizierten unsere Eltern ihre eigenen Überzeugungen von dem, was wir tun konnten – und natürlich von dem, was sie im Leben tun konnten – auf uns. Die meisten Eltern vermittelten ihrem Kleinkind beispielsweise eher die Haltung »sei vorsichtig« als »tu es« oder »nimm es dir«. Und wie wir wissen, neigen Kinder dazu, die vorherrschenden Einstellungen ihrer Eltern zu übernehmen und sich zu eigen zu machen.

Welche Einstellung hatten Ihre Eltern in bezug auf Grenzen? Glaubten sie, sie könnten große Dinge vollbringen und ihre Lebenswünsche erfüllen, oder hatten sie ein negatives Selbstbild, das sie im Leben ernsthaft einschränkte? Halten Sie einige Momente inne und versetzen Sie sich in Ihren Vater hinein: Beurteilte er seine eigenen Möglichkeiten optimistisch oder pessimistisch? Welchen Nutzen hat ihm diese Haltung eingebracht? Und wer würden Sie sein, wenn sie statt dessen von der Vorstellung ausgingen: »Es gibt für mich keine Grenzen?« Überprüfen Sie genauso die Einstellung Ihrer Mutter oder anderer wichtiger Bezugspersonen in Ihrer Kindheit. Welche Einzeiler über Grenzen haben Sie von ihnen übernommen, und was wollen Sie damit anfangen?

Gedanken über Wohlstand

Die Huna-Tradition lehrt und die Wissenschaft bestätigt, daß alles Leben – und besonders unsere Gedankenmuster und tiefverwurzelten Überzeugungen – aus schwingenden Energiefeldern besteht – und daß Energiefelder verändert werden können. Wenn Ihr eigenes Schwingungsmuster schwach und gedrückt ist, eingeschlossen in ein dumpfes Gefühl von Armut und Mangel, dann können Sie es nun durch ein Energiefeld ersetzen, das eine höhere, strahlendere Schwingung von Wohlstand und Glück repräsentiert. Mit Hilfe der Haipule-Zeremonie ist das ohne weiteres möglich. Die Quelle allen Wohlstands ist grenzenlos und unerschöpflich. Und ob Sie es nun wissen oder nicht, Sie sind bereits damit verbunden. Sie werden frei, diese unerschöpfliche Quelle anzuzapfen, indem Sie daran glauben, daß Ihnen keine Grenzen gesetzt sind – damit befreien Sie sich von

Ihren selbstauferlegten Einschränkungen und verbinden sich energetisch mit der Macht und dem Geld, das überall um Sie herum existiert.

- Je stärker Sie daran glauben, daß Ihnen keine Grenzen gesetzt sind, desto mehr können Sie erreichen. Das Universum setzt Ihnen keine Grenzen für Erfolg und Wohlstand. Nur Sie selbst haben sich Grenzen auferlegt – und diese sind aus der Huna-Sicht des Kosmos völlig willkürlich.

Würde der gesamte Reichtum der Welt verteilt und jeder Mensch könnte über ungefähr eine Billion Dollar verfügen, wäre nach ein paar Jahren alles wieder so wie jetzt. Die Reichen wären wieder reich, und die Armen wären wieder arm – einfach aufgrund ihrer inneren Einstellung zum Geld. Wenn Ihre Vorstellungen von Erfolg und Wohlstand und Ihr eigenes Selbstbild eingeschränkt sind, dann sind Sie, selbst wenn Ihnen jemand eine große Summe Geld oder einen erstklassig bezahlten Job gäbe, nicht fähig, dies alles zu bewahren, wenn Ihre inneren Überzeugungen es nicht gestatten. Wenn Sie Ihre Vorstellungen von sich selbst, vom Leben, von anderen Menschen, Geld und Erfolg nicht ändern, dann werden Sie sich selbst sabotieren und das Geld geradezu von sich wegschieben.

Wie man seine Einstellungen ändert

Wenn wir erkennen, daß viele unserer negativen Überzeugungen und Einstellungen im Hinblick auf Wohlstand und Glück unser gesamtes Leben sabotieren, erhebt sich natürlich die Frage: Was können wir tun, um unser Selbstbild in bezug auf

Geld zu verändern? Die Antwort liegt in dem Aphorismus: »Wir sehen, was wir glauben.« Wenn wir durch den Auflösungsprozeß klar erkennen, daß eine Überzeugung uns schadet, dann lassen wir sie meist fallen wie eine heiße Kartoffel.

Sie werden sich erinnern, daß wir uns im Rahmen der Huna-Vorstellungen über unsere inneren Abläufe bereits damit beschäftigt haben, daß wir alle über ein Ku-Selbst verfügen, das weitgehend automatisch und gewohnheitsmäßig funktioniert – auch im Hinblick auf unsere tiefverwurzelten Einstellungen und Überzeugungen, die auf früheren Erfahrungen beruhen. Wenn wir uns von diesen negativen Programmierungen befreien wollen, müssen wir unseren rationalen Lono-Verstand einsetzen, um klar zu erkennen, daß eine Annahme oder eine Überzeugung nicht zweckmäßig ist – und dann unserem Ku-Selbst den Wunsch nach Veränderung mitteilen. Dabei reicht es nicht zu sagen: »Ich will mir keine Sorgen mehr über Geld machen.« Wir müssen unserem Ku-Selbst einen positiven Ersatz anbieten: »Ich fühle mich positiv und begeistert in bezug auf Geld!« Wenn wir das oft genug und mit genügend positiven Emotionen feststellen, wird dadurch die alte Überzeugung ersetzt.

Ein anderes Beispiel: Viele Leute sind unterbewußt überzeugt davon, daß man nicht gleichzeitig reich und spirituell sein kann. Ist das wahr oder falsch? Hilft Ihnen das Festhalten an dieser Überzeugung beim Geldverdienen oder hindert es Sie daran? Wenn Sie diese Frage mit Ihrer Lono-Logik prüfen und Ihnen dabei klar wird, daß Sie sich als spirituell empfinden, aber gleichzeitig auch reich sein möchten, sollten Sie Ihre Überzeugungen neu programmieren, beispielsweise mit der Feststellung: »Ich kann reich und spirituell sein«, oder vielleicht »Mein spirituelles Leben wird gedeihen, während ich immer wohlhabender werde.« Sobald Sie die neue Überzeugung formulieren können und innerlich sicher sind, daß diese Feststellung wahr ist, dann (und nur dann) können Sie Ihrem Ku-System diese neue Einstellung als Ersatz für die alte, negative Haltung erfolgreich vermitteln.

Der Prozeß der Umprogrammierung

Wie wir gleich bei der formalen Haipule-Zeremonie sehen werden, kommunizieren wir mit Ku, indem wir unser gesamtes Dasein mit positiven Feststellungen »füttern« – auf eine Weise, die Ku wirklich daran glauben läßt, daß Sie es mit dieser neuen Überzeugung aufrichtig meinen. Dies geschieht, wie in einem früheren Kapitel schon kurz erwähnt, indem wir durch Worte, sinnliche Empfindungen und Gefühle unsere echte Begeisterung im Hinblick auf die Veränderung ausdrücken:

Erstens: Wir bauen eine starke Mana-Energie auf.

Zweitens: Wir erklären unsere Absicht, Mana'o, unsere Überzeugung zu ändern.

Drittens: Wir übermitteln unserem Ku-Zentrum diese Absicht durch die folgenden »suggestiven« Vehikel:

Verbale Absichtserklärungen:
Im Haipule-Zustand der ruhigen Zentriertheit auf Ihr höheres Selbst erklären Sie Ihrem Unterbewußtsein mehrfach Ihre neue Überzeugung. Wenn Sie beabsichtigen, Ihr Bewußtsein mit einer positiven Einstellung zum Geld neu zu programmieren, sagen Sie sich selbst beispielsweise immer wieder still mit jedem neuen Ausatmen: »Ich habe innerlich das starke Gefühl, daß ich Geld liebe und mich sehr nach mehr Wohlstand sehne.«

Sinnliche Wahrnehmungen:
Ihre Ku-Wahrnehmung reagiert sehr empfänglich auf jede Art von Sinneseindrücken, einschließlich solcher, die Sie sich innerlich vorstellen. Aktive Imagination ist also ein wichtiger Weg, um Ihrem Unterbewußtsein die neue Absicht zu übermitteln. Stellen Sie sich das angestrebte Ziel bildlich vor – machen Sie sich ein Bild von dem, was Sie als materiellen Ausdruck Ihrer Wünsche realisieren möchten. Gestalten Sie die Vision so real wie möglich und stellen Sie sich viele verschiedene sinnliche Erlebnisse vor, die mit Ihrem zunehmenden Wohlstand verbunden sein können. Erweitern Sie Ihre Visualisierung auf alle Sinne – Berührung, Geruch, Klang, Geschmack.

Emotionale Gefühle:
Während Sie sich Ihren Traum vorstellen, gestatten Sie sich auch, die positiven Gefühle von Begeisterung und Freude zu empfinden, die sich durch die Erfüllung des Traums einstellen werden. Lassen Sie diese Gefühle in der Mitte Ihrer Atmung aufkommen.

Dies ist der direkteste und wirkungsvollste Weg, um Ihr Ku-Selbst regelmäßig mit Ihren neuen Überzeugungen und Absichten zu füttern, während Sie Ihr Bewußtsein aktiv umprogrammieren, um die Welt auf eine neue, positivere, umfassendere Weise wahrzunehmen. Wenn Sie wirklich rasche positive Veränderungen in Ihrem Leben wollen, sollten Sie diesen Prozeß der Umprogrammierung Ihres Bewußtseins mit höheren Absichten und Zielen regelmäßig durchführen.

Reverend Ike, ein berühmter Prediger, von dem Sie vielleicht schon gehört haben, beschreibt den allgemeinen Prozeß folgendermaßen: »Wir alle gehen auf den Markt, um Nahrung für unseren Körper zu kaufen, aber woher bekommen wir Nahrung für unseren Geist? Überall gibt es Ideen, Gedanken, Worte und

Bilder. In Büchern, im Fernsehen und in Magazinen finden wir jede Menge Worte und Bilder. Und natürlich hören wir ständig, was andere Leute sagen. Auf dem Marktplatz des Lebens gibt es viele gute und schlechte Dinge … Sie kennen das Sprichwort: ›Du bist, was du ißt.‹ Nun, ich sage Ihnen, Sie sind, was Sie denken! Sie werden zu den Vorstellungen, mit denen Sie Ihr Bewußtsein füttern. Deshalb sollten Sie dafür sorgen, daß Ihre Gedanken und Vorstellungen Sie gut nähren.«

Positive Einstellungen für Ihr Bewußtsein

Wenn wir erst einmal erkannt haben, wie wichtig jeder Gedanke für das ist, was uns im Leben geschieht, beginnen wir natürlich auf unsere Gedanken zu achten – und bemerken Negatives: Wie oft am Tag sehen Sie beispielsweise Menschen an und senden ihnen dabei einen negativen Einzeiler? Wie oft machen Sie sich bei der Arbeit Sorgen, statt sich auf das Positive zu konzentrieren? Und schließlich: Wie oft rutschen Sie ab in negative Gedanken über Geld und Reichtum, statt etwas Positives zu denken, das Ihnen zu mehr Wohlstand verhelfen würde?

Nachdem sie nun eine allgemeine Vorstellung vom Wert positiver Überzeugungen gewonnen haben, stelle ich Ihnen die grundlegende Liste der wichtigsten Huna-Überzeugungen oder -Prinzipien vor, die Sie vielleicht in Ihr neues Glaubenssystem übernehmen möchten, um die bestmöglichen Haipule-Ergebnisse zu erzielen. Entscheidend ist, daß Sie diese Prinzipien immer wieder Ihrem Ku-Selbst übermitteln, vor allem in einem tiefen Haipule-Bewußtseinszustand, so daß die Überzeugungen mit jeder Faser Ihres Seins in Resonanz treten – dies ist ein echter Zugewinn an Macht. Konzentrieren Sie sich in den nächsten Wochen hauptsächlich auf diese Liste, beschäftigen Sie sich immer wieder, wenn Sie dieses Buch in die Hand nehmen, mit der folgenden Seite, bis Sie die sieben Prinzipien dauerhaft in Herz, Geist und Seele aufgenommen haben:

Huna-Überzeugungen, die Wohlstand hervorbringen:

1. Meine Gedanken sind Mitschöpfer meiner gesamten Welt.
2. Es gibt keine Grenzen für das, was ich im Leben erreichen kann.
3. Ich beeinflusse alles, worauf ich meine Aufmerksamkeit richte.
4. Alles geschieht im gegenwärtigen Augenblick.
5. Ich liebe mich selbst und fühle mich mit allen Menschen in Harmonie.
6. Meine persönliche Kraft kommt aus meinem spirituellen Zentrum.
7. Ich bin offen für alle Methoden, mit denen ich zum Ziel komme.

Die Praxis der Waiwai-Haipule-Zeremonie

Die Haipule-Zeremonie ist ein mächtiges Werkzeug, um jede Veränderung herbeizuführen, die wir uns in der Welt um uns herum oder in unserem Inneren vorstellen können. Wir haben sie gelegentlich schon genutzt, um unsere Überzeugungen zu verändern – was vielleicht am wirkungsvollsten dazu beiträgt, unser Leben zu verwandeln.

Nun werden wir lernen, wie wir diese Manifestationszeremonie einsetzen, um unsere finanzielle Situation zum Besseren zu wenden. Sie werden dabei selbst aktiv sein, denn natürlich müssen Sie entscheiden, welche Veränderungen Sie in finanzieller Hinsicht wünschen, und ihre eigenen Absichten formulieren. Wir sind lediglich dazu da, Sie durch diesen Prozeß zu führen – *Sie sind die handelnde Person.* Vollziehen Sie die Zeremonie nicht nur einmal, sondern führen Sie sie regelmäßig täglich oder mehrmals täglich durch, wenn Sie damit zum Erfolg kommen wollen. Wenn Sie mit Haipule beginnen, steht mal die eine und mal die andere Absicht ganz oben auf Ihrer Liste. In diesem Buch gehen wir auf fünf hauptsächliche Kategorien der Haipule-Praxis ein: Finanzen, Liebe, Gesundheit, Gemeinschaft und spirituelles Erwachen. *Sie können sich auf eine Absicht innerhalb einer Kategorie konzentrieren, aber Sie können natürlich auch mehrere Absichten, die Ihnen besonders wichtig sind, in die Zeremonie einbringen.* Der Rahmen ist so offen wie möglich, damit Sie die Struktur und den Ablauf gestalten können, wie es Ihnen persönlich am besten paßt.

Die große Herausforderung des Haipule besteht immer darin, Ihre Ziele und Absichten festzulegen. Das entscheidet darüber, worauf Sie Ihre Aufmerksamkeit richten und zu welchem Zweck. Viele Menschen sind sich nicht ausreichend klar darüber, was sie wollen, oder formulieren ihre Wünsche so allgemein, daß nichts Konkretes dabei herauskommen kann. Reverend Ike erklärt zu Recht: »Sie müssen dem Universum gegenüber präzise sein!«

- Sie müssen entscheiden und formulieren, was Sie wollen, bevor Sie es bekommen können. Das Universum wird Ihnen die Wahl nicht abnehmen. Wenn Sie zu Beginn um Führung bitten, werden Sie eine richtungsweisende Inspiration empfangen. Aber Sie müssen dann bewußt festlegen und erklären, was Sie wollen, und entsprechend handeln.

Das übergeordnete Ziel

Geld gibt es überall in unserer Umgebung, aber es braucht einen Kanal, in und durch den es fließen kann – sonst wird der Strom an einem bestimmten Punkt aufgehalten. Ein solcher Kanal ist das übergeordnete Ziel: Es führt dazu, daß Sie eine Reihe von »Geld-Pipelines« schaffen, die Ihnen zu Wohlstand verhelfen. Es führt zu einer klaren und eindeutigen Absichtserklärung, auf deren Grundlage Sie pragmatische Unterziele festlegen. Diese wiederum münden in einen Aktionsplan, der dann in konkrete Handlungen umgesetzt wird – und diese lassen das Geld fließen. Folglich müssen Sie sich als erstes für ein übergeordnetes Ziel entscheiden. Ein Lebensziel ist ein Grund zu sein oder ein Grund zu handeln. Jeder Mensch hat sein eigenes Lebensziel, und wir alle haben verschiedene Ziele für unterschiedliche Aspekte unseres Lebens. *Ein Lebensziel ist das, was dem Alltag Bedeutung und Motivation verleiht. Es ist nicht etwas, das in der Zukunft liegt, sondern etwas, das Sie jetzt gerade tun.*

Was ist Ihr übergeordnetes Ziel? Haben Sie darüber nachgedacht, die Frage tief in Ihrem Herzen und in Ihrer Seele bewegt, um herauszufinden, was Ihr Lebensziel ist? Je genauer Sie es festlegen können, selbst wenn Sie sich zunächst nur probeweise für ein bestimmtes Ziel entscheiden, um eine Arbeitsgrundlage zu haben – desto eher gelingt es Ihnen, einen Energiefluß zu stimulieren und Ereignisse anzuziehen, die Ihnen helfen werden, Ihr Ziel zu erreichen.

Im Hinblick auf Wohlstand brauchen Sie ein Ziel, das in einen möglichst konkreten Handlungsplan mündet. »Mein Lebensziel ist, Menschen zu helfen und damit Geld zu verdienen«, könnte ein guter Anfang sein, aber nun müssen Sie eine Reihe von Fragen stellen, um zu einem bestimmten Aktionsplan zu kommen, der Ihnen hilft, Ihr übergeordnetes Ziel zu erfüllen.

Wir wollen dieses Beispiel zu einem logischen Abschluß führen, um Ihnen den generellen Ablauf zu zeigen: Ihr Ziel besteht darin, Menschen zu helfen – aber auf welche Weise wollen Sie das tun? Sagen wir, Sie möchten als Heilpraktiker/in arbeiten. Dabei gibt es viele verschiedene Therapierichtungen, so daß Sie sich entscheiden müssen, welche Sie praktizieren wollen. Nehmen wir an, Sie haben sich mit dieser Frage eingehend beschäftigt und beschlossen, daß Sie sich auf Akupunktur spezialisieren wollen. Nun kommen wir an den Punkt, wo Sie Ihre aktuelle Absicht formulieren können: »Ich will mir eine gute Schule suchen und mit der Akupunkturausbildung beginnen.« Gut. Nun haben Sie Ihr konkretes Unterziel.

Als nächstes können Sie nun einen schrittweisen Aktionsplan aufstellen und mit Ihrem Ku-System arbeiten, welches Ihre Mana-Energie steuert und Ihre Bedürfnisse und Absichten in die Welt ausstrahlt.

Achten Sie darauf, sich vernünftige Unterziele zu setzen. Genau wie im Sport, wo Sie mit dem Grundlagentraining beginnen und sich dann Schritt für Schritt mehr Fertigkeiten aneignen, um schließlich einen hohen Berg besteigen zu können, müssen Sie sich zunächst Zeit für die grundlegenden Schritte nehmen, um später bestimmte Ebenen der Manifestation beherrschen zu können.

Selbstvertrauen

Jeder kleine Erfolg, den Sie durch die Haipule-Zeremonie erreichen, wird zu immer größeren Erfolgen führen, die Ihnen mehr und mehr Selbstvertrauen schenken. Selbstvertrauen ist der

Schlüssel: Denn wenn man sich des Erfolgs gewiß ist, statt von Ängsten und Zweifeln geplagt zu sein, stellt sich die Manifestation auf fast magische Weise ein.

Wie entwickeln wir Selbstvertrauen? In erster Linie müssen wir darauf achten, daß wir keine Einstellungen mit uns herumschleppen, die ständig unser Gefühl von Kompetenz untergraben. Viele Leute sind in ihrer Arbeit viel besser, als sie glauben – aber sie leben im Rahmen ihrer engen Grenzen und leiden unter ihrem Mangel an Selbstvertrauen.

- Sorgen Sie bei allem, was Sie sich vornehmen, dafür, daß Sie den Frieden des Haipule-Bewußtseinszustandes erreichen und nach innen blicken, um negative Selbstbilder aufzulösen, die Ihr Selbstvertrauen untergraben, und diese durch positive Feststellungen über Ihre Fähigkeiten ersetzen.

Der andere Weg, mehr Selbstvertrauen zu gewinnen, besteht im Handeln – wir tun, was wir vorhaben, und erfahren aus erster Hand im gegenwärtigen Augenblick, wie unsere Fähigkeiten wachsen. Auf diese Weise lernt Ku am schnellsten, sein Selbstbild zu erweitern – durch das sinnliche Erleben der eigenen Fähigkeiten.

Motivation

Wenn wir nicht die nötige Motivation für Veränderungen haben, wird in der Haipule-Zeremonie nichts passieren. *Motivation ist die Antriebskraft, die den gesamten Prozeß mit Energie versorgt.* Motivation setzt voraus, daß wir etwas in unserem Leben verändern wollen. Wir fühlen den Hunger in unserem Magen, wollen dieses Unbehagen lindern und tun etwas, um den Hunger zu beseitigen. Wir empfinden den Druck unserer finanziellen Situation, und wir fühlen uns motiviert, einen besseren Job zu suchen, um mehr Geld zu verdienen. Wir hungern nach Liebe und fühlen uns motiviert, nach einer erfüllenden Beziehung zu suchen.

Motivation verleiht uns die Kraft, unsere Absichten in die Realität umzusetzen. Viele von uns wollen Veränderung – aber gleichzeitig wünschen wir uns, daß die Dinge so bleiben, wie sie sind. Denn so vermitteln sie Vertrautheit und Sicherheit. Wir müssen zur Verwirklichung unserer Ziele bewußt dafür sorgen, daß unsere Motivation zur Veränderung stärker ist als unsere Motivation, alles so zu lassen wie es ist.

Wie viele Leute kennen Sie, die sagen: »Ich möchte reich sein!« Und doch tun sie nichts, um wirklich reich zu werden. Das ist in Ordnung, es ist ihre Sache. Doch wie stark ist Ihr persönlicher Wunsch nach Reichtum? Wollen Sie wirklich all die Veränderungen, die mit einer Menge Geld auf Sie zukommen können – oder sind Sie in Wirklichkeit mit Ihrem Leben so zufrieden, wie es ist?

Es ist ungeheuer wichtig, in dieser Frage aufrichtig zu sein – und es gibt nichts dagegen einzuwenden, wenn Sie Ihr Leben so lieben, wie es ist. Tief in Ihrem Inneren sind Sie schon reich, völlig unabhängig von Ihrem Kontostand, wenn Sie mit Ihrem gegenwärtigen Einkommen wirklich zufrieden und glücklich sind.

Psychologen und spirituelle Lehrer sagen, daß es zwei Motivationskräfte in unserem Leben gibt: Furcht und Liebe. Einige Leute sind dauernd von Ängsten und Sorgen getrieben, Gefangene ihrer ständigen Phantasien über »das Schlimmste«, was ihnen in Zukunft passieren könnte, und fixiert auf negative Aspekte ihrer Vergangenheit. Andere lassen sich mehr von ihren Herzen leiten und tun das, was sie persönlich und spirituell als erfüllend empfinden.

- Viele von uns sind motiviert, weil sie sich vor dem fürchten, was geschehen könnte, wenn sie nicht handeln. Die Angst vor möglichen Schmerzen fordert uns zum Handeln auf. Dies ist eine Art »drückender« Motivation, während Liebe eine »ziehende« Motivation darstellt. Wenn Sie das Ziel lieben, auf das Sie sich zubewegen, dann werden Sie zu ihm hingehoben – und alle Kräfte des Universums, die Aloha-Kraft selbst, helfen Ihnen bei der Manifestation.

Wesentlich ist, daß die Haipule-Zeremonie nicht wirklich funktioniert, wenn wir von Angst motiviert werden. Deshalb haben wir in diesem Buch bisher soviel Zeit darauf verwendet, Ihnen zu zeigen, wie Sie Ihre negativen Überzeugungen (die auf Schmerz/Furcht beruhen) auflösen können, damit Ihre bewußte Absicht auf positiven Wünschen basiert, die Sie lieben und durch diese Kraft verwirklichen können.

Zwei Faktoren entscheiden über die Kraft Ihrer Motivation: wie sehr Sie Ihr Ziel lieben, und wie wichtig es Ihnen ist, dieses Ziel zu erreichen. Vielleicht lieben Sie Schokolade, aber möglicherweise ist Ihnen diese Liebe nicht wichtig genug, um große Manifestationskräfte aufzubieten, damit Sie Ihre Schokolade auch bekommen. Aber oft ist es sehr wichtig, was Sie mit Ihrem Geld anfangen wollen – und so werden Sie sich regelmäßig mit Mana aufladen, um Ihrer Absicht die Kraft zum Erfolg zu verleihen. Im Mittelpunkt des Haipule-Erfolgs steht folgende Feststellung: Die beiden stärksten Kräfte, die etwas verwirklichen können, sind die Intensität Ihrer Wünsche und im weiteren Verlauf die Intensität, mit der Sie sich die Erfüllung Ihrer Wünsche vorstellen können (Ihre Fähigkeit, sich ein Bild davon zu machen und die Vision klar über längere Zeit aufrechtzuerhalten).

Wenn Sie Ihr übergeordnetes Ziel kennen, kommt es darauf

an, daß Sie sich diesem Ziel mit Herz, Geist und Seele verschreiben. Deshalb sollten Sie sich Ihre Haipule-Absicht immer wieder bewußtmachen. Je intensiver Sie sich Ihrer Absicht und allem, was sie ausdrückt, bewußt sind, desto mehr wird Ihr gesamtes Sein an Ihre Aufrichtigkeit glauben und Ihre Absicht in vollem Umfang in die Welt ausstrahlen. Und je mehr Sie sich für Ihr Ziel begeistern – und das heißt, je mehr Sie das lieben, was Sie tun, und Erfolg haben wollen – desto größer wird Ihre Manifestationsenergie sein.

Erster Schritt: Freude im gegenwärtigen Augenblick

Wenn wir mit der Haipule-Zeremonie beginnen, stellen viele Leute fest, daß ihnen Gedanken über Vergangenheit und Zukunft durch den Kopf schwirren, und daß es ihnen schwerfällt, sich auf den gegenwärtigen Augenblick zu konzentrieren. Wie können wir am schnellsten von unserer Gedankenwelt auf die Wahrnehmung unseres gesamten Daseins umschalten?

Wie Sie wissen, besteht der beste Weg, uns in der Gegenwart zu erden, darin, daß wir uns auf unseren Atem und unsere sinnlichen Wahrnehmungen konzentrieren. Wann immer Sie von Gedanken überwältigt werden, achten Sie darauf, wie die Luft in diesem gegenwärtigen Augenblick durch Ihre Nase ein- und ausströmt. Fühlen Sie Ihre Kleidung auf der Haut, spüren Sie Ihren Herzschlag. Nehmen Sie wahr, wie die Schwerkraft Ihren Körper anzieht, um Sie im Gravitationsfeld der Erde zu zentrieren. Sehen Sie Ihre Umgebung, riechen Sie die Luft, die Sie atmen – stellen Sie all Ihre Sinne auf die Gegenwart ein, und schon sind Sie hier!

Die Huna-Tradition betont klar die Bedeutung des gegenwärtigen Augenblicks: Nur hier und jetzt können Sie wirklich

Glück und Erfüllung erleben. Das Königreich des Waiwai existiert nur hier und jetzt. Doch wir sind viel zu oft und viel zu lange damit beschäftigt, an all das zu denken, was wir tun müssen, und uns mit Gedanken über die Zukunft zu belasten. Wir nehmen uns nicht die Zeit, um uns zu entspannen und die Gegenwart zu genießen. Wir gönnen uns dieses Vergnügen nicht, sondern verschieben den gegenwärtigen Augenblick in die Zukunft.

- Die polynesische Kultur und alle spirituellen Lehrer empfehlen: Fangen Sie an, jetzt glücklich zu sein. »Wenn wir uns Geld oder eine gute Beziehung oder einen tollen Job wünschen«, sagt Deepak Chopra, »dann wünschen wir uns in Wirklichkeit, glücklich zu sein. Unser Fehler besteht darin, daß wir das Glück nicht an die erste Stelle setzen. Dann würde alles andere sich von selbst ergeben.«

In diesem Buch können wir gar nicht genug betonen, wie wichtig es ist, Glück und reine Freude im gegenwärtigen Augenblick als energetischen Schöpfer des Wohlstands an die erste Stelle zu setzen – statt Glück als etwas zu betrachten, das wir nur erlangen können, wenn wir reich sind. Aus diesem Grund beginnt die Haipule-Zeremonie damit, daß wir uns auf unseren eigenen Körper hier im gegenwärtigen Augenblick konzentrieren – damit wir unsere Sorgen und Zukunfts- oder Vergangenheitsprojektion aufgeben können, tief durchatmen und einfach genießen, daß wir hier und jetzt lebendig sind. Um zu gewährleisten, daß Sie wirklich vollständig hier sind, sollten Sie Ihr gesamtes Sein eindeutig darauf hinweisen, indem Sie sich selbst sagen: »Ich bin mir meines gesamten Seins in diesem gegenwärtigen Augenblick bewußt.«

Zweiter Schritt: Öffnung für das höhere Selbst

Sobald Sie sich in den zeitlosen gegenwärtigen Augenblick versetzt haben, wo alles im Universum möglich ist, sollten Sie sich bewußt öffnen für Akua lani oder den großen Geist oder wie immer Sie grenzenlose, alles liebende kreative Kraft nennen wollen, die im Universum und darüber hinaus herrscht.

Atmen Sie ruhig ein, während Sie sich in einen empfänglichen Zustand versetzen, und sagen Sie dann still beim Ausatmen: »Ich bin offen, um Führung von Akua lani zu empfangen…«

Dritter Schritt: Erkennen Ihres Lebenszieles

Wir entwickeln ständig unser Gespür dafür, warum wir uns in dieser speziellen Zeit, in dieser besonderen Lebenssituation auf diesem Planeten befinden. Jedesmal, wenn Sie Haipule praktizieren, ist es wichtig, in einem Zustand tiefer Meditation einige Momente über die ursprüngliche Motivation tief in unserem Inneren nachzudenken, welche uns die Energie schenkt, jeden Tag das fortzusetzen, was wir im Leben tun.

Um zu erkennen, welche Einsichten über Ihren Lebenssinn Ihnen Ihr höheres Selbst in dieser Haipule-Sitzung vermitteln will, beginnen Sie einfach den Satz: »Ich bin hier, um…« und vervollständigen Sie ihn mit den Worten oder Bildern, die Ihnen in den Sinn kommen. Machen Sie diese »Lebenssinn-Meditation« zum Bestandteil jeder Haipule-Sitzung, und sehen Sie, wie sich Ihr Lebensziel in die schönsten Richtungen entwickelt.

Vierter Schritt: Feststellung Ihrer generellen Absicht

Sobald Sie Ihr Herz auf Ihr Lebensziel konzentriert haben, können Sie dieses präzisieren, indem Sie Ihre allgemeine Absicht im beruflichen und finanziellen Bereich definieren. Vielleicht lautet Ihre Feststellung: »Ich will mehr Geld verdienen«, oder »Ich will mein Juraexamen bestehen.« Einer unserer Freunde, den wir in dieser Haipule-Sitzung als Beispiel anführen werden, wünscht sich jetzt sehr intensiv, seine Drehbücher zu verkaufen und in Hollywood zu seinen eigenen Bedingungen erfolgreich zu sein, statt einfach nur das Gefühl zu haben, daß alles verkauft ist. Er beschreibt sein Lebensziel als »neue Mythen schaffen, die uns zu mehr Harmonie und Erfüllung inspirieren«. Seine generelle Absicht lautet: »Ich will meine Drehbücher verkaufen und als Autor in der Filmindustrie Erfolg haben.«

Machen Sie jetzt eine Pause, denken Sie nach und lassen Sie sich von Ihrer Inspiration leiten: Wie würden Sie eben jetzt, in dieser ersten Haipule-Sitzung für mehr Wohlstand, Ihre generelle Absicht formulieren?

Fünfter Schritt: Feststellung Ihres spezifischen Zieles für die Manifestation

Wir sind nun auf dem Weg ins Zentrum der Haipule-Magie, indem wir konkret erklären, was in unserem Leben geschehen soll. Unser Freund, der Drehbücher schreibt, ist hier so präzise, daß er beinahe fühlen kann, wo er demnächst sein will: »Ich möchte«, so sagt er, »an einem Tisch in einem Konferenzzimmer in Hollywood oder sonstwo sitzen und mit einem Produzenten oder Regisseur oder wem auch immer daran arbeiten, aus meinem Manuskript ein produktionsfertiges Drehbuch zu machen.«

Er ist hochmotiviert, begeistert sich für sein Ziel und liebt seine Arbeit – und er kann sich eine spezifische Situation, die zu dem Job gehört, den er sich wünscht, intensiv vorstellen.

- Besonders günstig ist hier, daß er sich nicht ein lebloses Objekt oder einen generellen Zustand vorstellt, sondern sich selbst als aktiv in dem Prozeß sieht, von dem er ein Teil werden möchte. Er sagt dem Universum, daß er hinausgehen und an der Welt teilhaben möchte, statt nur ein statisches Ziel zu erreichen.

Sechster Schritt: Einbeziehen der »Großen Vier«

Wir sind nun soweit, daß wir die fünf hauptsächlichen Werkzeuge einsetzen können, mit deren Hilfe wir Ku und der äußeren Welt mitteilen, was genau geschehen soll. Dies sind erstens verbale Absichtserklärungen, zweitens sinnliche Wahrnehmungen, drittens emotionale Gefühle, viertens die Erhöhung des Energieniveaus und fünftens die Integration des Traums in unser Leben – wir müssen ihn uns aneignen.

Wir haben diesen Ablauf zwar schon dargestellt, wollen ihn hier jedoch als gesamten Prozeß am Beispiel des Drehbuchautors noch einmal demonstrieren:

Verbale Absichtserklärungen:
Im Haipule-Zustand der ruhigen Zentriertheit auf Ihr höheres Selbst erklären Sie Ihrem Unterbewußtsein mehrfach Ihre neue Überzeugung.

Unser Drehbuchautor sagt sich beim Ausatmen mehrmals

still: »Ich möchte an einem Tisch in einem Konferenzzimmer in Hollywood oder sonstwo sitzen und mit einem Produzenten oder Regisseur oder wem auch immer daran arbeiten, aus meinem Manuskript ein produktionsfertiges Drehbuch zu machen. Ich will als bezahlter Drehbuchautor arbeiten.«

Sinnliche Wahrnehmung:
Während Sie Ihre verbale Absichtserklärung sprechen, sollten Sie gleichzeitig visualisieren, wie Sie Ihre selbstgewählte Arbeit verrichten. Sie können sich auch ein materielles Ziel vorstellen und visualisieren, wie es wäre, dieses Objekt zu berühren und so weiter.

Unser Freund stellt sich intensiv vor, wie der Raum aussieht, in dem er sich befindet, wie sich der Tisch anfühlt, welche Geräusche es im Raum gibt, wie sich der Stift in seiner Hand anfühlt, sein Manuskript auf dem Tisch – die Gerüche im Raum – und die gesamte Erfahrung, die auf ihn zukommt.

Er befindet sich fast schon wirklich dort – und je intensiver er sich seiner Vision hingibt, desto eher wird er sie tatsächlich erleben. Und Sie auch!

Emotionale Gefühle:
Wir haben festgestellt, daß bestimmte Emotionen den Haipule-Manifestationsprozeß erheblich fördern. Enthusiasmus ist hier der Schlüssel und ebenso echte Liebe für das, was Sie sich wünschen oder tun wollen. Aufregung ist ebenfalls sehr wirkungsvoll. Wichtig ist dabei, daß Sie hochmotiviert sind – das verstärkt Ihre Ausstrahlung, und die Außenwelt kann nun darauf reagieren.

Der Drehbuchautor wünscht sich aus ganzem Herzen und tiefster Seele und mit seinem gesamten Körper, endlich sein Lebensziel verwirklichen zu können. Diesem Ziel hat er sich völlig verschrieben. Das bedeutet, daß die Kraft des Universums hinter ihm steht. Er hat all seine negativen Einstellungen über Hollywood, das Leben als Autor und das hohe Risiko, das er eingeht, aufgelöst, und er empfindet angesichts seiner zukünftigen Erfolgsaussichten großen Eifer und viel Freude.

Pikopiko – Ku-Energetisierung und Ausstrahlen der Absicht: Wenn wir unsere Absicht in die Welt ausstrahlen und auf empfängliche Menschen treffen, die sich magisch von uns angezogen fühlen und anfangen, sich in unsere Richtung zu bewegen, müssen wir ein Höchstmaß an Energie ausstrahlen. In der Pikopiko-Meditation laden wir uns damit auf.

Falls Sie den grundlegenden Pikopiko-Prozeß zur Erhöhung des Energieniveaus vergessen haben, wiederholen wir ihn hier noch einmal:

Setzen Sie sich ruhig hin, mit überkreuzten Beinen oder auf einen Stuhl...

Während Sie langsam und bewußt durch die Nase einatmen, konzentrieren Sie Ihre Aufmerksamkeit auf den Scheitelpunkt Ihres Kopfes (Piko po'o) und ziehen Manifestationsenergie in Ihr persönliches Energiesystem. Während Sie bewußt durch die Nase ausatmen, lassen Sie Ihre Aufmerksamkeit nach unten zum Kraftzentrum unterhalb Ihres Nabels (Piko waena) wandern und speichern die Energie tief im Inneren dieser Region Ihres Ku-Körpers. Setzen Sie diese Atmung in zwei Phasen fort, wobei Sie Ihre Aufmerksamkeit vom Scheitelpunkt zum Nabel und wieder zurück wandern lassen und sagen Sie sich bei jedem Ausatmen still: »Ich speichere zusätzliches Mana.«

Wenn Sie Ihr Energieniveau ausreichend gesteigert haben, beginnen Sie sich vorzustellen, daß der kreative Überschuß, der jetzt in Ihrem Mana-Speicher herrscht, nun in Ihre Umgebung fließt – und dabei Ihre Absicht in die gesamte Welt um Sie herum ausstrahlt und um Hilfe bei der Manifestation Ihrer Vision bittet. Sagen Sie sich selbst beim Ausatmen: »Ich strahle meine Absicht aus und bitte offen darum, teilnehmen zu dürfen.«

Tun Sie dies, solange Sie wollen, und halten Sie dabei das vollständige sinnliche Bild dessen, was in Ihrem Leben geschehen soll, im Bewußtsein. Je intensiver Sie das tun, desto stärker wirkt Ihre Haipule-Zeremonie.

Leben im Traum

Wie schon erwähnt, besteht der abschließende Schritt der Haipule-Zeremonie darin, sich einfach zu entspannen, alle Gedanken ruhen zu lassen und nur in den Gefühlen und Einsichten zu »sein«, die am Ende der Zeremonie in Ihnen auftauchen.

Sie werden in diesem vollkommen rezeptiven Zustand, in den Sie nach dem Ausstrahlen Ihrer Absicht gelangen, eine bemerkenswerte Erfahrung machen.

- Dies ist der Moment der tiefsten Einsichten, der Augenblick, in dem Sie sich wahrhaft mit Ihrer Umwelt, den Menschen, mit denen Sie arbeiten wollen, den Dingen, die Sie sich wünschen und den Situationen, an denen Sie teilhaben wollen, energetisch verbunden fühlen.

Oft werden Sie feststellen, daß Sie nun in vollkommener Ruhe, totalem Frieden und uneingeschränkter Akzeptanz Ihre Absicht anders wahrnehmen. Oder Sie finden eine neue Vision dessen, was Sie direkt manifestieren möchten – Ihr innerstes Wesen stimmt sich auf die Wirklichkeit dort draußen ein und sorgt dafür, daß sich Ihre Vorstellung vom Erfolg tiefer in die Realität, in das, was die Zukunft für Sie bereithält, entfaltet.

Das Ende der Haipule-Sitzung

Lassen Sie sich Zeit, um über alle Ebenen der gerade gewonnenen Erfahrung nachzudenken. Dies ist die Phase, in der Ihre Überzeugungen und Ihr Selbstbild sich gewöhnlich erweitern, wenn Sie die betreffenden Erfahrungen tief in Ihr Selbstgefühl integrieren und sich darüber klar werden, wozu Sie fähig sind. Vielleicht sollten Sie Ihre neu gewonnenen Einsichten aufschreiben, damit Sie sie durch wiederholtes Nachlesen tief verinnerlichen können. Denken Sie auch daran, daß Sie im Laufe des Tages überall und bei allen Tätigkeiten »Mini-Haipules« praktizieren können:

- Um dem Manifestationsprozeß eine maximale Schubkraft zu verleihen, sollten Sie sich Ihre spezifische Absicht jeden Tag möglichst oft bewußt machen und immer wieder »dort sein«, wo Sie hingelangen wollen – und Ihre Wünsche mit positiven Gefühlen aufladen.

Nun kennen Sie von innen heraus den grundlegenden Huna-Prozeß, mit dem Sie Ihr Gefühl, wohlhabend zu sein, jeden Tag steigern können. Ihre Begeisterung und Ihre Motivation entscheiden darüber, inwieweit die Haipule-Zeremonie Sie Ihren Zielen näher bringt – Ihre konzentrierte Aufmerksamkeit ist das aktive Element dabei.

Wenn Sie die Geschäftswelt anregen, positiv auf Ihre Wünsche zu reagieren, so ist dies natürlich ein allmählicher Prozeß, der sich schrittweise vollzieht: Zunächst werden Sie sich darüber klar, was Sie erreichen wollen, und dann beginnt die Welt, sich durch Ihre geistig-emotionale Ausstrahlung allmählich in eine Richtung zu entwickeln, die mit Ihren grundlegenden Absichten übereinstimmt.

Und Sie entwickeln Ihre Beziehung zu dieser Zeremonie, um sie an Ihr persönliches Temperament anzupassen, sowie ein Verständnis für die Wirkungsweise.

Einfluß auf die Menschen in Ihrer Umgebung

Am Ende dieses Kapitels wollen wir uns noch mit einer wichtigen Frage beschäftigen, die uns allen in den Sinn kommt, wenn wir daran denken, die Kraft unserer Konzentration einzusetzen, um ein berufliches Ziel zu erreichen. Weil ein großer Teil unseres beruflichen Erfolgs von den Entscheidungen anderer Geschäftsleute abhängt, erhebt sich natürlich die Frage: Können wir unsere Gedankenkraft einsetzen, um deren Entscheidungen zu beeinflussen?

Die Princeton-Studien haben uns diese Frage direkt beantwortet und Parameter aufgestellt, die einen Rahmen abstecken, innerhalb dessen wir uns jetzt bewegen werden (vgl. insbesondere Anhang C). Ja, ein Mensch kann durch die Kraft seines Bewußtseins gezielt Bilder und Symbole auf einen anderen Menschen projizieren, der seinerseits diese Information ohne jeden Zweifel empfangen kann. Also können wir die innere Einstellung unserer Geschäftspartner beeinflussen. Aber was bedeutet das? Können wir unseren Wunsch nach einer bestimmten Entscheidung ausstrahlen und diese Entscheidung aus der Ferne beeinflussen? Es scheint so, als könnten wir das tatsächlich – ungeübte Versuchspersonen zwar nur minimal, aber jemand, der die Haipule-Zeremonie beherrscht, sicherlich sehr viel deutlicher. Wie würden wir von diesen Einflußmöglichkeiten nun in der Praxis Gebrauch machen? *Vor allem im breiten Kontext der Huna-Tradition – wo der Aloha-Geist die beherr-*

schende Rolle spielt – ist völlig klar, daß man die Entscheidungen eines anderen Menschen nicht gegen seinen Willen manipuliert. Wir werden auf keinen Fall eine Schlacht der Willenskräfte anzetteln.

Wie wir im nächsten Kapitel über die spezifische Macht der Liebe genauer darstellen werden, wirkt die Haipule-Zeremonie am besten, wenn wir voller Mitgefühl in unserem eigenen Herzen zentriert sind und das Wohlergehen der ganzen Gemeinschaft zum obersten Gebot erheben. Wenn wir selbstsüchtig und gierig sind, werden wir unsere Manifestationskräfte eher verlieren denn stärken.

- Wenn wir also die Entscheidung eines Geschäftspartners beeinflussen wollen, müssen wir zunächst Liebe für die Person empfinden, mit der wir auf der Bewußtseinsebene kommunizieren wollen. Nur dann kann der betreffende Mensch unsere Botschaft aufnehmen und positiv darauf reagieren.

Beispiel für »geschäftliche Einflußnahme«

Nehmen wir an, Sie hoffen darauf, in eine Position befördert zu werden, die Sie sich sehr wünschen. Sie haben das Gefühl, daß Sie dafür qualifiziert sind und Hervorragendes leisten werden – und Sie wollen die betreffende Entscheidung durch die Kraft Ihrer Absicht und Ihrer Begeisterung in Ihrem Sinne beeinflussen. Auf welche Weise strahlen Sie Ihre Absicht aus, um sie dem inneren Bewußtsein des anderen Menschen mitzuteilen? Sie wenden die ersten vier Schritte der Haipule-Zeremonie wie bereits beschrieben an, bevor im fünften Schritt (Formulierung des spezifischen Manifestationszieles) die andere Person ins Spiel kommt.

Jetzt ist der Augenblick gekommen, in dem Sie Ihren Wunsch nach Beförderung an den Menschen übermitteln, der darüber zu entscheiden hat. Dabei sollten Sie nicht etwa sagen: »Ich befehle dir, mich zu befördern«, sondern es geht eher darum, die Kraft Ihres Wunsches nach Beförderung auszustrahlen. Im klaren Haipule-Bewußtseinszustand sprechen Sie nun Ihre Absicht klar und eindeutig aus. Formulieren Sie Ihren Wunsch so präzise wie möglich, damit das Universum »hört«, was Sie wollen.

Um im sechsten Schritt Ihre Absicht erfolgreich in das Bewußtsein der für die Beförderung verantwortlichen Person zu übertragen, müssen Sie die bekannten vier Dimensionen berücksichtigen:

1. *Verbale Absichtserklärungen:* Sie haben Ihre Absichtserklärung schon formuliert; wiederholen Sie sie mehrfach, und strahlen Sie Ihre Absicht zusätzlich dreimal ohne Worte aus – und formulieren Sie Ihre Absicht persönlich: »Ich wünsche mir sehr, daß du, Robert, mich, Janice, für die Beförderung auswählst.« Übermitteln Sie diese Absichtserklärung beim Ausatmen, und seien Sie beim Einatmen rezeptiv.

2. *Sinnliche Wahrnehmungen:* Während Sie Ihre verbale Absichtserklärung mehrmals wiederholen, stellen Sie sich den Menschen vor, dem Sie Ihren Wunsch übermitteln – machen Sie sich ein möglichst lebhaftes Bild von ihm oder ihr. Während der nächsten Atemzüge visualisieren Sie sich selbst als schon befördert, wie Sie in Ihrem neuen Büro oder wo auch immer sitzen und Ihre Arbeit aufrichtig, begeistert und meisterhaft verrichten. Seien Sie dort und Sie werden dort sein!

3. *Emotionale Gefühle:* Übermitteln Sie der betreffenden Person Ihre starken Emotionen im Hinblick auf die Beförderung.

Spüren Sie tief in Ihrem Herzen und in Ihrer Seele das mächtige Verlangen nach diesem neuen Job, Ihre Begeisterung für die Arbeit und die reine Freude, die der Gedanke an die Beförderung bei Ihnen auslöst. Diese emotionale Energie ist wesentlich für den Erfolg auf allen Ebenen, und sie muß echt sein, sonst kann weder das Universum noch die betreffende Person sie »fühlen«.

4. Pikopiko-Energetisierung: Nehmen Sie sich immer wieder ein paar Atemzüge Zeit, um sich weiter mit Mana oder Ausstrahlungsenergie aufzuladen, damit Sie die Kraft erlangen, Ihre Absicht zu realisieren. Denken Sie daran, daß dieser Prozeß dazu dient, Ihre »Energiepumpe anzutreiben«, und dafür sorgt, daß hochfrequente Energie während der Zeremonie durch Sie hindurchfließt.

Setzen Sie diesen Prozeß des Empfangens und Speicherns zumindest für einige Atemzüge fort. Mit dieser erhöhten und weiter strömenden Energie sagen Sie sich dann: »Ich übertrage meine Absicht mit dieser hohen Ladung von Mana.« Anschließend kehren Sie zu den Schritten 1, 2 und 3 zurück und wiederholen diese auf Ihrem höheren Energieniveau, während das Mana nun durch Sie hindurch und in die Welt hinausfließt – nicht im Sinne einer bloßen Vorstellung, sondern als wissenschaftlich nachgewiesener energetischer Effekt.

Ideale Geschäftspartner anziehen

Sie können nicht nur die Entscheidungen Ihrer Kollegen auf liebevolle, nicht manipulative Weise beeinflussen, sondern auch gezielt Geschäftspartner anziehen, die ideal zu Ihren gegenwärtigen beruflichen Plänen passen. Sie erkennen hellsichtig, welche Eigenschaften ein Geschäftspartner haben sollte, und setzen dann die Haipule-Zeremonie ein, um diese Menschen mühelos anzuziehen.

Dazu müssen wir uns aber zunächst mit einem neuen Kapitel beschäftigen, in dem es besonders um die Techniken geht, durch die man zu einem »magnetischen Dynamo« wird, der den generellen Prozeß, »einander zu finden«, erfolgreich beherrscht. Die Haipule-Zeremonie, die Sie bisher gelernt haben, muß um einen weiteren Schritt ergänzt werden, um ihr Potential voll zu aktivieren.

- In jedem Kapitel lernen Sie neue Dimensionen kennen, wie Sie Ihre Manifestationskräfte tiefer verstehen und besser aktivieren können. Im nächsten wesentlichen Schritt geht es darum, wie wir die Kraft der Liebe, die tief in unserer Seele liegt und uns energetisch mit der Außenwelt verbindet, gezielt wecken und einsetzen können. Ohne diese »Aloha-Verbindung« fehlt dem Haipule-Prozeß die entscheidende letzte »Zündstufe«.

Wir lassen nun also die Überlegungen zu Beruf und Karriere hinter uns und wenden uns der spannenden Frage zu, wie wir die Kraft der Liebe innerhalb der Haipule-Zeremonie einsetzen, um die Menschen, nach denen wir uns sehnen, aktiv in unser Leben zu ziehen – nicht nur als Geschäftspartner, sondern auch als Freunde oder Liebespartner.

Fünftes Geheimnis

Mobilisierung der Aloha-Kraft Ihres Herzens

Wir sind zwar ohne Zweifel eigenständige Geschöpfe, doch wir sind auch soziale und sexuelle Wesen, die nach menschlichem Kontakt und dauerhaften Liebesbeziehungen streben. Wir wissen nun, daß wir Mitschöpfer unserer eigenen Welt sind, und daß wir über die Macht verfügen, unsere eigene Zukunft zu beeinflussen. Welche Bedeutung hat das für unsere Fähigkeit, die Menschen anzuziehen, nach denen wir uns sehnen?

Um das zu erläutern, werden wir Johns eigene Erfahrung nun beschreiben.

Vor etwa fünfzehn Jahren, so erinnert sich John, lebte er nach dem Ende seiner zweiten Ehe in Westberlin. Zwei Jahre lang verzichtete er weitgehend auf Liebesbeziehungen, um endlich seinen persönlichen Beziehungsproblemen auf den Grund zu gehen und sich von alten Verhaltensmustern zu befreien, die sein Handeln vorher geprägt hatten. Dann – in einem Zustand tiefer Meditation – erkannte er, warum er sich nicht erfüllt fühlte: Er sehnte sich nach einer engen Beziehung von Herz zu Herz, und er sah den Prozeß, durch den er sein Liebesglück erlangen konnte.

Rasch notierte er seine Einsichten, und in den folgenden Wochen schrieb er die Rohfassung eines Buches unter dem Titel »Einander finden«, welches die einzelnen Schritte darstellte, die ihn zur Frau seiner Träume führen würden. Natürlich praktizierte er auch das, was er in Buchform niederschrieb – und dann machte er sich auf den Weg zu einem Seminar in der Schweiz...

Die Ereignisse der nächsten Tage waren höchst bemerkenswert, denn er verharrte in einem Zustand erweiterten Bewußtseins, den herbeizuführen er gelernt hatte, und konzentrierte sich innerlich auf das Gefühl, daß er sich auf die Begegnung seines Lebens zubewegte. Er hielt sein Wochenendseminar in Biel und kehrte am Sonntag abend in das Haus zurück, das man ihm für die Zeit seines Aufenthaltes in der Schweiz zur Verfügung gestellt hatte.

Am Montag morgen stand John früh auf, um nach Berlin zurückzufliegen, wo er als Therapeut einen vollen Terminplan hatte – aber bei der Morgenmeditation hatte er das Gefühl, daß die ersehnte Begegnung nahe bevorstand, und er stellte fest, daß in sein Bewußtsein ein merkwürdiger Zustand des Friedens, ja sogar der Glückseligkeit eingekehrt war. Er ging ins Wohnzimmer und fand unter den Schallplatten dort eine erstaunliche Sammlung genau der Jazzmusik, die er liebte – sein Körper entspannte sich nun vollkommen und in seinem Bewußtsein herrschte Ruhe und Zufriedenheit. Kurzum, er gab dem dringenden inneren Verlangen nach, all seine Therapietermine für die nächsten Tage abzusagen, hier in diesem Haus in den Schweizer Bergen zu bleiben und einige der Schallplatten auf Kassetten zu überspielen. Zwei volle Tage lang schwelgte er in einem Gefühl von Glückseligkeit und Zufriedenheit.

Dienstagabend klopfte es an der Tür. Herein kam eine junge Frau, die ihm in die Augen sah – und peng! Die Magie der Liebe auf den ersten Blick überwältigte sie beide: Sie erkannten einander, und die Begegnung, nach der sie sich beide gesehnt hatten, war geschehen. Sie war gerade aus Italien zurückgekehrt und vorbeigekommen, um zu sehen, ob die Katzen im Haus auch gut versorgt wurden. Die Wahrscheinlichkeit dieser Begegnung betrug höchstens eins zu einer Million, denn sie lebten beide in völlig verschiedenen Welten – doch der »Zufall« war eingetreten.

John flog zurück nach Berlin und beendete sein Buch »Einander finden« mit dem Gefühl des vollständigen Vertrauens in einen Vorgang, den er als Inspiration empfangen hatte. Doch er konnte nicht ganz ergründen, wie dieser Prozeß tatsächlich wirkte. Ihm fehlten einige Teile des Puzzles. Ein paar Jahre später, nach weiteren Untersuchungen und Überlegungen, schrieb er ein zweites Buch über diese allgemeine Thematik. Der Titel lautete »Gipfelpunkte sexueller Erfahrungen«, und es ging dabei vor allem um die Magie der sexuellen Liebe. Doch erst, als er sich fünf Jahre später auf Hawaii niederließ (mit der Frau seiner Träume!), dort die Kahuna-Tradition entdeckte und über die Princeton-Studie las, verstand er schließlich die volle Dimension des Manifestationsprozesses, der dazu führt, daß man einander findet.

Auf den nächsten Seiten werden Sie lernen, wie Sie Ihre Überzeugung und Ihre Erfahrung der engen Verbindung mit anderen vertiefen, und anschließend werden wir Ihnen eine mächtige Haipule-Zeremonie vorstellen, mit deren Hilfe Sie aktiv einen Kontakt von Bewußtsein zu Bewußtsein herstellen und die besondere Person anziehen können, nach der Sie sich sehnen und mit der Sie eine Liebesbeziehung eingehen möchten. Unser Bewußtsein verfügt tatsächlich über die Kraft, jeden Menschen anzuziehen, den wir im Leben brauchen. Der Prozeß, in dem wir einander finden, muß keine dem Zufall unterworfene frustrierende Suche sein. Ihr Bewußtsein berührt das Bewußtsein ähnlich eingestellter Menschen und zieht sie an.

Die Einstellung des Huna zur Liebe

Eine der größten Entdeckungen der alten Kahunas war die, daß Liebe besser als alles andere wirkt, wenn es um effektives Handeln geht. Jesus hat natürlich dasselbe gelehrt. Er hat sogar Gott mit der Liebe gleichgesetzt – Gott ist Liebe. Wenn wir die Kraft des Schöpfers hinter unseren persönlichen Absichten spüren wollen, dann müssen wir lernen, Herz, Geist und Seele mit Liebe zu erfüllen. Zur wahren Liebe gehört die vollkommene Harmonie mit der Welt, das Akzeptieren der Realität, nicht das Beurteilen. Dies nennt man bedingungslose Liebe, und wie uns spirituelle Lehrer immer wieder versichern, ist dies die einzig wahre Liebe. Liebe, die nicht bedingungslos ist, ist keine Liebe. Wir müssen jeden Menschen von ganzem Herzen so akzeptieren, wie er ist, um wirklich die Kraft der Liebe in unser Leben zu bringen.

Huna-Meister betonen, daß wir bei unserem Streben nach bedingungsloser Liebe für die Welt bei der Liebe zu uns selbst beginnen müssen. »Ihre Verbindung zu sich selbst«, so drückt Kala es aus, »ist die fundamentalste Verbindung, die Sie haben. Wenn Sie nicht in Harmonie mit sich selbst sind, wenn Sie keine liebevolle Beziehung zu sich selbst haben, dann können auch Ihre Beziehungen zu anderen nicht gut sein.«

Doch wie lernen wir, uns selbst mehr zu lieben – wie kommen wir zu dem Gefühl bedingungsloser Liebe für unser eigenes Sein? Wenn wir uns noch einmal das Wort Aloha ansehen, gelangen wir zu der entscheidenden Einsicht: Alo bedeutet »zusammensein mit«, und Oha bedeutet »Freude, Glück, Zufriedenheit, Frieden empfinden«. Außerdem weist Ha direkt auf unsere eigene Atemerfahrung im gegenwärtigen Augenblick hin. Die Botschaft von Aloha ist also klar: Wir müssen uns hier im gegenwärtigen Augenblick unseres eigenen Daseins voll bewußt sein und Freude, Glück und Zufriedenheit im Kern unseres Seins empfinden. Nur wenn wir dieses Gefühl im Herzen haben (das John in den beiden Wochen empfand, bevor er die Liebe seines Lebens traf), sind wir in der Lage, ein zu uns passendes Herz, das ähnlich empfindet, energetisch in unser Leben zu ziehen. Doch eine solche Beziehung zu uns selbst aufzubauen, gilt als nahezu unmöglich. Wie können wir uns selbst bedingungslos lieben, wenn es soviel gibt, das wir an uns eigentlich nicht mögen? Wie können wir diese Freude im Herzen empfinden, wenn wir doch ständig unter allen möglichen Kränkungen, Ängsten, Depressionen, Frustrationen und so weiter leiden? Was befreit uns von dieser »Un-Liebe«, die wir uns selbst gegenüber fühlen?

Sich selbst zuerst lieben

Wenn John heute auf seine einsamen Jahre in Berlin zurückblickt, dann ist ihm klar, daß er zunächst all seine Vorurteile und Überzeugungen aufgab, wer er sein sollte – und damit begann, sich selbst so zu akzeptieren, wie er war. Um das zu erreichen, setzte er ein ganzes Bündel von therapeutischen und meditativen Techniken ein. Doch am Ende war es nicht ein therapeutischer Prozeß, sondern eine spirituelle Erfahrung, die ihn dazu brachte, sein Herz für sich selbst zu öffnen.

Letztendlich hindert uns nur unser eigenes Selbstbild daran, uns bedingungslos zu lieben. Also müssen wir dieses mit den bekannten Fragen überprüfen und eventuelle negative Einstellungen durch den Umkehrprozeß ändern. Denn sie vereiteln all unsere guten Absichten, unser Herz für uns selbst zu öffnen.

Der »Auflösungsprozeß«

Um unsere zumeist unbewußten negativen Einstellungen uns selbst gegenüber aufzulösen, werden wir uns nun ansehen, was wir auf andere Menschen und unsere Umwelt projizieren. Durch dieses »Fenster« werden wir die Wahrheit über unsere Überzeugungen zu uns selbst erkennen – und können sie dann ändern.

Versuchen Sie es, und Sie werden sehen, was Sie dabei entdecken: Schreiben Sie als erstes Ihre negative Einstellung gegenüber einer anderen Person oder Organisation auf. Was wir hier suchen, sind die Gründe (Überzeugungen), die dazu führen, daß Sie andere Menschen oder Situationen nicht bedingungslos lieben. So könnten Sie beispielsweise aufschreiben: »Ich rege mich über Angie auf (liebe sie nicht), weil sie unfreundlich zu anderen Leuten ist.« Drehen Sie diesen Satz nun herum, so daß er sich auf Sie bezieht: »Ich liebe mich selbst nicht, weil ich unfreundlich zu anderen Leuten bin.« Seien Sie ehrlich – ist das wahr? Plötzlich wird Ihnen ein Licht aufgehen! Wenn Sie erst einmal ein Gefühl für den »Umkehrtrick« entwickelt haben, werden Sie erkennen, daß es sich dabei um eine spannende Detektivarbeit handelt. Ihr vorherrschendes Selbstbild ist entschlossen, seine alten Überzeugungen und Einstellungen zu bewahren (und deshalb zu verstecken), weil es aufgrund alter Konditionierungen denkt, daß diese Überzeugungen nützlich für Sie sind. Deshalb sind die meisten Ihrer Selbsturteile verborgen und verkleiden sich als Projektionen auf die äußere Welt. Die Umkehrung läßt Sie blitzartig die Wahrheit erkennen. Wir wiederholen diesen einfachen, aber wirkungsvollen Vorgang zur Übung noch mit einer anderen allgemeiner scheinenden Feststellung, bevor Sie Ihre eigenen Aussagen formulieren.

»Die Welt wird immer schlechter (ich liebe die Welt nicht),

weil die Leute voller Gier und Haß stecken.« Und nun die Umkehrung: »Ich werde immer schlechter (ich liebe mich selbst nicht, weil ich voller Gier und Haß stecke).«

Klingt die Aussage wahr, wenn Sie sie herumdrehen und auf sich selbst beziehen: Hassen Sie sich selbst, weil Sie meinen, Sie würden voller Gier und Haß stecken? Wenn das zutrifft, dann müssen Sie die grundlegende, aber verborgene Überzeugung hegen, daß Sie selbst voller Gier und Haß stecken – auch wenn Sie sich das nicht offen eingestehen, weil Sie vielleicht eher die gegenteilige Meinung pflegen, ein guter Mensch zu sein.

Wenn Sie feststellen, daß Sie tatsächlich tief in Ihrem Inneren glauben, voller Gier und Haß zu stecken – und deshalb nicht liebenswert zu sein – dann sollten Sie sich jetzt die drei Fragen beantworten:

1. Sind Sie wirklich voller Haß und Gier?
2. Was bringt Ihnen diese Überzeugung ein?
3. Wer würden Sie sein, wenn Sie diese Überzeugung aufgeben könnten?

Indem Sie sich intensiv mit solchen Fragen auseinandersetzen, können Sie sich von diesem tiefverwurzelten Selbstbild befreien. Denn wenn Sie feststellen, daß eine Überzeugung Ihnen schadet, ist es leicht, sie fallenzulassen. Nehmen Sie nun Ihre eigenen Feststellungen und arbeiten Sie mit dem Auflösungsprozeß (S. 142 ff.) an Ihren Projektionen. Sie können dabei auch wieder das Formular von S. 143 einsetzen.

Welche Gründe haben Sie, die Welt nicht so zu akzeptieren, wie sie ist? Prüfen Sie alle. Denken Sie daran: Solange Sie die Welt nicht bedingungslos lieben können, berauben Sie sich selbst der Möglichkeit, ebendiese Welt nach Ihren Wünschen zu gestalten. Und natürlich: Welche Gründe haben Sie, sich selbst nicht so zu akzeptieren, wie Sie sind, mit all den Fehlern, Problemen und Mängeln, die Sie bei sich selbst zu erkennen glauben?

Das ursprüngliche Urteil

Im Kern dieser Lebensanschauung und auch in völliger Übereinstimmung mit der Kahuna-Tradition steht eine grundlegende Annahme oder Beobachtung, die alle nachgeordneten Erwägungen durchdringt und letztlich darüber entscheidet, wie wir unser Leben gestalten. Es ist nun Zeit, diese Annahme oder Beobachtung direkt zu behandeln und herauszufinden, ob unsere Überzeugungen damit übereinstimmen oder nicht.

- Alle spirituellen Lehrer der Welt haben erklärt, daß Gott in allem ist und daß Gott gut ist. Daraus folgt, daß wir eins mit Gott sind, und daß alles, Sie, ich, die Welt, Gott, gut ist.

Eine weitere Erkenntnis besagt, daß die einzige Kraft, die uns vom ständigen Gewahrsein trennt, daß wir eins mit Gott und daß wir gut sind, unser eigenes System von Überzeugungen ist. Unsere eigenen Gedanken bringen die Illusion hervor, wir seien von Gott getrennt und deshalb ungeliebt und lieblos.

Katie Byron bezeichnet all unsere negativen Überzeugungen, die uns von unserer wahren Natur trennen, als »Denkstörungen«. Und sie hilft uns, diese Denkstörungen zu korrigieren, indem sie uns unsere negativen Überzeugungen im Licht unseres eigenen Bewußtseins betrachten läßt, damit wir die Quelle unserer Leiden erkennen – und sie damit aufgeben und uns entscheiden können, statt der Illusionen die Wirklichkeit zu sehen.

Das mag zunächst wie eine sehr hochfliegende philosophische Vorstellung wirken, doch es ist genau das Gegenteil, wie wir Schritt für Schritt feststellen, wenn wir unsere eigenen Gedanken in Aktion erleben. Wir können selbst erkennen, daß die negativen Annahmen über uns selbst und die Welt uns leiden lassen. Jeder negative Gedanke verursacht uns Schmerz. Wenn wir über einen anderen Menschen denken: »Diese Person ist schlecht«, dann fühlen wir uns selbst dabei schlecht – weil wir einen Teil von Gottes guter Schöpfung negativ beurteilen. Wir trennen diese Person in unseren Gedanken von Gott, der nur gut ist. Wir sagen: »Ja, Gott ist gut – aber diese Person oder Situation ist es nicht.«

- Wir kommen jetzt an den Punkt, wo wir fragen können: Wollen wir die Welt weiterhin als etwas Unvollkommenes betrachten? Wollen wir uns selbst weiterhin als schlecht, unzulänglich, falsch, sündig, ungut beurteilen? Wollen wir weiterhin dafür sorgen, daß wir unter ständigen Qualen (Schuldgefühlen, Furcht, Depression, Wut, Haß) leiden, weil wir uns selbst nicht aus vollem Herzen, mit ganzem Geist und ganzer Seele so lieben können, wie wir sind?

Wenn wir diese Alternative erkennen, haben wir im Grunde keine Wahl – weil es unserer Natur entspricht, uns für Vergnügen statt Schmerz, für Frieden und Glückseligkeit statt Agonie und Leiden zu entscheiden. Wir erkennen also: Wenn wir beschließen, die Welt, Gott und uns selbst als gut und vollkommen in Ordnung zu betrachten, dann gelangen wir in den Aloha-Zustand, in dem wir im gegenwärtigen Augenblick mit uns selbst und der Welt glücklich sind. Wenn wir im gegenwärtigen Augenblick mit uns selbst nicht zufrieden sind, wenn wir uns selbst als nicht gut beurteilen, dann fallen wir aus der

Aloha-Erfahrung heraus und in das hinein, was die Hawaiianer »Kahena« nennen – lebendige Hölle.

- »Abgesehen von unseren eigenen, anderslautenden Überzeugungen«, sagt Katie Byron, »gibt es nur das eine. Der Rest besteht aus Projektionen... Ich habe heute das Gesicht Gottes gesehen; es ist mein eigenes Gesicht... Ich warte nicht auf Engel. Ich bin selbst ein Engel, auf den ich gewartet habe, und Sie sind es ebenfalls. Er ist nicht dort draußen. Erkennen Sie sich selbst und handeln Sie danach... Warum sollte ich diese Wahrheit nicht leben? Alles andere ist Leiden.«

Zu Beginn des Alten Testamentes finden wir eine entscheidende Passage, wo Gott, nachdem er die Welt erschaffen hat, seine Schöpfung betrachtet und sagt: »Dies ist gut.« Oft betrachten wir jedoch einen Teil von Gottes Schöpfung einschließlich uns selbst und sagen: »Dies ist nicht gut, irgend etwas stimmt damit nicht, ich kann es nicht akzeptieren, solange es sich nicht ändert und so wird, wie ich es haben will.« Gottes Schöpfung so zu beurteilen, ist eine Einbildung, die von nichts anderem als unseren Gedanken hervorgebracht wird. Also müssen wir unsere Gedanken ändern und unsere Projektionen in Wahrnehmungen der Realität verwandeln.

Uns selbst lieben – die Welt lieben

Was können wir tun, damit wir bedingungslose Liebe für Gottes Schöpfung – und damit für uns selbst – empfinden, statt bestimmte Teile davon negativ zu beurteilen oder zurückzuweisen.

Als erstes sollten Sie, wie schon beschrieben, während der nächsten Tage und Wochen regelmäßig darauf achten, ob Sie negative Gedanken über irgend jemanden, irgend etwas oder über sich selbst hegen. Halten Sie dann inne, um sich zu fragen, was Sie von der betreffenden Überzeugung haben. Wenn Sie erkennen, daß das Festhalten an dieser Überzeugung, diesem Vorurteil oder dieser Emotion Ihnen schadet, dann geben Sie die jeweilige Einstellung auf.

Als nächstes ersetzen Sie die alte Einstellung durch eine neue und manifestieren sie durch die Haipule-Zeremonie, und zwar auf folgende Weise:

Erster Schritt: »Freude im gegenwärtigen Augenblick«
Vollziehen Sie kurz die Ha!-Meditation des »gegenwärtigen Augenblicks«, für die Sie nur vier Atemzüge brauchen:... Atem... Herzschlag... Wahrnehmung des gesamten Körpers... »Ich bin mir meines gesamten Daseins hier im gegenwärtigen Augenblick bewußt.«

Zweiter Schritt: »Öffnung für das höhere Selbst«
Während Sie sich Ihres gesamten Seins bewußt sind, atmen Sie ruhig ein, versetzen sich in den Empfangszustand und sagen dann beim Ausatmen zu sich selbst: »Ich bin offen, um Führung von Akuna lani zu empfangen. Lassen Sie anschließend beim Einatmen Ihre Gedanken ruhen und seien Sie im Zentrum der Wahrnehmung des gegenwärtigen Augenblicks offen für die Gegenwart Ihres höheren Selbst.

Dritter Schritt: »Erkennen Ihres übergeordneten Zieles«
Sagen Sie sich beim Ausatmen mehrmals: »Ich will mich selbst und die Welt bedingungslos lieben.« Lassen Sie diese Aussage in Ihrem Bewußtsein widerhallen.

Vierter Schritt: »Formulierung der generellen Absicht«
Werden Sie nun präziser, indem Sie Ihre Absicht klarer formulieren. Überlegen Sie, was Sie spirituell und mental erreichen wollen, und erklären Sie dies offen: »Ich will meine grundlegenden Überzeugungen über mich selbst und die Welt zum Positiven ändern.«

Fünfter Schritt: »Formulierung des spezifischen Manifestationszieles«
Übermitteln Sie Ihrem Ku-Lono-Zentrum die gewünschte Veränderung: »Ich will mich selbst bedingungslos lieben, und ich will die Welt bedingungslos lieben.«

Sechster Schritt: »Die Großen Vier«
Um Ihrem inneren Bewußtsein Ihre Absichten erfolgreich zu übermitteln, müssen Sie, wie schon erwähnt, vier Dimensionen berücksichtigen. Diese verschiedenen Aspekte des Manifestationsprozesses sind gleich wichtig für die Manifestation Ihrer neuen Überzeugungen in Ihrem eigenen Bewußtsein wie auch in der äußeren Welt.

1. Verbale Absichtserklärungen: Wir lenken unsere Aufmerksamkeit nun von der Zukunft in den gegenwärtigen Augenblick und formulieren unseren Wunsch so, als sei er schon Tatsache. Das bringt uns unmittelbar in die von uns erwählte neue Realität:

Eins: Beim Ausatmen sagen Sie sich: »Ich liebe mich selbst.«

Lassen Sie beim Einatmen Ihre Gedanken ruhen, während diese Worte durch Ihr ganzes Sein widerhallen.

Zwei: Nun sagen Sie beim Ausatmen: »Ich liebe die Welt.«

Lassen Sie wiederum beim Einatmen Ihre Gedanken ruhen und diese Worte durch Ihr Sein strömen.

Eins: Nun sagen Sie beim Ausatmen wieder: »Ich liebe mich selbst.«

Setzen Sie dieses Muster beliebig lange fort.

Sie werden diese schlichte zweiteilige Meditation (Aufmerksamkeit nach innen und dann mit liebevollen Gefühlen nach außen) als wunderbare Erfahrung empfinden. Vielleicht wollen Sie die Übung für den Rest Ihres Lebens mehrmals täglich durchführen, einfach um sicherzustellen, daß Ihr Ku-System weiterhin auf Ihre bewußte Absicht konzentriert bleibt und nicht in negative Überzeugungen über Sie und die Welt zurückgleitet. Das Gefühl, das Sie während der Übung empfinden, wird von selbst den Wunsch nach Wiederholung aufkommen lassen!

2. Sinnliche Wahrnehmungen: Während Sie sich mehrmals sagen »Ich liebe mich selbst« und »Ich liebe die Welt«, können Sie sich zusätzliche Eindrücke vorstellen, die mit Ihren Gefühlen der Liebe für sich selbst und die Welt in Resonanz stehen. Am besten ist vielleicht das Bild, daß Sie Ihr Herz öffnen, als sei es ein Fenster in die Welt, und erleben, wie frische, kühle, duftende Luft durch das offene Fenster in Ihr Herz strömt. Spüren Sie die Wärme der Sonne. Stellen Sie sich vor, wie Sie durch Ihr Fenster die schönsten Landschaften oder schöne Gesichter von Menschen sehen, die Sie anlächeln.

3. Emotionale Gefühle: Spüren Sie, mit welcher Begeisterung Sie Ihr ganzes Sein in einen Zustand bedingungsloser Liebe versetzen. Spüren Sie auch die Liebe für alles und jeden in Ihrem Herzen, wo dieses Gefühl schon sehr stark ist. Lassen Sie Ihr Herz immer voller werden mit Gefühlen der Liebe, des Friedens, der Zufriedenheit, Glückseligkeit und Freude!

4. *Pikopiko-Energetisierung:* Machen Sie zu einem beliebigen Zeitpunkt eine Pause in Ihrer zweiteiligen Liebes-Meditation und nehmen Sie sich Zeit (wenigstens einige Atemzüge lang), Ihr inneres Mana aufzubauen, damit Sie Ihre Absichten mit mehr Energie ausstrahlen können. Denken Sie daran, daß dieser Prozeß dazu dient, Ihre »Energiepumpe anzutreiben« und dafür sorgt, daß während der Zeremonie mehr hochfrequente Energie durch Sie hindurchströmt.

Eins: Sagen Sie sich beim Einatmen: »Ich empfange Liebe«, und spüren Sie, wie dieses Mana durch den Scheitelpunkt Ihres Kopfes fließt.

Zwei: Sagen Sie sich beim Ausatmen: »Ich strahle Liebe aus«, und spüren Sie, wie Ihre Liebe in die Welt hinausfließt. Praktizieren Sie diesen Atemrhythmus ein paar Atemzüge lang. Dann sagen Sie sich mit dieser erhöhten und weiterströmenden Energie: »Ich liebe mich selbst... ich liebe die Welt... etc.«

Wenn wir diese grundlegende zweiteilige Aussage in unserem Herzen als wahr empfinden, entdecken wir, daß wir mühelos fühlen können, wie der Aloha-Geist unseren innersten Kern durchdringt. Und nun, da wir bedingungslose Liebe für uns selbst empfinden, sind wir – unser eigener bester Freund geworden.

- Indem wir unser eigener bester Freund werden, vollenden wir den wesentlichen Schritt im Prozeß des »einander Findens«: Wir finden unser wahres Selbst, unsere wahre Identität, in der wir eins mit Gott sind und in der Realität der göttlichen Schöpfung leben, die wir nun bewußt als gut, liebevoll, richtig und perfekt empfinden. Dieser Prozeß, in dem wir lernen, uns selbst bedingungslos zu lieben, vollzieht sich natürlich schrittweise. Niemand erwartet, daß Sie auf der

Stelle Ihre alten Verhaltensweisen in eine Haltung des »Ich liebe mich selbst, wie ich bin« verwandeln können. Wir zeigen Ihnen lediglich einen sehr direkten Weg, wie Sie das Ziel, Ihr eigener bester Freund zu werden, erreichen können – um dann auch anderen ein wahrer Freund zu sein.

Pilialoha – wahre intime Freundschaft

Denken Sie einen Augenblick über den idealen Freund nach, den Sie im Leben gerne hätten, einen vertrauten Gefährten, in dessen Gegenwart Sie sich entspannen könnten, einfach Sie selbst sein könnten, ohne irgend etwas zu verbergen, und der Sie vollkommen akzeptieren würde, wie Sie sind... Geht es bei wahrer Freundschaft nicht gerade darum: jemanden zu haben, der Sie bedingungslos liebt und nicht einen Teil von Ihnen als nicht liebenswert zurückweist? Hätten wir nicht alle gerne einen solchen Freund, der uns ohne Zögern und ohne Bedenken annimmt, ohne das nagende Gefühl, daß er uns nicht bedingungslos liebt?

Der erste Schritt zu einer solchen Freundschaft, ganz gleich ob sexuell oder platonisch, besteht darin, daß wir diese Art von Liebe für uns selbst empfinden. Dann sind wir auch fähig, mit anderen eine Liebesbeziehung einzugehen, in der beide Seiten bedingungslose Liebe empfangen und gewähren. Wir können uns selbst alles vergeben und die Vergangenheit loslassen – und genauso einem anderen Menschen mit vollkommener Vergebung und Akzeptanz begegnen.

Im zweiten Schritt geht es darum, nun die reine Liebe, die wir im Zentrum unseres Herzens zu entwickeln gelernt haben, in die Welt auszustrahlen, damit sie einen anderen Menschen mit gleichen Gefühlen und Absichten entdeckt – und dann Schritt für Schritt die beiden Herzen auf der materiellen Ebene einander näherbringt.

Das Schlüsselwort, das die tiefe Einheit zweier liebender Herzen ausdrückt, heißt bei den Polynesiern »Pili« was wörtlich bedeutet »aneinanderhängen, zusammensein, zusammengehören...« In Verbindung mit Aloha erweitert sich der Ausdruck zu Pilialoha, was »enge Freundschaft, geliebter Gefährte, zärtliche Beziehung, durch Liebe und Romantik verbunden« bedeutet. Wenn diese tiefe Freundschaft zu einer Lebenspartnerschaft wird, benutzt man den Ausdruck Pili'ao'ao, wobei Ao'ao soviel heißt wie »Menschen, die sich einig sind oder gemeinsame Pläne haben«. Wir werden darauf im kommenden Kapitel über »Familie und Gemeinschaft« (Ohana) weiter eingehen.

An dieser Stelle geht es jedoch zunächst um die Huna-Praxis, wie man die betreffende Person zu sich hinziehen kann. Wir haben als Beispiel eine »klassische« Liebesbeziehung gewählt, aber denken Sie daran, daß dieser Prozeß im Prinzip auf alle Arten von Beziehungen angewendet werden kann – sexuelle, platonische, geschäftliche, politische, spirituelle. Nach welcher Art von Partner Sie sich auch immer sehnen, Sie können ihn durch den Haipule-Prozeß ohne weiteres finden. Wenn jedoch die Liebe an Bedingungen geknüpft ist oder wenn Manipulationen oder Unehrlichkeit im Spiel sind, wird Haipule nicht so wirksam sein.

Wie wir schon wissen, basiert der polynesische Ansatz der Haipule-Zeremonie auf Kooperation und nicht auf Manipulation. Wie Kala hervorhebt, »wurde der Kahuna-Schamane von einem Mitglied der Gemeinschaft gerufen, um die Aufmerksamkeit auf eine positive, nichtmanipulative Weise zu lenken. *Diese positive Ausrichtung wurde durch Zeremonien erreicht, in denen man einen Segen und nicht etwa einen Fluch als Op-*

fer darbot – Güte statt bedrohlicher Manipulationen und negativer Konsequenzen. Dieser Aloha-Ansatz der Manifestation macht den hawaiianischen Schamanismus so einzigartig – die Definition des Schamanen als Heiler, der die Kräfte der Natur und seines Bewußtseins einsetzt, um harmonische Bedingungen für die Heilung von Beziehungen und die Verbindung von Herzen zu schaffen.«

In der Huna-Tradition gibt es keinen Zweifel daran, daß jeder Mensch allein durch die Kraft der Liebe einen anderen Menschen anziehen kann. Die Kahunas lebten in einem umfassenden Glaubenssystem, das ihnen erlaubte, durch ihr Handeln die Menschen in ihr Leben zu ziehen, nach denen sie suchten. Sie kannten nicht nur die große Macht der Gedanken, sondern wußten auch, wie Kala es ausdrückt, »daß alle Dinge als Teil eines lebenden, reagierenden Systems miteinander verbunden und voneinander abhängig sind. Es gibt keine wirklichen Grenzen, weder zwischen den Menschen und der Erde, noch zwischen verschiedenen Personen«.

Die bemerkenswerte Hawaiianerin Kaili'ohe Kama'ekua, die von 1816 bis 1931 lebte und die mündliche Überlieferung ihrer Familiengeschichte hinterließ (die jetzt unter dem Titel »Tales from the Night Rainbow« gedruckt wird) hat die Huna-Überzeugungen sehr schlicht formuliert: »Wir sind alle eins, jeder ein Teil des ewigen Ganzen. Es gibt keine Grenze, die uns als Einzelwesen voneinander trennt.«

Wenn das stimmt, dann gelangen wir in ein Reich des Bewußtseins, wo wir schon in direkter potentieller Verbindung zu dem Menschen stehen, den wir treffen und in den wir uns verlieben werden. Die Verbindung existiert bereits, wir müssen sie nur durch unsere konzentrierte Aufmerksamkeit stärken und unsere Körper auf der materiellen Ebene zusammenbringen.

Magneten der Liebe

Fast jeder von uns hat wenigstens einmal schon die Magie einer unerwarteten Begegnung und den Funken der mächtigen Energie der Verliebtheit erlebt, welche die beiden Verliebten in eine Wolke glückseliger bedingungsloser Liebe einhüllt. Akzeptieren wir dieses Phänomen deshalb als gegeben und gehen wir gleich mitten hinein in den Prozeß, den Sie sofort einsetzen können, um hoffentlich bald Ihre wahre Liebe zu finden.

Sie kennen schon die grundlegende Haipule-Zeremonie, die Ihnen hoffentlich allmählich vertraut wird, so daß Sie auch ohne die Hilfe dieses Buches rasch die verschiedenen Schritte nachvollziehen können. Nachdem Sie die folgende Haipule-Partner-Zeremonie einige Male praktiziert haben, werden Sie sie bestimmt so beherrschen, daß Sie sie jederzeit und überall einsetzen können, um die Erfüllung Ihrer Sehnsucht zu fördern. Wichtig ist, währenddessen daran zu denken, daß man den Tango nur zu zweit tanzen kann. Genau zur selben Zeit, wo Sie Ihre Absicht in die Welt ausstrahlen und der anderen Person signalisieren: »Ich suche dich«, strahlt dieser Mensch ebenfalls seine tiefe Sehnsucht in die Welt hinaus – die Sehnsucht nach Ihnen!

- Folglich werden Sie von Anfang an feststellen, daß Sie nicht alleine sind: Sie sind energetisch bereits mit der Person verbunden, die Ihr Pilialoha-Partner im Leben sein wird. Sie brauchen nur noch ein wenig Zeit, um dies auch materiell zu verwirklichen.

Derweil können Sie sich in der glücklichen Gewißheit sonnen, daß Sie auf der spirituellen Ebene schon verbunden sind – und die Haipule-Zeremonie einsetzen, um diese Verbindung auch materiell zu manifestieren.

Die Haipule-Partner-Zeremonie

Erster Schritt: »Freude im gegenwärtigen Augenblick – Aloha«
Genießen Sie die Ha!-Meditation, für die Sie nur vier Atemzüge brauchen: ... Atem ... Herzschlag ... Wahrnehmung des gesamten Körpers ... »Ich bin mir meines gesamten Daseins hier im gegenwärtigen Augenblick bewußt.« Um ihre übergeordnete Absicht zu Beginn noch einmal zu verdeutlichen, sagen Sie sich ein paarmal: »Ich liebe mich selbst.« und dann: »Ich liebe die Welt.« Lassen Sie Ihre Aufmerksamkeit von den Worten Schritt für Schritt mühelos in die erwünschte Richtung lenken. Das wird Ihr Herz (Schritt für Schritt) einerseits für die bedingungslose Selbstliebe öffnen und andererseits die Wolke des Aloha so weit ausdehnen, daß sie die gesamte Außenwelt einhüllt – und dort wartet Ihre wahre Liebe ...

Zweiter Schritt: »Öffnung für das höhere Selbst«
Während Sie sich Ihres gesamten Seins bewußt sind, atmen Sie ruhig ein, versetzen Sie sich in den Empfangszustand und sagen dann beim Ausatmen zu sich selbst: »Ich bin offen, um Führung von Akua lani zu empfangen.« Lassen Sie anschließend beim Einatmen Ihre Gedanken ruhen und seien Sie offen für die Gegenwart Ihres höheren Selbst. Vielleicht möchten Sie bei jedem Ausatmen sagen: »Ich bin offen zu empfangen ...«

Dritter Schritt: »Erkennen des übergeordneten Zieles«
Sagen Sie sich mehrmals beim Ausatmen: »Ich möchte meine bedingungslose Liebe mit einem ganz besonderen Menschen

teilen«, oder ähnliche Worte, die sinngemäß dasselbe ausdrükken. Lassen Sie die Aussage immer tiefer in Ihrem Bewußtsein widerhallen.

Vierter Schritt: »Formulierung der generellen Absicht«
Werden Sie nun präziser, indem Sie Ihre Absicht klarer formulieren. Überlegen Sie, was Sie spirituell und mental erreichen wollen, und erklären Sie dies offen: »Ich will den Menschen, nach dem ich mich sehne, in mein Leben ziehen.«

Fünfter Schritt: »Formulierung des spezifischen Manifestationszieles«
Wir kommen nun an den Punkt, wo wir unserem eigenen Ku-Lono-Zentrum die gewünschte Veränderung übermitteln: »Ich will meine wahre Liebe auf der materiellen Ebene in mein Leben ziehen.« Sagen Sie dies mehrmals beim Ausatmen und lassen Sie die Worte tief in Ihrem Inneren, sowohl in Ihrem Bewußtsein als auch in Ihrem Unterbewußtsein eine Resonanz auslösen ... Und nun gehen Sie noch einen Schritt tiefer, indem Sie sich direkt auf die Gegenwart dieser Person »dort draußen« und im Inneren Ihres Herzens konzentrieren und mehrfach ohne Anstrengung und voller Freude sagen: »Ich will dich in meinem Leben!« Fühlen Sie die Wahrheit dieser Aussage in Ihrem ganzen Sein.

Sechster Schritt: »Die Großen Vier«
Um nun wirklich ganz präzise zu werden, ist es jetzt Zeit, alle vier Dimensionen des Manifestationsprozesses einzusetzen. Das ist der Moment, in dem Sie in eine tiefe Trance eintreten, wo die Grenzen zwischen der »materiellen Realität« und der »spirituellen Realität« verschwinden und Sie tatsächlich tief in Ihrem Herzen die Gegenwart des geliebten Menschen spüren.

Wenn es zu dieser mächtigen Verbindung Ihrer beiden Energiezentren kommt, beginnt die Zeremonie ernsthaft zu wirken. Sie haben jetzt ein energetisches Band geschaffen, durch das Sie auf verschiedene Weisen auf einen Weg gezogen werden, der irgendwann auf der materiellen Ebene zu einer Begegnung führt.

1. *Verbale Absichtserklärungen:* Sprechen Sie Ihre spezifische Absicht immer wieder aus, und seien Sie dabei jedesmal vollständig im Hier und Jetzt.

Eins: Beim Ausatmen sagen Sie sich mit ruhigem und offenem Herzen: »Hier bin ich – ich will dich – ich liebe dich!« Lassen Sie beim Einatmen Ihre Gedanken ruhen, während diese Worte durch Ihr ganzes Sein widerhallen.

Zwei: Nun sagen Sie beim Ausatmen: »Wo bist du – ich will dich – ich liebe dich!« Lassen Sie wiederum beim Einatmen Ihre Gedanken ruhen und diese Worte durch Ihr Sein strömen.

2. *Sinnliche Wahrnehmungen:* Entscheidend ist dabei, daß Sie sich weiter auf Ihre Herzregion konzentrieren sowie auf die Tiefe Ihrer Bauchregion, denn von dort, so empfinden es die Hawaiianer, kommt die stärkste »Anziehungskraft« zwischen den Menschen.

Sie wissen nicht genau, wie Ihre wahre Liebe aussehen wird, und es ist kontraproduktiv, sich ein bestimmtes Gesicht oder einen bestimmten Körper vorzustellen. Statt dessen sollten Sie Ihre sinnlichen Empfindungen in Ihren eigenen Körper ausstrahlen – die Empfindungen des körperlichen Verlangens, der Sehnsucht, des Hungers nach Einheit.

Es ist absolut in Ordnung, wenn Sie während dieser Zeremonie sexuelle Energie (Hana ma'i) durch Ihren Körper strömen fühlen. Dies ist eine sehr mächtige magnetische Energie, die nach außen strahlt und bereits jetzt mit der sexuellen Energie Ihres zukünftigen Partners oder Ihrer Partnerin verschmilzt (vorausgesetzt, Sie streben auch eine sexuelle Partnerschaft an).

3. Emotionale Verbindung: Lassen Sie sich voll auf Ihre emotionalen Gefühle der Liebe und Leidenschaft, des Verlangens und der Sehnsucht, des Eifers und der Freude ein. Bringen Sie ihr ganzes Sein in den Zustand bedingungsloser Liebe zu sich selbst und zu dem Menschen dort draußen. Lassen Sie ihn oder sie Ihre Liebe direkt spüren. Erleben Sie, wie Ihre Gefühle mit jedem Atemzug aus Ihrem eigenen Liebeszentrum in das Liebeszentrum dieses Menschen fließen. Verschenken Sie frei Ihre Gefühle der Liebe …

4. Pikopiko-Energetisierung: Machen Sie zu einem beliebigen Zeitpunkt eine Pause in Ihrer zweiteiligen Liebesmeditation und nehmen Sie sich Zeit (wenigstens einige Atemzüge lang), Ihr inneres Mana aufzubauen, damit Sie Ihre Absichten mit mehr Energie ausstrahlen können.

Eins: Sagen Sie sich beim Einatmen: »Ich empfange Liebe«, und spüren Sie, wie dieses Mana durch den Scheitelpunkt Ihres Kopfes fließt …

Zwei: Sagen Sie sich beim Ausatmen: »Ich strahle Liebe aus«, und spüren Sie, wie Ihre Liebe in die Welt hinausfließt.

Praktizieren Sie diesen Atemrhythmus mindestens ein paar Atemzüge lang. Dann sagen Sie sich mit dieser erhöhten und weiterströmenden Energie immer wieder Ihre Gedanken, welche sich direkt auf Ihren näher kommenden Liebespartner richten: »Ich liebe dich. Ich will dich in meinem Leben …«

Das ist die grundlegende Huna-Technik, mit der Sie jeden Menschen, nach dem Sie sich sehnen, in Ihr Leben ziehen können. Ihr Erfolg hängt davon ab, wie oft Sie die Kraft Ihrer Aufmerksamkeit auf diesen Prozeß richten, und wie stark Ihr Glaube an und Ihre Sehnsucht nach positiven Erlebnissen ist.

Und das wird geschehen: Durch die regelmäßige Praxis der Haipule-Partner-Zeremonie werden Sie eine energetische Verbindung mit zehn oder fünfzig Personen – oder auch nur einer einzigen – »dort draußen« herstellen, mit einem oder mehreren Menschen, die sich auf den tiefsten Ebenen in Resonanz mit Ihnen befinden. Und solange Sie beide sich weiterhin aufeinander konzentrieren, werden Sie sich gegenseitig anziehen.

Wie geschieht das? Lassen Sie uns einen Moment über diese Frage nachdenken, denn die Antwort wird Ihnen zu einem erweiterten Glaubenssystem verhelfen, mit dem Sie die energetische Wahrheit der Sache erkennen.

Eine Frage der Resonanz

Die Forscher, die in Princeton (und an mehr als zwei Dutzend anderen Universitäten der Welt) die »Quantenmechanik des Bewußtseins« untersuchen, bemühen sich zu verstehen, auf welche Weise solche Verbindungen zwischen Geist und Materie sowie Geist und Geist zustande kommen. Sie wissen, daß »die entscheidende Variable bei diesen Experimenten die Absicht der Versuchsperson« ist. Sie haben bewiesen, daß die Distanz zwischen den beiden beteiligten Personen ebensowenig eine Rolle spielt wie der Zeitfaktor. Aber wie können wir mit unseren wissenschaftlichen Vorstellungen erfassen, was wirklich geschieht, wenn sich zwei Menschen allein durch die Kraft ihrer bewußten Absicht miteinander verbinden?

Ein Schlüssel zu dieser Frage findet sich in den Berichten über die Princeton-Studien im Hinblick auf die »Strategie der Versuchsperson«, wo die Forscher entdeckt haben, daß »die erfolgreichen Versuchspersonen dazu neigen, von den technischen Geräten (den Computern, die sie durch die Kraft ihrer bewußten Absicht beeinflussen sollten) so zu sprechen, als würde es sich um Menschen handeln, wobei sie die Assoziation haben, daß der Erfolg auf einer Art inneren Verbindung oder Resonanz mit dem Gerät beruht oder damit zu tun hat, daß sie sich selbst irgendwie in die technischen Abläufe versenken.

- Mit anderen Worten: Wenn die Versuchsperson das Gefühl menschlicher Zuneigung und Bindung aufbringt, so als gehe es um die Beziehung zu einer anderen Person, dann wird der Kommunikationsprozeß aktiviert. Das war die einzige Strategie, die sich in den Studien als wesentlich erwiesen hat.

Der Schlüsselbegriff für die neuen Modelle der Realität, welche die Erforscher der Quantenmechanik des Bewußtseins präsentieren, ist das Wort Resonanz. Es beschreibt eine Situation, in der »zwei getrennte Objekte (oder Wesen) auf dieselbe Ausstrahlung verschlüsselter energetischer Informationen reagieren, indem Sie zur selben Frequenz in Resonanz stehen und auf diese Weise dieselbe Ausstrahlung empfangen können.«

In der wissenschaftlichen Studie »Consciousness and Anomalous Physical Phenomena« [Bewußtsein und außergewöhnliche physikalische Phänomene] (vgl. Anhang) lassen sich die Forscher Brenda Dunne und Robert Jahn aus Princeton tief in eine Interpretation ihrer Ergebnisse ein, indem sie dieses Wort benutzen, wenn sie von »einem Prozeß wellenmechanischer Resonanz zwischen zwei Bestandteilen eines einzigen interaktiven Systems« sprechen.

Traditionell versteht man unter Resonanz die zwei Gegenständen oder Menschen innewohnende Fähigkeit, in Harmonie miteinander zu schwingen. Das klassische Beispiel ist ein Weinglas, das in derselben Tonlage zu vibrieren beginnt, in der ein Opernsänger singt und dabei einen Ton von derselben Frequenz hervorbringt. Irgendwie werden also zwei geistesverwandte Menschen (deren Persönlichkeiten sich harmonisch zueinander verhalten und die dieselben grundlegenden energetischen/emotionalen/begrifflichen Absichten ausstrahlen) miteinander verbunden und im weiteren Verlauf auch auf der materiellen Ebene zueinander hingezogen.

Die einzige Erklärung, die Wissenschaftler für diese Fähigkeit einer Person haben, die ihre visuellen und mentalen Bilder einer anderen Person sogar über Tausende von Meilen und mit zeitlichen Verschiebungen übermitteln kann, ist die Annahme, daß beide in einem sogenannten »einzigen interaktiven System« existieren – mit anderen Worten, daß es ein erweitertes transpersonales Bewußtsein gibt, welches beide Personen einschließt. Bezüglich der Resonanz zwischen zwei Menschen, die ihre bewußte Absicht aufeinander konzentrieren, heißt es im offiziellen Forschungsbericht (ziemlich verhalten, wie Wissenschaftler sich meist ausdrücken): »Wenn diese Resonanz eine freiwillige oder absichtliche Komponente enthält, sei sie bewußt oder unbewußt, dann wird das gekoppelte System diese Absicht reflektieren.«

Mit anderen Worten oder wie die Kahunas es ausdrücken würden: »Wenn Sie Ihre Absicht auf einen Gedanken, einen Gegenstand oder eine Erfahrung richten, dann entsteht eine Welle von Energie zwischen diesem und Ihnen – und Sie verschmelzen damit zu einem einzigen erweiterten Bewußtsein.«

Liebe auf den ersten Blick

Wir sind uns alle bewußt, daß »Liebe auf den ersten Blick« zu oft vorkommt, als daß man sie ignorieren könnte. Die Menschen kommen an einen bestimmten Punkt im Leben, wo sie sich in tiefer Resonanz mit ihrer Sehnsucht nach einer bestimmten Person befinden – und plötzlich ist diese Person da, sieht ihnen in die Augen – und beide Seiten erkennen einander, als würden sie sich schon lange kennen.

Energetisch kennen sie sich tatsächlich schon länger – weil sie die Gegenwart des/der jeweils anderen energetisch schon eine Weile gespürt haben – die Anziehungskraft gefühlt haben, die sie schließlich zueinander brachte. Warum ist das so? In den meisten Fällen von »Liebe auf den ersten Blick« haben diese beiden Menschen, die sich sofort erkennen, meist unbewußt ihre starke Sehnsucht ausgestrahlt. Sie haben einige Zeit unbewußt eine Haipule-Zeremonie durchgeführt. Schritt für Schritt haben sie sich durch die Resonanz, die sie zwischen sich aufgebaut haben, gegenseitig angezogen – und plötzlich kommt es zu dieser »zufälligen« Begegnung, die wie reine Magie erscheint. Tatsächlich jedoch ist sie einfach das Ergebnis ihrer gegenseitigen Anziehung.

Unter einem »Zufall« verstehen wir meist etwas, das ohne Absicht geschieht. Doch jetzt kommen wir zu der Erkenntnis, daß es sich dabei genau um das Gegenteil handelt: Zwei Menschen schwingen sich auf die Energieebene des jeweils anderen ein, werden zu einem »verbundenen Paar« in einem »einzigen interaktiven System«, wie die Wissenschaftler es nennen würden, dann bewegen sie sich mit jeder Entscheidung, die sie treffen, aufeinander zu – schließlich schaffen sie die »zufällige« Begegnung, bei der sie einander ansehen, sich gegenseitig erkennen und sich ineinander verlieben.

- Das bedeutet: Wenn wir mit dem Gefühl herumlaufen, daß wir nicht liebenswert sind und niemand uns mag, dann werden wir unsere wahre Liebe auch niemals finden – dann wird die Außenwelt diese Information empfangen und entsprechend reagieren, wir werden unsere wahre Liebe nicht finden, weil wir diese Person von uns stoßen und die Begegnung verhindern, nach der wir uns so sehnen.

In der Haipule-Zeremonie tun wir deshalb unser Bestes, um sowohl unser Bewußtsein (Lono) als auch unser Unterbewußtsein (Ku) in eine positive Richtung zu lenken. Wie Kala es in ihren Vorträgen ausdrückt: *»Der Schlüssel zur Verwirklichung Ihrer Wünsche liegt darin, daß Sie sowohl Ihre bewußte als auch Ihre unterbewußte Aufmerksamkeit mit so wenig Verwirrung und Ablenkung wie möglich auf ein bestimmtes Ziel richten.«* In einem ähnlichen Sinne spricht Serge King davon, daß jeder von uns in einer bestimmten »Sphäre des Verfügbaren« lebt, die darüber entscheidet, in welchem Ausmaß wir unsere Absichten der Welt energetisch übermitteln können. Die Sphäre des Verfügbaren bezieht er auf die Tatsache, daß »Sie genau über das verfügen, was Sie in diesem Augenblick wirklich für möglich halten«. Wir erkennen also, daß unsere Fähigkeit, Kontakt mit unserem zukünftigen Liebespartner aufzunehmen und ihn zu uns hinzuziehen, vom aktuellen Umfang unserer Sphäre des Verfügbaren abhängt. Wenn wir unsere Überzeugungen stark erweitern, indem wir beispielsweise die sieben Huna-Prinzipien übernehmen, dann erweitern wir unsere Sphäre des Verfügbaren maximal – und kommen in Kontakt mit dem Menschen, nach dem wir uns sehnen, und den wir in unser Leben ziehen wollen.

Männliches und Weibliches (Hu-Na) gemeinsam

Die Princeton-Studien geben uns noch einen anderen Hinweis, wie diese Anziehungskraft tatsächlich wirkt, und wir wollen darauf kurz eingehen, weil er uns hilft, die Möglichkeiten unseres Liebeslebens zu erweitern. In umfangreichen Untersuchungen wurde eindeutig festgestellt, daß »Paare«, die ihre Absicht gemeinsam ausstrahlen, wesentlich bessere Resultate als Einzelpersonen erzielen.

- »Überraschend war dabei die Beobachtung«, so der offizielle Bericht, »daß gleichgeschlechtliche Paare Ergebnisse erzielten, die im Gegensatz zu der jeweiligen Absicht standen, während gegengeschlechtliche Paare (männlich-weiblich) positive Ergebnisse erzielten, die im Durchschnitt 3,7mal besser waren als die Resultate einzelner Versuchspersonen.«

Diese Entdeckung ist ein klarer Hinweis darauf, daß zwei Menschen, die ihre Absichten verbinden, sich gegenseitig beeinflussen und zu besseren Resultaten kommen. Außerdem führt das Gleichgewicht der Geschlechter, des Hu und des Na in der Ausdrucksweise der Kahunas, eindeutig zu besseren Ergebnissen, während ein starkes Übergewicht von nur Hu oder Na gegenteilige Ergebnisse hervorbringt. Wenn ein Mann und eine Frau, die miteinander in Resonanz stehen (Persönlichkeitsmerkmale, Emotionen, Verlangen etc.) beginnen, ihre starken Absichten auszustrahlen und sich energetisch miteinander zu verbinden, geschieht etwas sehr Mächtiges.

Wir sollten hier erwähnen, daß bisher noch keine Untersuchungen mit homosexuellen Paaren durchgeführt worden sind. Wir vermuten, daß die Ergebnisse dieser Paare durchaus den

Resultaten heterosexueller Paare entsprechen dürften. Entscheidend ist nicht das körperliche Geschlecht, sondern die tiefere emotionale Energie von Hu-Na.

- Hier ist noch eine andere Schlüsselerkenntnis aus den Princeton-Studien: Wenn gegengeschlechtliche Paare (männlich-weiblich, Hu-Na) emotional miteinander verbunden waren (verheiratet oder als Liebespaar) und eine starke »Liebesbeziehung« hatten, dann waren ihre Resultate »fast 6mal besser« als die einer einzelnen Versuchsperson.

Diese verblüffenden Ergebnisse haben die Wissenschaftler stutzig gemacht, weil hier der klare Beweis geliefert wird, daß Liebe als solche eine sehr mächtige Energie hervorbringt, die nun experimentell bewiesen werden konnte.

Deshalb raten wir Ihnen, sich eindeutig auf die Liebe zu konzentrieren, die Sie in Ihrem Herzen für sich selbst und für den anderen Menschen empfinden, mit dem Sie Ihre Sehnsüchte erfüllen wollen. Je höher Ihr Liebeskoeffizient ist, desto größer sind Ihre Anziehungskräfte, und desto schneller erfüllen sich Ihre Wünsche nach einer Liebesbeziehung.

Aufeinander zupirschen

Nehmen wir an, Sie praktizieren intensiv und regelmäßig die zuvor beschriebene Haipule-Partner-Zeremonie. Sie haben in Ihrem Herzen ein tiefes Gefühl der Liebe für sich selbst entwickelt, Sie empfinden sich innerlich als ganz und vollständig und übermitteln der Außenwelt aktiv Ihr Bedürfnis nach der Begegnung und Verbindung mit einem Menschen, der Ihre

Sehnsüchte wirklich erfüllt. Sitzen Sie nun Tag für Tag allein in Ihrem Meditationsraum und warten darauf, daß jemand an die Tür klopft? Johns eigene Erfahrungen werfen ein bezeichnendes Licht auf diese Frage. Er betont, daß er in seinem Herzen spüren konnte, wie es ihn in einer bestimmten Phase seiner Meditation über seine wahre Liebe drängte, irgendwohin zu gehen und aktiv zu sein. »Ich fühlte mich sehr leicht in meinem Körper und empfand Bewegung als sehr angenehm. Und sobald ich unterwegs war, um das Seminar in der Schweiz zu leiten, fühlte ich mich von Glückseligkeit ergriffen. Ich wußte, daß ich das Richtige tat, ich konnte spüren, wie mein Herz sang. Wo ich auch hinsah, traf mein Blick auf Augen, die mich anlächelten, einfach weil ich ganz allgemein soviel Liebe in meinem Herzen empfand.«

- Wir müssen uns wirklich aufmachen und aktiv durch die Welt bewegen, im Vertrauen darauf, daß wir bereits Teil eines »einzigen interaktiven Systems« sind, das uns näher und näher zueinander führt. Entscheidend scheint dabei zu sein, daß wir tief in Kontakt mit unserer Liebe zu uns selbst bleiben und so über einen hohen »Liebeskoeffizienten« verfügen, der uns zu jenem anderen Menschen hinzieht.

Wir pirschen uns im besten Sinne des Wortes an unseren Liebespartner heran, wohin wir auch immer gehen. Wir beobachten aufmerksam, wie unser Herz auf andere Menschen reagiert. Und wir bleiben in unserer Selbstliebe zentriert und teilen diese Liebe mit jedem Menschen, dem wir begegnen. Indem wir bedingungslose Liebe verbreiten, schaffen wir eine Welt bedingungsloser Liebe um uns herum. Regelmäßig praktizieren wir die Haipule-Partner-Zeremonie oder Mini-Versionen davon – und wir genießen jeden Moment.

Jemanden wissen lassen, daß wir ihn lieben

Oft befindet sich der Mensch, in den wir uns verliebt haben, schon mehr oder weniger in unserer Nähe – doch die Liebe und Anziehungskraft scheint nur einseitig zu sein. Schüchternheit oder Mangel an Gelegenheit, unsere Gefühle auszudrücken, können eine Romanze vereiteln.

So ging es beispielsweise Brenda, einer Bekannten von uns. Sie hatte sich in einen Kollegen aus dem Büro verliebt. Doch in diesem Büro arbeiteten mehr als dreißig Angestellte, und sie hatte selten Gelegenheit, mit ihm zu reden oder ihm gar ihre tieferen Gefühle mitzuteilen. Außerdem war er zu diesem Zeitpunkt an eine andere Frau gebunden, und sie wollte nicht aufdringlich wirken, zumal sie selbst mit dieser anderen Frau befreundet war.

So steckte sie also in der Klemme mit ihrer leidenschaftlichen Liebe zu diesem Mann, ohne jede Gelegenheit, ihm mitzuteilen, was sie empfand. Abgesehen davon war sie sich keineswegs sicher, daß er ihm mehr als die üblichen kollegialen Gefühle entgegenbrachte. Sie versuchte, ihre Liebe einfach zu verdrängen – doch es gelang ihr nicht. Statt dessen fühlte sie sich in seiner Nähe ständig nervös, zittrig, schwach und verwirrt. Ihre Arbeit litt darunter, und ihr Körper litt ebenfalls unter dem permanenten Streß, den sie insgeheim empfand.

Nach mehreren Monaten dieser inneren Agonie und eines allgemeinen Durcheinanders in ihrem Leben suchte sie Hilfe durch eine spirituelle Beratung und Therapie, in der sie unter anderem den grundlegenden Haipule-Ansatz zur Lösung ihrer Liebesprobleme lernte. Als erstes erkannte sie mit Hilfe ihres Therapeuten, daß sie eine ganz Sammlung negativer Selbstbilder blockierte. Gewohnheitsmäßig setzte sie sich herab, indem sie glaubte, sie sei nicht besonders hübsch oder attraktiv, sie verdiene keine Erfüllung in der Liebe, sie mache sich schuldig, wenn sie versuche, ihrer Freundin den Partner auszuspannen ... Sie erkannte, daß sie keineswegs ihre eigene beste Freundin war, und Schritt für Schritt gelang es ihr, diese Gefühle abzubauen und sich selbst bedingungslos zu lieben.

Außerdem erlernte sie den Haipule-Prozeß der Partnersuche. Statt jedoch ihre Sehnsucht in die Welt auszustrahlen, um den Menschen zu finden, dessen Herz am stärksten in Resonanz zu ihrem stand, konzentrierte sie sich bei der Zeremonie direkt auf Bill, den Kollegen.

Hier sind die genauen Worte und Meditationen, die Brenda benutzte, um Bill direkt ihre bedingungslose Liebe und ihre romantischen Gefühle für ihn zu übermitteln, und die Sie in ähnlichen Situationen entsprechend abwandeln können.

Die »Ich liebe dich!«-Haipule-Zeremonie

Mehrmals am Tag praktizierte Brenda diese Kurzform der Zeremonie: Sie legte ein paar Minuten Pause ein, gewöhnlich an ihrem Schreibtisch, wenn gerade nicht viel zu tun war, und stimmte sich auf die Wahrnehmung ihres gesamten Körpers im gegenwärtigen Augenblick ein. Dann sagte sie die folgenden Sätze, die sie tief in ihre Gefühle eintauchen ließen und ihre Empfindungen sowie ihre Anziehungskraft an Bill übermittelten:

1. »Ich bin mir meines gesamten Seins hier im gegenwärtigen Augenblick bewußt.«
2. »Ich liebe mich selbst ...« und dann, »ich liebe die Welt.«
3. »Ich bin offen, um Führung von Akua lani zu empfangen.«

4. »Ich möchte meine Liebe mit einem ganz besonderen Menschen teilen.«
5. »Hier bin ich, Bill. Ich möchte, daß du die Liebe meines Lebens bist!«

Brenda stellte sich dabei auch bewußt das Bild von Bill vor, um ihre Absicht direkt auf ihn zu richten. Wenn sie wußte, wo er sich gerade aufhielt, strahlte sie ihre Absicht in diese Richtung aus. Oft stellte sie sich vor, so mit ihm zusammenzusein, wie sie es sich wünschte, mit ihm zu reden, ihn zu berühren. Sie ließ auch ihre sexuellen Gefühle zu, so daß ihre emotionale Energie sehr hoch war. Wenn sie dann spürte, daß sie tief in ihrem Herzen Kontakt zu ihm gefunden hatte, verstärkte sie dieses Gefühl der engen Bindung, indem sie beim Ausatmen sagte: »Ich sende dir all meine Liebe, Bill«, und anschließend beim Einatmen: »Ich empfange all deine Liebe, Bill«. Sie beendete die kurze Haipule-Sitzung mit einigen Augenblicken vollkommener Entspannung, in denen sie ihre Gedanken ruhen ließ und in ihrem Herzen die enge Verbindung zu Bill spürte, und dann erklärte sie am Ende der Sitzung noch einmal: »Ich liebe dich, Bill. Wenn du mich willst, dann will ich dich in meinem Leben.«

Das Ergebnis war wie erwartet und stellte sich schnell ein. Sobald sie wirklich davon überzeugt war, daß sie Bills Liebe verdiente, und sobald er sich von einer unsichtbaren Kraft in ihre Richtung gezogen fühlte. Er begann, sie anzulächeln, wenn sie sich auf dem Flur begegneten. Sie waren beide ein wenig schüchtern, aber in seinen Augen konnte sie nun Wärme und Erkennen wahrnehmen. Bald plauderten sie bei einer Tasse Kaffee, und dann schien er plötzlich eines Nachmittags nach der Arbeit auf dem Parkplatz völlig verändert. Er war stiller als sonst und schwieg schließlich ganz, sah ihr nur in die Augen – und das war's – ihre Liebe hatte sie erkannt.

Dieser allgemeine Ansatz, jemanden wissen zu lassen, daß man ihn mag, wirkt in allen Lebenslagen und bei jeder Art von Beziehung. Wir können die Geschäftspartner anziehen, die wir uns wünschen. Wir können mit nahezu jedem Menschen, den wir suchen oder nach dem wir uns sehnen, in Kontakt kommen. *Die einzige Voraussetzung ist, daß es eine echte, natürliche Resonanz zwischen uns und der jeweiligen anderen Person gibt. Wenn diese Resonanz fehlt, dann müssen wir das erkennen und uns nach realistischeren Möglichkeiten der Gemeinschaft und Kooperation umsehen.*

Nun liegt es bei Ihnen, die Haipule-Partner-Zeremonie auf jede beliebige Situation anzuwenden, in der Sie jemanden in Ihre Richtung ziehen wollen. Und statt dabei das Gefühl zu haben, daß Sie einen anderen Menschen manipulieren, können Sie sich der Vorstellung hingeben, daß Sie helfen, den Kanal zu öffnen, der Ihnen beiden großes Vergnügen und Erfüllung bescheren wird. Sie erschaffen aktiv Ihre eigene Umgebung und hüllen dabei andere Menschen tiefer in Ihre bedingungslose Liebe ein!

Sechstes Geheimnis

Der Huna-Weg zur ganzheitlichen Gesundheit

In diesem Kapitel werden wir untersuchen, wie wir unsere körperliche Gesundheit – also die Funktionen unseres eigenen Körpers – durch die Haipule-Zeremonie und verwandte Huna-Praktiken positiv beeinflussen können.

Da Ihnen die Grundlagen inzwischen vertraut sind, können wir mitten ins Zentrum des Huna-Ansatzes zur Förderung der Gesundheit gehen.

In der Frühzeit der hawaiianischen Zivilisation gab es offenbar nur wenig körperliche Krankheiten. »Bevor die Ali'i [Fremden] aus Tahiti auf die Hawaii-Inseln kamen (um 1200 vor Christus)«, so berichtete Kaili'ohe Kame'ekua in ihren mündlichen Überlieferungen (vgl. Tales from the Night Rainbow) »verfügten wir über große Kräfte. Unsere Koa-Schalen waren voller Licht, und wir konnten alles vollbringen. Unser einziges Gesetz lautete, daß alle eins waren. Alles, was einen anderen verletzte, verletzte auch den Handelnden selbst.«

Die Krankheiten traten häufiger auf, als es zu Konflikten mit den ausländischen Herrschern kam. Im Laufe der Jahrhunderte nahmen diese Konflikte zu – und ebenso die Krankheiten und der Bedarf an Kahuna-Aktivitäten, um denen, die krank waren, zu neuer Harmonie und damit zur Heilung zu verhelfen. In den traditionellen polynesischen Gemeinschaften gab es eine Reihe verschiedener Kahuna-Experten, die dafür sorgten, daß jeder bei möglichst optimaler Gesundheit blieb. Dazu gehörten die Kauka ha'iha'i iwi oder Knochenrichter, die Lomi lomi oder

Masseure, die La'au lapa'au oder Kräuterheilkundigen, die Niho oder Zahnärzte, die Haha oder Diagnosespezialisten, die Ho'o hanau keiki oder Hebammen, die La'au kahea oder Geistheiler und wahrscheinlich auch noch andere.

Im Huna geht man davon aus, daß sich körperliche Krankheiten entwickeln, wenn wir das Gefühl der Harmonie oder Resonanz mit unseren Mitmenschen und uns selbst verlieren. Wir haben gesehen, wie wichtig es ist, uns selbst so zu lieben, wie wir sind, um erfolgreiche Beziehungen mit anderen eingehen zu können. Nun werden wir uns damit beschäftigen, wie lebenswichtig es ist, in Harmonie mit uns selbst zu sein, um bei bester Gesundheit zu bleiben.

In der polynesischen Tradition gibt es keinen abstrakten Ausdruck für Krankheit – es gibt nur ein Wort für »krank sein« oder ein krankes Verhalten, welches als Ma'i oder bei chronisch krankem Verhalten als Ma'ma'i bezeichnet wird. Und wie Sie vielleicht schon ahnen, besteht der Huna-Weg zu besserer Gesundheit darin, das eigene Selbstbild so zu verändern, daß mehr Harmonie und Liebe herrscht. Der Körper reagiert dann auf die veränderte Geisteshaltung. Serge Kahili King drückt es sehr einfach aus: »Heilung ist das Resultat veränderter Überzeugungen. Ändern Sie Ihre Gedanken, um Ihren Körper zu ändern.«

- Aus der Huna-Sicht und zunehmend auch aus der Sicht der modernen Medizin scheinen die meisten Krankheiten im wesentlichen durch Spannungen verursacht zu sein – was sich direkt als Konflikt zwischen der Wirklichkeit und unseren Wünschen übersetzen läßt, als Konflikt zwischen der Welt, wie sie ist, und wie wir sie gerne hätten, bzw. wie wir sind und wie wir gerne wären.

Wenn wir die Realität wirklich in jeder Beziehung akzeptieren, kann es keine inneren Spannungen geben, weil wir nicht gegen die Realität kämpfen, sondern mit dem Strom schwimmen. Aber wenn wir irgendeinen Aspekt der Wirklichkeit negativ bewerten und damit nicht akzeptieren, erzeugen wir Streß in Form von Widerstand, Ärger, Ängstlichkeit, Zweifeln und Depressionen. Und diese chronischen Symptome führen Schritt für Schritt zum Zusammenbruch und zu körperlichen Krankheiten. Wenn wir diese Symptome dadurch beseitigen, daß wir direkt an unserem Verhältnis zur Wirklichkeit arbeiten, schaffen wir auf der geistigen und körperlichen Ebene harmonische Bedingungen, die uns wieder zu einer soliden und dauerhaften Gesundheit verhelfen.

Bitte keine Schuldgefühle!

In gesundheitlichen Selbsthilfebüchern ist die Feststellung sehr verbreitet, jeder sei selbst für seine gesundheitlichen Probleme verantwortlich. Mit solchen Aussagen werden den Lesern/innen Schuldgefühle vermittelt, weil sie nun glauben, sie hätten ihre Krankheiten selbst verursacht. In vielen New-Age-Büchern heißt es beispielsweise, wir könnten nur gesund werden, wenn wir voller Liebe seien. Also fühlen wir uns als Versager, weil wir nicht voller Liebe sind und nicht umgehend gesund werden.

In diesem Buch möchten wir hervorheben, daß wir zwar durchaus unsere Welt und als einen Teil davon auch unsere Gesundheit selbst hervorbringen. Trotzdem können wir *die Verantwortung für die gegenwärtige Situation übernehmen, ohne uns für unser früheres Verhalten zu verurteilen, das zu den gesundheitlichen Problemen geführt hat. So wie wir anderen vergeben, was sie in der Vergangenheit getan haben, müssen wir auch uns selbst vergeben. Schuldgefühle sind das letzte, was wir in unserem Leben brauchen.*

Tatsächlich ist die Gesundheit ein weites Feld voller Geheimnisse, und dasselbe gilt für die Krankheitsursachen. Es ist völliger Unsinn, zu sagen, daß Gedanken alle Krankheiten verursachen, denn eine Kuh, die unter Augenkrebs leidet, hat diesen Zustand gewiß nicht durch ihre Gedanken herbeigeführt. Es gibt viele Krankheitsursachen und viele Wege zur Überwindung von Krankheiten. Der Huna-Weg besteht darin, das zu tun, was wirkt, und genau das wollen wir Ihnen in diesem Kapitel vorstellen.

- Sehr oft ist eine Krankheit eigentlich ein Segen, weil unser körperlicher Zustand uns dann zwingt, innezuhalten, nachzudenken und uns neu zu orientieren, so daß wir als anderer Mensch mit einer neuen Lebenseinstellung aus der Krankheit hervorgehen. Statt Krankheit negativ zu bewerten, sollten wir darin lieber einen Lehrer sehen, der uns zu neuen Einsichten führt – und bewußt wieder gesund werden.

Nach diesen Vorbemerkungen wollen wir nun der Frage nachgehen, auf welche Weise wir die Ursachen der Spannungen in unserem Leben, die tatsächlich die meisten Krankheiten hervorrufen, verringern können.

Machen Sie sich keine Sorgen

Wir haben schon festgestellt, daß es vor allem die Konflikte zwischen unserer Meinung, wie die Wirklichkeit sein sollte, und der tatsächlichen Wirklichkeit sind, die uns Streß empfinden lassen. Auch hier sehen wir also wieder, daß wir uns durch den Verzicht auf solche Vorstellungen direkt von der Hauptursache unserer Spannungen und körperlichen Zusammenbrüche befreien können. Der Auflösungsprozeß hat Sie bereits auf den richtigen Weg geführt, Ihre negativen Urteile regelmäßig zu beobachten und zu überwinden, damit Sie in Harmonie mit sich selbst und Ihrer Umwelt leben können. Wir schlagen Ihnen nun vor, diese Arbeit fortzusetzen.

Wir haben beispielsweise festgestellt, daß jemand, der körperlich krank ist, fast immer auch sehr aktiv (wenngleich bisweilen unbewußt) negative Emotionen hegt, die sich entweder auf eine andere Person, auf ihn selbst oder auf eine bestimmte Situation beziehen. Der Heilungsprozeß erfordert eine Auflösung dieser negativen Einstellung, das Wiedererlangen der Resonanz zwischen dem kranken Menschen und den jeweiligen Personen oder Situationen – dann und nur dann werden die körperlichen Symptome dauerhaft verschwinden.

Wenn Sie also krank sind oder Streß empfinden, der Ihre Gesundheit schädigt, dann sollten Sie sofort darüber nachdenken, welche Spannungen in Ihrem Leben diesen Zustand herbeigeführt haben. Setzen Sie sich hin und machen Sie eine Liste der Leute, gegen die Sie einen Groll hegen, über die Sie sich ärgern, die Sie traurig machen oder sonst irgendwelche negativen Gefühle in Ihnen auslösen. Machen Sie diese Streßfaktoren kenntlich, indem Sie sie auf dem bereits bekannten Formular notieren.

Heilung der Disharmonie

Schreiben Sie zunächst Ihre Aussage auf und setzen Sie sich nun tief in Ihrem Herzen und Ihrer Seele mit der Frage auseinander, welche Überzeugung in dieser Aussage steckt:

1. Ist diese Überzeugung (weil...) wirklich wahr?
2. Was bringt Ihnen das Festhalten an dieser Überzeugung ein?
3. Wer wären Sie ohne diese Überzeugung?
4. Drehen Sie die Aussage herum, so daß sie sich auf Sie bezieht!

Lassen Sie sich viel Zeit, um alle neuen Erkenntnisse, die Ihnen dieser Prozeß vermittelt, genau zu untersuchen. Denken Sie daran, daß Sie Ihren Streß verringern wollen. Machen Sie sich klar, daß jede Idee oder Überzeugung oder Annahme oder Einstellung, die Ihnen Streß verursacht, für Ihr gesamtes Sein schmerzhaft ist: Geben Sie also die Überzeugung auf, wenn Sie Ihnen keinen Vorteil bringt. Darum geht es letzten Endes, wenn Sie selbst Ihr bester Freund sind – Gedanken und Überzeugungen wählen, die gut für Sie sind, die Ihnen selbst und der Welt am besten dienen.

Wenn Sie diese Tatsache wirklich erkennen – daß es einfach keinen Wert hat, beispielsweise auf Ihre Mutter wütend zu sein, ganz gleich, welche guten Gründe Sie dafür haben mögen, weil diese Wut Ihre eigene Gesundheit und Ihr Glück ruiniert – dann ist die Entscheidung klar. Geben Sie die Überzeugung auf, daß Ihre Mutter anders sein sollte als sie ist. Schenken Sie ihr und sich selbst die Freiheit. Akzeptieren Sie die Realität vor Ihren Augen, ganz gleich, wie sie sein mag. Dann und nur dann können Sie dazu beitragen, daß diese Realität sich in eine Richtung entwickelt, die günstiger für Sie ist.

1. Die Schlüsselwörter für einen raschen Abbau negativer Urteile und Einstellungen lauten hier: Akzeptanz... Vergebung... Vertrauen... Harmonie... Glauben... Güte... Gesundheit!

Die nachgewiesene Macht des Gebetes (Pule)

Die hawaiianischen Ureinwohner nannten das Gebet Pule. Der Begriff Hai im zusammengesetzten Wort Haipule bedeutet einfach »sagen oder erklären«. Wir können für uns selbst oder für einen anderen Menschen Pule praktizieren. In beiden Fällen läßt sich der grundlegende Ablauf, den wir für die allgemeine Haipule-Zeremonie gelernt haben, auf das Wiedererlangen der körperlichen Gesundheit anwenden.

Lange bevor die Princeton-Studien gezeigt haben, daß wir mit unseren Gedanken die Außenwelt beeinflussen können, haben mächtige Heiler überall in der Welt die Kraft ihrer Gedanken eingesetzt, um anderen Menschen durch Gebete zu helfen. In den letzten Jahren haben zahlreiche wissenschaftliche Experimente die Wirksamkeit von Gebeten eindeutig nachgewiesen. Das beste Nachschlagewerk über diese Forschungen ist wahrscheinlich immer noch das 1993 veröffentlichte Buch »Heilende Worte« von Dr. Larry Dossey, der darin eine verblüffende Anzahl wiederholbarer Experimente auflistet, welche die Macht des Gebetes beweisen, und auch die am besten wirksamen förmlichen Gebete erörtert.

»Experimente mit Versuchspersonen haben gezeigt, daß Gebete eine positive Wirkung auf hohen Blutdruck, Wunden, Herzanfälle, Kopfschmerzen und Ängstlichkeit hatten«, faßt er zusammen. »Außerdem wurden in diesen Studien Enzyme, Bakterien, Pilze, rote Blutkörperchen, Krebszellen, Samen und Pflanzen untersucht... und es ist bemerkenswert, daß die Wirksamkeit der Gebete nicht davon abhängig war, ob der Betende sich in der Nähe der Organismen aufhielt, denen das Gebet galt. Nichts scheint das Gebet aufhalten oder blockieren zu können. Der Nachweis ist einfach überwältigend, daß Gebete eine Fernwirkung auf die körperlichen Prozesse einer Vielzahl von Organismen haben, von Bakterien bis zu Menschen.«

Larry Dossey bezieht sich dann auf die Ergebnisse früherer Princeton-Studien und hebt hervor, »daß das Gebet seiner Natur nach ein nicht ortsgebundenes Ereignis [ist] – es ist nicht an einen besonderen Ort oder an einen bestimmten Augenblick gebunden. Und da das Gebet eine gedankliche Aktivität ist, folgt daraus, daß es einen Aspekt unserer Psyche gibt, der ebenfalls nicht ortsgebunden ist. Also muß ein Teil unseres Selbst über die Grenzen von Raum und Zeit hinausgehen – allgegenwärtig, ewig und unsterblich sein. Der empirische Nachweis der Kraft des Gebetes ist demnach ein indirekter Beweis für die Existenz der Seele.«

Auch hier stellen wir wieder fest, daß die Wissenschaft (in diesem Fall die Medizin) zu den grundlegenden Annahmen der Huna-Tradition zurückkehrt (beispielsweise zu den sieben Prinzipien), um die untersuchten Phänomene zu erklären. Wenn Menschen durch die Kraft ihrer Gedanken in die Funktionen anderer Organismen (und auch ihres eigenen Organismus) eingreifen können, dann muß der Mensch mehr sein, als die materialistische Wissenschaft bisher angenommen hat. Menschliche Wesen sind also aufs engste mit einem nicht ortsgebundenen transpersonalen Bewußtsein oder einer spirituellen Realität verbunden. Kurzum, die Menschen müssen tief in ihrem Inneren eins sein mit Gott, sonst könnten sie nicht ohne weiteres ihre individuelle Identität überwinden und außerhalb des Raum-Zeit-Kontinuums der materiellen Wissenschaft handeln.

Dossey präsentiert mehrere Forschungsergebnisse, die nicht nur die Wisenschaftler, sondern auch religiöse Gruppen verblüfften. So gibt es Studien, die zeigen, daß es unerheblich ist, zu welchem Gott man betet: Die Hilfe kommt durch das hingebungsvolle Gebet, und nicht dadurch, daß ein bestimmter Gott oder eine bestimmte spirituelle Quelle angerufen wird. Was jedoch eine Rolle spielt, sind die Faktoren, die wir schon im Zusammenhang mit der Haipule-Zeremonie untersucht haben: daß der Betende in diesem Augenblick selbstlos ist, seine Egogrenzen überwindet, sich eher in einem Zustand des »Seins« als des »Tuns« befindet und über eine hohe emotionale Energie verfügt, also Begeisterung und echtes Verlangen nach dem »höchsten Wohl« empfindet, welches er anstrebt.

> Außerdem zeigen die medizinischen Studien, die Dossey dokumentiert, daß Gebete »für das höchste Wohl« eines anderen effektiver sind als solche, in denen man um ein bestimmtes Ergebnis bittet.

Der Psychologe Lawrence LeShawn, bekannt für seine eigenen Studien über das, »was Gebete wirken läßt«, kommt zu dem Ergebnis, »daß man voll über diese wirksamen Heilkräfte verfügt, wenn man, und sei es nur für einen Augenblick, alle persönlichen Wünsche aufgibt, die sich auf das eigene Selbst (weil es in der spirituellen Wirklichkeit kein getrenntes Selbst gibt) oder auf andere Menschen beziehen (weil diese ebenfalls nicht getrennt von uns existieren), und sich einfach gestattet, zu sein und auf diese Weise eins mit allem zu sein, was existiert.«

In Verbindung mit diesem Gefühl, vorübergehend mit Akua lani zu verschmelzen und sich in einem glückseligen Zustand zu befinden, in dem man »das individuelle Selbst vergißt und sich als eins mit dem gesamten Universum empfindet«, gibt es noch einen weiteren wichtigen Aspekt, und zwar die »Empfindung von außerordentlicher Fürsorge und großem Mitgefühl für den Menschen, der Heilung braucht«.

Die neue Wissenschaft und die Huna-Heilkunde

1993 schrieb Dossey am Ende seines Buches, es gebe einfach noch kein wissenschaftliches Modell, mit dem sich erklären ließe, was bei der Heilung vor sich geht, weil die Fakten in klarem Widerspruch zu dem alten materialistischen Modell der Realität stünden. Drei Jahre später veröffentlichte Robert Jahn in Princeton seinen Artikel »Information, Consciousness and Health«, in dem er versuchsweise ein neues Modell der »Quantenmechanik des Bewußtseins« vorstellte.

- Jahn nannte darin die vier grundlegenden Voraussetzungen, wie man durch Gedankenkraft die körperliche Gesundheit positiv beeinflussen kann: (1) das Bewußtsein, welches sich gezielt auf (2) den eigenen oder einen fremden materiellen Körper richtet mit (3) einer nützlichen Information oder einem Befehl über (4) eine passende resonante Verbindung.

Entscheidend ist bei diesem Modell die Kraft der Resonanz, die scheinbar getrennte Systeme verbindet und das empfangende System in einen Gleichklang mit dem ausstrahlenden System bringt. Unter besonderem Bezug auf Gesundheit und Heilung schlußfolgert Jahn: »Zweifellos besteht die engste Resonanz zwischen dem materiellen Körper und dem dazugehörigen Bewußtsein.« Jahn formuliert dann eine klare Aussage, welche sich direkt auf die der Haipule-Zeremonie innewohnende Kraft bezieht, unsere eigene körperliche Gesundheit positiv zu beeinflussen. Denken Sie daran, daß dieser Mann kein New-Age-Träumer ist, sondern der ehemalige Dekan der Princeton School of Engineering and Applied Science und Professor für

Raumfahrt sowie Direktor des Princeton Engineering, Anomalies Research Program.

- »Über die Ausstrahlung der eigenen Absicht«, so schlußfolgerte Professor Jahn, »kann unser Bewußtsein bis zu einem gewissen Grad Ordnung in die Zufallsreihen von Nullen und Einsen bringen, die aus einer primitiven elektronischen Maschine kommen. Mit Sicherheit kann es durch ähnliche Prozesse auch die weit komplizierteren Steuerungsprozesse beeinflussen, die der eigenen Gesundheit zugrunde liegen.«

Wenn führende Wissenschaftler uns jetzt grünes Licht geben, uns selbst und andere durch die Kraft unserer bewußten Absicht zu heilen, dann bleibt uns nur noch übrig, unsere eigenen Überzeugungen so zu erweitern (»Es gibt keine Grenzen!«), daß wir unseren inneren Kräften vertrauen und sie aktiv benutzen.

Der beste Weg, Ihr »Ich kann!«-Glaubenssystem und Ihr Vertrauen in Ihre eigenen heilenden Kräfte zu stärken, besteht darin, daß Sie immer wieder die heilende Haipule-Zeremonie praktizieren und selbst Schritt für Schritt die Ergebnisse Ihres eigenen Handelns erfahren. Ihr Selbstvertrauen wächst dann mit zunehmender Erfahrung.

Lassen Sie uns also direkt mit der grundlegenden Huna-Heilungszeremonie beginnen. Wir werden uns in diesem Fall auf unsere eigene Heilung konzentrieren, aber Sie sollten daran denken, daß Sie auch anderen Menschen sehr wirkungsvoll helfen können, sich von körperlichen Krankheiten oder anderen Problemen zu erholen, indem Sie Ihre heilende Energie in deren Richtung lenken.

Ola Pono: Die Huna-Heilungszeremonie

Gleich welcher Art Ihre Beschwerden sein mögen, dieses Verfahren wird scheinbare Wunder wirken, wenn Sie es wirklich beherrschen. Selbst wenn Sie sich im Grunde fit fühlen und Ihre Gesundheit nur stärken wollen, wird es von großem Nutzen sein, diese Zeremonie alle paar Tage durchzuführen.

Da Sie den Ablauf der Haipule-Zeremonie inzwischen kennen, werden wir sie kürzer darstellen und vor allem heilende Absichtserklärungen in das Haipule-Gewebe einflechten.

Erster Schritt: »Ola Pono: sich im gegenwärtigen Augenblick gut fühlen«
Gleich welcher Art Ihre Symptome sind, richten Sie Ihre Aufmerksamkeit sanft und mühelos auf Ihren Atem, während Sie sich dafür öffnen, hier im gegenwärtigen Augenblick in Ihrem Körper (trotz aller Beschwerden oder Schmerzen!) zu sein, dankbar für das Leben, während Ihr Atem weiterhin durch Nase oder Mund ein- und ausströmt und Ihr Herz immer noch in der Mitte Ihrer Atmung schlägt... Vollziehen Sie kurz die Ha!-Meditation und richten Sie Ihre Gedanken nun auf ein tieferes Empfinden der Akzeptanz und des Mitgefühls mit sich selbst und der Welt um Sie herum, indem Sie sich sagen: »Ich liebe mich selbst.« und dann: »Ich liebe die Welt.«

Zweiter Schritt: »Öffnung für das höhere Selbst«
Versetzen Sie sich in den Empfangszustand und sagen dann beim Ausatmen zu sich selbst: »Ich bin offen, um Führung von Akua lani zu empfangen.« Lassen Sie anschließend beim Einatmen Ihre Gedanken ruhen und seien Sie offen für die Gegenwart Ihres höheren Selbst. Vielleicht möchten Sie bei jedem Ausatmen sagen: »Ich bin offen zu empfangen.«

Dritter Schritt: »Erkennen des übergeordneten Zieles«
Sagen Sie sich mehrmals beim Ausatmen: »Ich möchte gesund sein, dienen und lieben«, oder ähnliche Worte, die sinngemäß dasselbe ausdrücken.

Vierter Schritt: »Formulierung der generellen Absicht«
Überlegen Sie, was Sie spirituell und mental erreichen wollen, und erklären Sie präziser: »Ich will in Harmonie leben. Ich will gesund sein.« Spüren Sie, wie diese Worte in Ihrem gesamten Sein widerhallen und tief in jede Zelle Ihres Körpers gelangen.

Fünfter Schritt: »Formulierung des spezifischen Manifestationszieles«
Wir kommen nun an den Punkt, wo wir unserem eigenen Ku-Lono-Zentrum die gewünschte Veränderung übermitteln: »Mit der Hilfe meines höheren Selbst will ich Heilung in meinem Körper anregen.«

Sagen Sie dies mehrmals beim Ausatmen und lassen Sie die Worte tief in Ihrem Inneren eine Resonanz auslösen. Fühlen Sie die Wahrheit dieser Aussage in Ihrem ganzen Sein.

Sechster Schritt: »Die Großen Vier«
1. *Verbale Absichtserklärungen:* Sprechen Sie Ihre spezifische Absicht immer wieder aus, und seien Sie dabei jedesmal vollständig im gegenwärtigen Augenblick, genau hier und jetzt: »Mit der Hilfe meines höheren Selbst will ich Heilung in meinem Körper anregen.«

2. *Sinnliche Wahrnehmungen:* Stellen Sie sich zusätzlich sinnliche Eindrücke vor, die mit Ihrer Sehnsucht nach Heilung in Resonanz stehen. Entscheidend ist dabei, daß Sie sich weiter auf

Ihre Herzregion konzentrieren sowie auf die Tiefe Ihrer Bauchregion, denn von dort, so empfinden es die Hawaiianer, kommt die stärkste Heilungsenergie.

Sie können sich z. B. vorstellen, daß Sie vollständig gesund sind, über eine Wiese voller Frühlingsblumen laufen, still im Schatten eines Baumes schaukeln oder irgendein anderes Bild, das Ihnen im Zusammenhang mit guter Gesundheit in den Sinn kommt... lassen Sie diese Gesundheit mühelos in den gegenwärtigen Augenblick ausstrahlen.

3. Emotionale Verbindung: Lassen Sie sich voll auf Ihre emotionalen Gefühle der Beschwerdefreiheit und Schmerzlosigkeit, des Friedens und der Glückseligkeit ein. Bringen Sie ihr ganzes Sein in den Zustand bedingungsloser Liebe zu sich selbst und der ganzen Welt.

Empfinden Sie, wie Ihre positiven Gefühle mit jedem Ausatmen aus Ihrem eigenen Liebeszentrum in die Welt hinausströmen – und lassen Sie bei jedem Einatmen die heilende Kraft von Akua lani tief in ihr Herz hinein.

4. Pikopiko-Energetisierung: Machen Sie an einem beliebigen Punkt eine Pause und nehmen Sie sich Zeit, Ihr inneres Mana aufzubauen, damit Sie Ihre Absichten mit mehr Energie ausstrahlen können.

Eins: Sagen Sie sich beim Einatmen: »Ich empfange heilende Energie«, und spüren Sie, wie dieses Mana durch den Scheitelpunkt Ihres Kopfes fließt...

Zwei: Sagen Sie sich beim Ausatmen: »Ich bin zutiefst dankbar«, und spüren Sie, wie Ihre Liebe in die Welt hinausströmt.

Praktizieren Sie diesen Atemrhythmus mindestens ein paar Atemzüge lang.

Dann sagen Sie sich mit dieser erhöhten und weiterströmenden Energie mehrmals: »In Harmonie mit Akua lani werde ich heil… heil… heil…«

Spüren Sie, wie die Grenzen zwischen der »materiellen Realität« und der »spirituellen Realität« verschwinden, wie Sie in der Tiefe heil werden – und dadurch eine Heilung auf allen Ebenen Ihres Seins in Gang setzen.

Siebtes Geheimnis

Ohana: Familie und Gemeinschaft

Wir leben in einer Zeit, in der sich sowohl die Familie als auch das Gemeinschaftsleben – gemessen an dem, was vor fünfzig Jahren üblich war – fast bis zur Unkenntlichkeit verändert haben. Verglichen mit dem Ohana-Familienleben der traditionellen polynesischen Kultur erscheint unser westliches Familien- und Gemeinschaftsleben ausgesprochen seltsam und angespannt. Was können wir in dieser Beziehung von der Huna-Weisheit lernen, und wie können wir die Haipule-Zeremonie nutzen, um unser Familienleben zu verbessern und die Solidarität und das Wohlergehen unserer lokalen und weltweiten Gemeinschaften zu fördern?

Werfen wir zunächst einen Blick auf die Bedeutung des Wortes Ohana: Wir haben schon festgestellt, daß Oha (wie in Aloha) »gedeihen, üppig, freudig, Zuneigung, Freundschaft, Liebe« bedeutet. Hana bezieht sich auf »Arbeit, Pflicht, Amt, Dienst, Verhalten, Herstellung, Unterstützung«. Ana bedeutet »beabsichtigen, planen, begutachten, in Ordnung bringen«.

- Wenn man diese Ausgangsbegriffe zu Ohana zusammensetzt, ergibt sich daraus sinngemäß eine »gedeihliche, erfreuliche Freundschaft von Menschen, die in einem liebevollen Dienst mit angemessenem Verhalten und positiven Absichten zusammenarbeiten.« Mit anderen Worten: Es ist eine

Gruppe von Menschen gemeint, die glücklich und erfolgreich zusammenleben – oder wie das Wörterbuch Ohana definiert: »Familie, Verwandtschaft, Gemeinschaft«.

Ohana bezieht sich im allgemeinen sowohl auf unsere familiären Bindungen, die sich harmonisch in die örtliche Gemeinschaft einfügen, als auch im weiteren Sinne auf die globale Gemeinschaft und schließlich auf die generelle spirituelle Verbundenheit, die wir erleben, wenn wir uns dafür öffnen, daß unser individuelles Bewußtsein in der Tat mit unserer gesamten Umgebung verknüpft ist. Im traditionellen Sinne beinhaltete Ohana sowohl die sichtbaren als auch die unsichtbaren Dimensionen der Gemeinschaft. Die Hawaiianer glaubten beispielsweise, nach dem Tod eines Menschen bleibe dessen reiner Geist im Reich von Po, so daß es in der Gemeinschaft sowohl eine lebende (fleischliche) als auch eine geistige Familie gab. »Daß ein Mensch sich aus seinem Körper zurückgezogen hatte, änderte nichts an seiner Familienzugehörigkeit«, erklärte Kaili'ohe Kame'ekua in ihren mündlichen Überlieferungen. »Man sprach von und mit diesen Verstorbenen und gedachte ihrer bei den Mahlzeiten, bevor die Familie zu essen begann.«

Die Polynesier dachten sich die Grenze zwischen Leben und Tod als fließend und glaubten, daß wir uns (wie bei der Reinkarnation) zwischen den Welten des Fleisches und des Geistes viele Male hin und her bewegen. Träume galten beispielsweise als regelmäßige Erfahrungen »unserer unsterblichen Natur und zahlreicher Leben ... als Rückkehr zu den Bedingungen und Orten, wo wir uns zwischen den irdischen Leben aufhalten ... zusammen mit unserer spirituellen Familie«.

In jeder erweiterten Familie oder lokalen Gemeinschaft gab es Seher und Propheten, die als Kaula bezeichnet wurden. Es waren »sehr alte Seelen, die sich wiederverkörpert hatten, um anderen zu helfen«, und die ohne weiteres die spirituelle Familie aufsuchen konnten, um Einsichten zu gewinnen und Fragen zu lösen, die Mitglieder der Gemeinschaft ihnen gestellt hatten. Außerdem hatte jede erweiterte Familie ihren besonderen »Schutzengel« oder spirituellen Führer, den sogenannten Aumakua, der zum Familienkreis gehörte und als »Botschafter zwischen der materiellen und der spirituellen Welt diente. Wir waren eins mit allen Dingen und der gesamten Materie, wir waren eins mit ihnen, und sie waren eins mit uns. Was sollte daran so merkwürdig sein?« schließt Kaili'ohe Kame'ekua.

Für die alten Hawaiianer bedeutete Gemeinschaft oder Ohana demnach weit mehr als die heutige Aufteilung in Familie, Schulklassen und Arbeitsgruppen. Gemeinschaft war »alles, was wir teilen, sowohl materiell als auch spirituell«.

Die klassische Ohana war eine durch und durch »kommunale« Erfahrung. Abgesehen von einigen persönlichen Habseligkeiten wie einer Schlafmatte und einer Eßschale gab es vor dem Eindringen der europäischen Zivilisation kein individuelles Eigentum. Ganz sicher gab es keine individuellen Eigentümer von Land oder von Flüssen, genausowenig wie irgend jemand den Himmel oder den Ozean besitzen konnte. Jeder arbeitete (anscheinend ziemlich hart) und teilte die Ergebnisse seiner Arbeit, die in gewissem Maße spezialisiert war, aber doch vielseitig blieb. Von dem, was die Gemeinschaft herstellte, bekamen zunächst die älteren Menschen (die selbst entscheiden konnten, wann sie nicht mehr arbeiten wollten), und dann wurde es unter den verschiedenen Familien aufgeteilt. Das Gemeinschaftsleben beruhte auf offenem Handel und Teilen, und es gab nur sehr wenige Gesetze. Das eine große Gesetz besagte, daß jeder, der einem anderen etwas stahl, aus der Gemeinschaft verbannt wurde.

Die Ohana wurde von einer Gruppe geachteter Älterer regiert, den sogenannten Kupunas, die jede Frage oder jeden Konflikt einstimmig entschieden. Die jeweiligen Kahunas oder Meisterlehrer der verschiedenen Aspekte des Gemeinschaftslebens oder der Überlebenskunst waren natürlich Mitglieder dieser Gruppe, aber grundsätzlich konnte jeder, ob Mann oder Frau, jung oder alt, der sich als weise und selbstlos erwiesen hatte, jederzeit einstimmig in diesen Kreis der Regierenden berufen werden.

In starkem Gegensatz zu unserem heutigen Leben gab es in der polynesischen Tradition keine Kernfamilien. Die Familie umfaßte alle Verwandten, die in derselben Gegend lebten.

Grundsätzlich ging man davon aus, daß alle Erwachsenen Eltern oder Großeltern aller Kinder in der Ohana waren, wobei Blutsverwandtschaft weniger Bedeutung hatte als die Zugehörigkeit zur gesamten Gemeinschaft. Oft kannte ein Kind seinen leiblichen Vater gar nicht, aber das machte im Grunde nichts aus. Sexuelle Schuld oder Sünde kannte man innerhalb der Gemeinschaft nicht, und oft hatte ein Mann mehrere Frauen oder eine Frau hatte mehrere Männer - was angenehm war, war auch in Ordnung und diente den Wünschen und Bedürfnissen eines jeden am besten.

»Für uns«, so sagte Kaili'ohe Kame'ekua, »war die Familie eine zuverlässige Einheit, ein Ganzes, von dem jeder ein Teil war. Die Familie war eine Gemeinschaft oder Gruppe von Menschen, die zusammenlebten, sich gemeinsam entwickelten, ihre Probleme so gut wie möglich gemeinsam lösten, alle miteinander verbunden, alle lernend und wachsend und einander in ihrem Wachstum unterstützend. Wir alle standen irgendwie in Beziehung zueinander. Damals wie heute waren Menschen eben Menschen. Es gab gute Zeiten und schlechte Zeiten, fröhliche Zeiten und schwierige Zeiten. Der Unterschied zeigt sich, wenn es um die Familie geht. In dieser Hinsicht waren wir alle Teil eines Ganzen. Wir hatten unsere Ohana.«

Selbst heute strahlen die hawaiianischen Familien ein entspanntes Mitgefühl und Zugehörigkeitsgefühl, gegenseitigen Respekt und Unterstützung aus. Die Kinder wachsen in dem Bewußtsein auf, daß es viele Verwandte gibt, die für sie sorgen, ihnen etwas beibringen und sie lieben. Und die alten Leute wissen, daß vielleicht hundert oder mehr Menschen in ihrer Ohana sie respektieren und für sie sorgen.

Was bedeutet Ihnen im Vergleich dazu Ihre eigene Familie und Gemeinde? Fühlen Sie sich dort zufrieden, sicher, geliebt und erfüllt? Halten Sie vielleicht einen Moment inne und denken Sie über Ihr gegenwärtiges Gemeinschaftsgefühl nach – oder über den Mangel, den Sie in dieser Hinsicht empfinden. Überlegen Sie, ob Sie daran mit Hilfe der Haipule-Zeremonie gerne etwas verändern würden.

Ho'oponopono: Konfliktlösung in der Familie

In vielen Familien auf Hawaii und den Südseeinseln ist es heute noch so: Wann immer Unstimmigkeiten auftreten, reagiert die Familie als Gruppe mit einem traditionellen Ritual zur »Konfliktlösung«, das seit Tausenden von Jahren bekannt ist und als Ho'oponopono bezeichnet wird. Es soll Differenzen zwischen zwei Menschen sofort und öffentlich zur Sprache bringen und Vergebung, Akzeptanz und erneute Harmonie herbeiführen. Natürlicherweise schafft der Konflikt zwischen zwei Mitgliedern einer Gruppe einen allgemeinen Zustand der Disharmonie innerhalb der gesamten Gruppe. Bis zur Lösung des Konfliktes befindet sich die Gruppe als Ganzes im Ungleichgewicht, nicht in Resonanz, und deshalb funktioniert sie nicht gut. Dieser Zustand bedroht das Wohlergehen der gesamten Ohana. Also reagiert auch die ganze Ohana und bemüht sich als Gruppe, die Wunden zu heilen und das Problem zu überwinden. Dies ist ein sehr schönes Modell, das alle Familien praktizieren könnten, deshalb wollen wir die Zeremonie etwas genauer ergründen. Zunächst einmal kann jeder, der das Gefühl hat, daß ein Problem in der Luft liegt, eine Versammlung einberufen. Traditionell waren es jedoch gewöhnlich die Älteren, die entweder einige Mitglieder der Gemeinschaft oder manchmal auch die gesamte Ohana versammelten, um emotionale Heilung zu suchen.

Die Ho'oponopono-Zeremonie...

Als erstes wurde ein Gebet gesprochen, bei dem der Familien-Aumakua (»Schutzengel« der Familie) um seine Anwesenheit gebeten und allgemein jeder aufgefordert wurde, sich der tieferen spirituellen Liebe füreinander zu öffnen. Das Grundthema lautet hier: »Im Interesse des Gemeinschaftswohles haben wir uns versammelt.«

Dann erhält jede der Konfliktparteien Gelegenheit, ihre Sicht der Dinge ohne Unterbrechung darzustellen. Das kann schnell gehen oder auch beträchtliche Zeit in Anspruch nehmen – es gibt für dieses Treffen keine zeitliche Begrenzung, sondern man macht weiter, bis die volle Harmonie wieder erreicht ist. Wichtig ist dabei, daß jeder, der etwas sagen will, auch zu Wort kommt. Dadurch können alle Anwesenden ihre Emotionen öffentlich aussprechen.

Manchmal drücken die steitenden Parteien ihren Ärger aus und schweigen dann. Das Schweigen darf andauern, weil

Schweigen ebenfalls heilend wirkt. In der Zwischenzeit drükken vielleicht andere Leute ihre Gefühle aus. Fast immer beginnen anschließend die streitenden Parteien erneut zu sprechen, auf einer neuen Ebene, und vielleicht finden sie nun eine Lösung, vergeben einander und öffnen ihre Herzen wieder.

Die fundamentale Regelung für das Treffen lautet: Alle bleiben da, bis die Harmonie wiederhergestellt ist. Es muß wieder Frieden geschlossen werden, weil Harmonie und Liebe die Grundlagen der Gemeinschaft sind. Sie dürfen nicht verlorengehen.

Vielleicht finden sie aber auch keine Lösung, und es vergeht weitere Zeit. Traditionell wurde das Treffen also fortgesetzt, bis eine Lösung gefunden war. Die Mitglieder der Gemeinschaft waren nicht da, um zu urteilen, sondern als Zeugen, um Unterstützung anzubieten und die emotionale Heilung zu fördern. Wenn zwei verärgerte oder wütende Menschen von zehn, zwanzig, fünfzig oder hundert Familienfreunden umgeben sind, deren Herzen alle voller Liebe sind, und die eine positive Lösung anstreben, dann ist diese Absicht natürlicherweise sehr mächtig und eine große Hilfe beim Heilungsprozeß.

Schließlich fand man eine Lösung, die Herzen öffneten sich, und beide Parteien verziehen einander. Was sich die ganze Gemeinschaft aus tiefstem Herzen gewünscht hatte, wurde Wirklichkeit. Daraufhin feierte man ein Freudenfest, weil die Harmonie in der Gemeinschaft wiederhergestellt war – ohne Zwang oder Verurteilung, sondern eher durch die ausdauernde Kraft von Aloha und Ohana.

Halten Sie einen Moment inne und denken Sie nach: Was würde in Ihrer Familie geschehen, wenn Sie diesen generellen Ansatz zur Konfliktlösung vorschlagen würden? Ob im Berufsverband, in Kirche, Schule oder Familie, die grundlegende

Struktur kann Wunder wirken – sowohl bei der Lösung von Konflikten als auch bei der Entwicklung eines stärkeren Gefühls von Zusammengehörigkeit und Harmonie in der gesamten Gruppe oder Gemeinschaft. Versuchen Sie es!

Die Ho'oponopono-Zeremonie zu zweit

Genau an diesem Punkt wird wahrscheinlich mindestens die Hälfte von Ihnen sagen: »Ich habe zwar Konflikte zu lösen, aber ich habe keine erweiterte, ja nicht mal eine kleine Familie, die dabei helfen könnte. Es gibt nur mich und die Person, mit der ich mich streite. Meine Freundin und ich, wir lieben einander, aber wir haben nun mal diesen riesigen Konflikt, der unsere Beziehung zu zerstören droht. Was können wir tun?«

Besonders wenn die Person, mit der Sie sich streiten, ebenfalls dieses Buch liest, haben Sie die besten Voraussetzungen, zu mehr Harmonie zu finden, indem Sie Ihre beiderseitige Sehnsucht nach Familie und Gemeinschaft vereinen, auch wenn Sie für den Anfang nur zu zweit daran arbeiten.

Einigen Sie sich darauf, den folgenden Ablauf wenigstens auszuprobieren, wenn Sie das nächste Mal feststellen, daß sich auch nur eine kleine Auseinandersetzung entwickelt. Häufig drehen sich Streitigkeiten immer wieder um ein ganz bestimmtes Thema, oft um unterschiedliche Überzeugungen darüber, wie die Dinge in Ihrer Beziehung »sein sollten«. Wenn es Ihnen gelingt, diese Überzeugungen durch den Auflösungsprozeß zu überwinden, sind Sie schon auf einem guten Weg zu mehr Harmonie. Beachten Sie: Dieser zeremonielle Ablauf kann auch ohne weiteres auf die zuvor beschriebene größere Versammlung angewendet werden.

Erster Schritt:
Wenn eben möglich, sollten Sie eine dritte »neutrale« Person bitten, Ihnen bei dieser kleinen Ho'oponopono-Zeremonie zu helfen. Setzen Sie sich gemeinsam in einen Raum oder nach draußen, wo Sie Ruhe und Frieden haben. Konzentrieren Sie sich auf Ihre Atmung und gestatten Sie schweigend Ihren Gefühlen, sich zu beruhigen, bevor Sie mit der Konfrontation beginnen. Praktizieren Sie mindestens zwei Minuten gemeinsam die Ha!-Meditation.

Zweiter Schritt:
Drücken Sie gemeinsam, schweigend oder laut, Ihre Sehnsucht danach aus, in Kontakt mit Ihrem höheren Selbst oder einer anderen Art von spiritueller Führung zu kommen. Wenn Sie einen gemeinsamen religiösen Kontext haben, können Sie in einem kurzen Gebet um Führung und Heilung bitten.

Dritter Schritt:
Wenn sich Ihre Emotionen ausreichend beruhigt haben, kann nun jeder von Ihnen dem anderen seine generelle Absicht mitteilen, beispielsweise: »Ich möchte meinen Konflikt mit dir lösen, damit wir uns wirklich wie eine harmonische Familie fühlen können.«

Vierter Schritt:
Benutzen Sie entweder vor dem Treffen oder jetzt das folgende Formular, um zu notieren, was Sie dem/der anderen vorwerfen. Achten Sie darauf, daß beide Konfliktparteien dieses Formular ausfüllen!

Feststellung, »warum du mich ärgerst«

Du ______________ (Name) machst mich ______________
__________________ (wütend/ärgerlich), weil ____________
____
____

Nun sollten Sie sich gegenseitig wechselweise Ihre Aussagen dreimal vorlesen, ohne dabei unterbrochen zu werden. Achten Sie auf die Emotionen, die dadurch auf beiden Seiten hervorgerufen werden.

Stellen Sie nun im Hinlick auf beide Aussagen die Frage: »Ist das wirklich wahr?«

Nehmen wir an, Sie hätten geschrieben: »Ich bin wütend auf dich, (Stella), weil du immer versuchst, unsere Beziehung zu kontrollieren.«

A) Fragen Sie sich selbst laut in ihrer Gegenwart: »Versuchst du immer unsere Beziehung zu kontrollieren?« Ist das wirklich wahr – und woher wissen Sie, daß es wirklich wahr ist? Sagen Sie ihr, was Sie für wahr halten (ohne unterbrochen zu werden) – und blicken Sie nach innen, um den Unterschied zwischen Ihren Überzeugungen und der Wirklichkeit zu erkennen – dadurch werden viele Konflikte sofort erhellt.

B) Fragen Sie nun Stella, ob sie Ihre Aussage für wahr hält, und lassen Sie sie (bzw. die jeweils andere Konfliktpartei) reden, ohne sie zu unterbrechen. Sieht sie ihr Verhalten auf dieselbe Weise, wie Sie es tun, oder beurteilt sie die Situation völlig anders?

C) Nun ist sie an der Reihe, dasselbe mit ihrer Aussage zu tun: Ist das wirklich wahr? Und was denken Sie über ihre Einstellung?

D) Als nächstes fragen Sie sich beide: »Was bringt es mir, an dieser Überzeugung in bezug auf unsere Partnerschaft festzuhalten? Ist sie nützlich oder verursacht sie in Wirklichkeit nur Schaden und ständige emotionale Belastungen?«

E) Nun fragen Sie sich beide selbst: »Wer würde ich sein und wie würde unsere Beziehung sein, wenn ich diese Überzeugung aufgäbe?«

- Wenn Sie auf diese Weise gemeinsam Ihre fundamentalen Überzeugungen betrachten, kann das zu einem erstaunlichen Durchbruch im Hinblick auf ein tieferes Gefühl von Liebe und Gemeinschaft führen. Verwenden Sie dazu mehrere Aussagen, wenn Sie Ihre Beziehung wirklich auf Dauer vertiefen wollen.

F) Drehen Sie schließlich die Aussagen um, mit denen Sie sich gegenseitig die Schuld in die Schuhe geschoben haben.

Für Sie könnte das im vorangegangenen Beispiel heißen: Aus der Aussage »Ich bin wütend auf dich, weil du immer versuchst, unsere Beziehung zu kontrollieren«, wird: »Ich bin wütend auf mich selbst, weil ich immer versuche, unsere Beziehung zu kontrollieren.« Ist das wahr? Prüfen Sie es! Und lassen Sie die andere Partei anschließend (oder vorher) dasselbe tun.

Wenn Sie schon durch die erste Aussage eine Lösung des Problems, Einsicht und spirituelle Einheit gefunden haben, großartig! Wenn nicht, nehmen Sie sich jetzt Zeit, eine weitere Aussage aufzuschreiben, was der/die jeweils andere tut, das Sie ärgerlich, traurig oder bedrückt macht, und wiederholen Sie dieselbe Prozedur noch einmal. Bleiben Sie offen dafür, die Überzeugungen, die sie voneinander trennen, aufzugeben.

- Diesen Ablauf kann man mit Liebespartnern, Geschäftspartnern, Klassenkameraden oder anderen Beziehungspartnern praktizieren, wenn beide Seiten ernsthaft nach einer Lösung der Probleme und einer höheren Ebene der Beziehung und Zusammenarbeit suchen. Die Anwendungsmöglichkeiten sind ebenso endlos wie die Konflikte, die unsere Familien und Gemeinden, unsere Unternehmen sowie soziale und kirchliche Organisationen auseinanderreißen.

Zum Wohle der Allgemeinheit

Sicher ist Ihnen bewußt, daß die Struktur unserer Gesellschaft als solche ein erhebliches Trauma erleidet, denn der weltweite Kapitalismus reißt die Mitglieder einer Gemeinschaft ständig auseinander und schickt sie in die Ferne, wo sie ohne jede Unterstützung durch eine Gemeinschaft leben müssen. Unser allzuoft vereinzeltes Dasein in den Vorstädten und Städten beraubt uns jeden Gefühls von echter Zugehörigkeit zu einer Gemeinschaft oder Familie.

Es gibt inzwischen eine Reihe guter Bücher, die verdeutlichen, welche schweren Schäden Familien und Gemeinden weltweit durch die globale Wirtschaftspolitik zugefügt werden, die ohne Rücksicht auf humanitäre Belange nur nach unternehmerischem Gewinn strebt. Titel wie »When Corporations Rule the World«, »Beyond the Limits«, »The Ecology of Commerce« und »For the Common Good« behandeln alle dasselbe grundlegende Thema:

- Unsere ursprünglichen Strukturen von Familie und Gemeinschaft, die die menschliche Existenz zusammenhalten, werden durch die verheerenden Konsequenzen der ökonomischen Globalisierung rapide zerstört.

Die erwähnten Bücher heben besonders hervor, daß wir unsere wirtschaftsbezogene Weltsicht ändern müssen. In nahezu jedem Land der Welt erheben besorgte Gruppen die Forderung, die Familie müsse Vorrang vor dem Unternehmen haben.

Aber was können wir als Individuen oder Familien tun, um dem Trend zu einer weiteren Vereinzelung der Menschen und zum Zerbrechen kommunaler Strukturen entgegenzuwirken? Wie können wir mit Hilfe der Haipule-Zeremonie die Veränderungen herbeiführen, die wir uns für die Welt als Ganzes wünschen? Hier sind einige Vorschläge, die Sie sofort umsetzen können, um Ihren Beitrag zur Heilung der Familien und Gemeinschaften in der Welt zu leisten.

Haipule für die eigene Familie

Wo immer Sie sind, können Sie sich fünf Minuten für die folgende Zeremonie nehmen und den Mitgliedern Ihrer Kernfamilie oder erweiterten Familie direkt positives Ohana senden. Im wesentlichen ist dies ein Gebet, in dem Sie Ihre höchste spirituelle Quelle anrufen, um den Menschen, die Sie lieben und denen Sie sich verbunden fühlen, bedingungslose Liebe, Harmonie, Gesundheit und Freude zu senden. Die bekannte Zeremonie wird entsprechend abgewandelt.

Erster Schritt: »den gegenwärtigen Augenblick wiedererlangen«

Vollziehen Sie kurz die Ha!-Meditation, und seien Sie sich Ihres gesamten Daseins im gegenwärtigen Augenblick bewußt.

Während Sie sich Ihrer Atmung bewußt bleiben, richten Sie Ihre Gedanken nun auf ein tieferes Empfinden der Akzeptanz und des Mitgefühls mit sich selbst und den Mitgliedern Ihrer erweiterten Familie, indem Sie sich sagen:

»Ich liebe mich selbst.« Und dann: »Ich liebe meine Familie.«

Gestatten Sie den Worten, Ihre Aufmerksamkeit mühelos in die erwünschte Richtung zu lenken. Das wird Ihr Herz einerseits für die bedingungslose Selbstliebe öffnen und andererseits die Wolke des Aloha so weit ausdehnen, daß sie die gesamte Außenwelt und damit auch Ihre Familie einhüllt.

Zweiter Schritt: »Öffnung für das höhere Selbst«
Atmen Sie ruhig ein, versetzen Sie sich in den Empfangszustand und sagen Sie dann beim Ausatmen zu sich selbst: »Ich bin offen, um Führung von Akua lani zu empfangen ...«

Lassen Sie anschließend beim Einatmen Ihre Gedanken ruhen und seien Sie im Zentrum der Wahrnehmung des gegenwärtigen Augenblicks offen für die Gegenwart Ihres höheren Selbst. Vielleicht möchten Sie bei jedem Ausatmen weiterhin sagen: »Ich bin offen zu empfangen ...«

Dritter Schritt: »Erkennen des übergeordneten Zieles«
Sagen Sie sich mehrmals beim Ausatmen: »Ich möchte den Aloha-Geist in meinem Familienleben fördern«, oder etwas Ähnliches. Lassen Sie die Aussage immer tiefer in Ihrem Bewußtsein widerhallen.

Vierter Schritt: »Formulierng der generellen Absicht«
Werden Sie nun präziser, indem Sie Ihre Absicht klarer formulieren, z. B.: »Ich will nun in Harmonie mit allen Mitgliedern meiner Familie leben.« Spüren Sie, wie diese Worte in Ihrem gesamten Sein widerhallen und tief in jede Zelle Ihres Körpers gelangen.

Fünfter Schritt: »Formulierung des spezifischen Manifestationszieles«
Übermitteln Sie nun Ihrem eigenen Ku-Lono-Zentrum die gewünschte Veränderung: »Mit der Hilfe meines höheren Selbst will ich Harmonie und Wohlbefinden in meinem Familienkreis fördern.« Sagen Sie dies mehrmals beim Ausatmen und lassen Sie die Wörter tief in Ihrem Inneren eine Resonanz auslösen. Fühlen Sie die Wahrheit dieser Aussage in Ihrem ganzen Sein.

Sechster Schritt: »Die Großen Vier«
Setzen Sie nun alle vier Dimensionen des Manifestationsprozesses ein und strahlen Sie Ihre bewußte Absicht nach außen, damit sie jeden berührt, den Sie während der Zeremonie liebevoll in Ihrem Herzen halten. Dazu gehören sowohl die Ohana-Mitglieder »aus Fleisch und Blut« als auch Ihre »spirituelle Familie« – so umfassend, wie Sie es wünschen.

1. *Die verbale »Familien-Aloha«-Absichtserklärung:* Sprechen Sie Ihre spezifische Absicht immer wieder aus, und seien Sie dabei jedesmal vollständig im gegenwärtigen Augenblick: »Mit der Hilfe meines höheren Selbst will ich Harmonie und Wohlbefinden in meinem Familienkreis fördern.«

2. *Sinnliche Wahrnehmungen:* »Während der verbalen Aussagen können Sie sich Bilder vorstellen, die Ihre Sehnsucht nach einem wunderbaren Ohana-Gefühl in Ihrem Familienkreis repräsentieren. Gemeinsame Ausflüge, Feiern oder auch ein harmonisches gemeinsames Essen…

3. *Emotionale Verbindung:* Spüren Sie Ihre Gefühle der Harmonie, des Friedens und der bedingungslosen Liebe zu sich

selbst und Ihrer Familie – verzeihen Sie und pflegen Sie Ihre positiven Gefühle. Lassen Sie sie mit jedem Ausatmen in die Welt hinausströmen – und lassen Sie bei jedem Einatmen die heilende Kraft von Akua lani tief in Ihr Herz hinein. Erlauben Sie den positiven Emotionen, Ihr ganzes Sein auszufüllen.

4. *Pikopiko-Energetisierung:* Machen Sie an einem beliebigen Punkt eine Pause und nehmen Sie sich Zeit, Ihre »Energiepumpe anzutreiben«, damit während der Zeremonie mehr hochfrequente Energie durch Sie hindurchströmt und Sie Ihre Absichten stärker ausstrahlen können:

Eins: Sagen Sie sich beim Einatmen: »Ich empfange Liebe«, und spüren Sie, wie dieses Mana durch den Scheitelpunkt Ihres Kopfes fließt. *Zwei:* Sagen Sie sich beim Ausatmen: »Ich strahle Liebe aus«, und spüren Sie, wie Ihre Liebe in Ihre Ohana hinausströmt. Praktizieren Sie diesen Atemrhythmus ein paar Atemzüge lang.

Dann sagen Sie sich mit dieser erhöhten und weiterströmenden Energie mehrmals: »In vollkommener Harmonie mit Akua lani sende ich bedingungslose Liebe in die Herzen all meiner Familienmitglieder, derjenigen aus Fleisch und Blut ebenso wie derjenigen, die zu meiner spirituellen Familie gehören.«

Wöchentliche Haipule-Zeremonie für Ihre unterschiedlichen Gemeinschaften...

Jeder von uns gehört neben der Kernfamilie und der weiteren Verwandtschaft noch einer Reihe von anderen Gruppierungen an – im Beruf, in Kirche und Schule, ethnisch, lokal, weltweit etc. – und es ist wichtig, all diesen Ohanas positive Energien zu schicken.

Zu diesem Zweck können Sie die Grundform der Haipule-Zeremonie für Ihre eigene Familie auf jede der folgenden Gruppen anwenden, indem Sie einfach das Wort »Familie« durch die Bezeichnung der jeweiligen Gruppe ersetzen, der Sie Ihre bedingungslose Liebe und Harmonie senden wollen.

Hier ist eine Liste mit Beispielen, die Sie wahrscheinlich noch ergänzen müssen, damit sie alle Gemeinschaften umfaßt, denen Sie angehören:

Meine berufliche Gemeinschaft
Meine Kirchengemeinde
Meine Schulgemeinschaft
Meine Wohngemeinde
Meine ethnische Gemeinschaft
Meine Internetgemeinschaft
Meine Freizeitgemeinschaft
Die Weltgemeinschaft

Die ideale tägliche Haipule-Praxis besteht darin, daß Sie sich fünfzehn Minuten Ruhe und Frieden gönnen, um eine Haipule-Zeremonie für eine der Gemeinschaften in Verbindung mit einer Zeremonie für Ihre besonderen persönlichen Interessen und Absichten abzuhalten. Auf diese Weise fördern Sie Ihre eigenen Interessen und konzentrieren sich auch regelmäßig auf das Wohl aller Gemeinschaften, denen Sie angehören. Damit unterstützen Sie aktiv den Frieden und die Zusammengehörigkeit in der Welt.

Achtes Geheimnis

Maluhia: Meditationen für spirituelle Erfüllung

Wie wir festgestellt haben, gab es für die alten Polynesier keine Trennung zwischen dem Materiellen und dem Spirituellen. Mit ihrer intuitiven Wahrnehmung haben die Kahunas, ähnlich wie viele unserer führenden Physiker, immer erkannt, daß ein Fels in Wirklichkeit ein vibrierendes, lebendiges Wesen, also viel mehr als ein »lebloses« materielles Ding ist. Und selbstverständlich wurde das individuelle menschliche Bewußtsein aus der Huna-Perspektive bei weitem nicht so eingeschränkt wahrgenommen, wie das in der konventionellen modernen Psychologie und Neurophysiologie für gewöhnlich immer noch geschieht. Die Kahunas wußten, daß unser Bewußtsein letztlich in voller Resonanz mit der grenzenlosen Wirklichkeit steht, die wir als den großen Geist oder Gott oder als den universellen Schöpfer bezeichnen.

In der hawaiianischen mündlichen Überlieferung formulieren die Worte der verehrten Kahuna von Moloka'i, Kaili'ohe Kame'ekua, die spirituelle Vision des Huna-Weges genauso deutlich wie jeder andere Weise sie ausdrückt:

- »Ku, Gott, Jehova, Allah, inneres Licht, Liebe – eine ewige Wahrheit. Die Liebe akzeptiert und umgibt alles, was existiert und lebt. Wir sind alle eins, jeder ein Teil des ewigen Ganzen. Es gibt keine Grenze, die uns voneinander trennt oder die verkörperten Wesen von den spirituellen trennt. Wenn die Menschen sagen, daß sie nur dieses oder jenes glauben, dann setzen sie sich selbst Scheuklappen auf, welche die Schönheit und Majestät dessen verbergen, von dem wir alle ein Teil sind – Kinder des Höchsten! Erben des Universums!«

Wir haben in diesem Buch immer wieder festgestellt, daß jeder von uns ein Bewußtsein besitzt, das in alle Richtungen ausstrahlt. Es ist inzwischen wissenschaftlich erwiesen, daß diese Ausstrahlung unseres Bewußtseins die Grenzen von Raum und Zeit überwindet. Das bedeutet, daß wir durch die Kraft unserer Gedanken andere Menschen, Organismen und sogar Computer beeinflussen können, ohne daß diese Kraft durch zeitlichen Abstand oder räumliche Entfernungen geringer würde. Außerdem ist die Macht unserer bewußten Absicht nicht auf unser normales Zeitgefühl beschränkt. Irgendwie beeinflussen unsere Gedanken die äußere Welt, lange nachdem wir sie gedacht haben, und auf fast wunderbare Weise und schon, bevor wir sie denken. Mit anderen Worten: Wie wir in den vorherigen Kapiteln gesehen haben, ist die Vorstellung der Mystiker, daß die Welt in einem zeitlosen gegenwärtigen Augenblick existiert, wissenschaftlich bestätigt worden.

Lassen Sie uns dieser Logik bis zu einer sehr erstaunlichen Konsequenz folgen, die nun mit den experimentellen Ergebnissen der neuen Wissenschaft übereinstimmt und von der gesamten Huna-Tradition tiefgründig widergespiegelt wird:

- Jeder von uns ist ein Dynamo, der ständig Gedanken und Gefühle, Sehnsüchte und Absichten in die gesamte Welt und darüber hinaus ausstrahlt. Jeder unserer Gedanken oder jede unserer Vorstellungen kann sofort und überall auf diesem

Planeten jeden erreichen, der dafür empfänglich ist (oder sich »in Resonanz dazu befindet«, wie die Wissenschaftler es ausdrücken).

Während wir Schritt für Schritt unser Weltbild erweitern und allmählich diese neuen wissenschaftlichen Erkenntnisse akzeptieren und unser sich rasch ausdehnendes Selbstverständnis davon beeinflussen lassen, kommen wir logischerweise zur nächsten Schlußfolgerung:

- Wenn wir alle (5 Milliarden Menschen, Tendenz steigend) ständig unser Bewußtsein in die Atmosphäre der Erde ausstrahlen, dann muß diese Atmosphäre (welche die Huna-Tradition Aka nennt) ein supergesättigtes energetisches Medium sein, das in seiner erweiterten Realität die Summe aller individuellen Bewußtseinsäußerungen enthält.

Das bedeutet, daß die Atmosphäre des Planeten, auf dem wir leben, ein riesiges planetarisches Bewußtsein ist, das sich aus den individuellen Bewußtseinsaktivitäten aller Wesen zusammensetzt, die gegenwärtig auf unserem Planeten existieren, und zusätzlich (im Rahmen der nichtlinearen Zeit) aus allen individuellen Bewußtseinseinheiten, die je auf diesem Planeten existiert haben und in Zukunft existieren werden. Das ist eine faszinierende Konsequenz der dargestellten Gedankengänge – aber fast mit Sicherheit zutreffend.

Wir alle haben an einem größeren, planetarischen Bewußtsein teil – in dem die Erde selbst als lebendiges, bewußtes Wesen gilt, wobei jeder von uns ein Bestandteil des Bewußtseins dieses größeren Wesens ist. Wie Dean Radin in seinem Kompendium von Psi-Daten unter dem Titel »The Conscious Mind« hervorhebt:

- »Die Vorstellung, daß die Erde ein Lebewesen ist, hat man nach der griechischen Erdgöttin als Gaia-Hypothese bezeichnet. Weisen die Effekte des Feldbewußtseins darauf hin, daß Gaia ein Bewußtsein haben könnte? So wie die individuellen Neuronen in einem Gehirn Schwierigkeiten hätten, daran zu glauben, daß sie an einem komplizierten Tanz teilnehmen, den wir als »bewußten Geist« bezeichnen, so sind vielleicht auch die einzelnen Lebewesen auf der Erde Teile des Tanzes, der Gaias bewußten Geist ausmacht.«

Die Kraft des gemeinschaftlichen Bewußtseins

Was geschieht, wenn Tausende, Millionen, sogar Milliarden von Menschen sich gleichzeitig in gemeinsamer Absicht auf ein und dieselbe Sache konzentrieren? Die aufkeimende Wissenschaft des »Feldbewußtseins« versucht, Antworten auf diese Fragen zu finden, und ist bereits zu verblüffenden Ergebnissen gekommen. Auch hier haben sich die Princeton-Studien wieder durch eine einfache Untersuchung hervorgetan, die von Roger Nelson durchgeführt wurde und klar die Macht des Gruppenbewußtseins belegt hat.

Alljährlich konnte man bei den Abschlußfeiern der Studenten in Princeton beobachten, daß der sonst um diese Zeit übliche Sommerregen am Nachmittag aufhörte und die Feierlichkeiten nicht störte. Eine Lokalzeitung schrieb dazu in dem Jahr, als Präsiden Clinton eingeladen war, eine Grußbotschaft an die Universität von Princeton: »Traditionell werden die Examensfeiern in Princeton nie durch Regen gestört. Die wenigen Male in den vergangenen Jahren, wo Niederschlag nicht nur angekündigt war, sondern auch tatsächlich zu drohen schien, wurde der Regen auf wunderbare Weise abgehalten.«

Können Tausende von Menschen, die sich stark wünschen, daß es nicht regnet, tatsächlich das Wetter beeinflussen? Professor Nelson wollte das herausfinden. Er überprüfte genau die historischen Wetterdaten der letzten dreißig Jahre in den Tagen vor, während und nach den Examensfeiern in Princeton. Er konzentrierte sich dabei auf die Niederschläge im Bereich der Universität verglichen mit sechs Kontrollbereichen in angrenzenden Orten. »Nelsons Analyse zeigte«, so faßt Radin in »The Conscious Universe« zusammen, »daß es im Durchschnitt von über dreißig Jahren tatsächlich um die Tage der Examensfeiern herum statistisch sehr viel weniger Niederschläge gab als einige Tage vor und nach den Feiern, und zwar mit einer Wahrscheinlichkeit von fast 20 zu 1.« Außerdem waren die Regenfälle direkt während der Feierlichkeiten auf dem Universitätsgelände wesentlich geringer als in den angrenzenden Orten, so daß die Wissenschaftler zu dem Schluß kamen, daß die unterschiedlichen Niederschläge weit jenseits des statistischen Durchschnitts lagen. Während der letzten dreißig Jahre hat irgend etwas den Regen davon abgehalten, auf die Köpfe Tausender von Leuten zu fallen, die sich in Princeton versammelt hatten. Soviel wir wissen, war es der starke Wunsch oder das Mana'o jener Tausende von Leuten, die den Wolken ihren gemeinsamen Wunsch übermittelten, es möge nicht regnen.

Beachten Sie, daß wir bei dieser Regen-oder-kein-Regen-Situation in Princeton während der Examensfeiern alle Schlüsselelemente der Haipule-Zeremonie für einen optimalen Manifestationserfolg finden. Erstens konzentriert sich jeder auf denselben Wunsch – kein Regen! Wenn das große Ereignis näherrückt, denkt fast jeder: »Ich will nicht, daß es während der Examensfeier regnet«, und alle stellen sich vor, was sie sich wünschen – strahlenden Sonnenschein! Sie denken mit großer Begeisterung und Sehnsucht an einen sonnigen Tag und stellen sich diesen Tag mit all ihren Sinnen vor: Während sie sich der Universität nähern, vollziehen sie ganz klar eine spontane Haipule-Zeremonie und nehmen dann Platz, um die Examensfeier zu verfolgen.

Denken Sie, wie oft so etwas geschieht, wenn sich Gruppen versammeln. Jedesmal, wenn sich beispielsweise Menschen zum Gottesdienst versammeln, verschmelzen ihre gemeinsamen Überzeugungen und Erwartungen zu einem einzigen transpersonalen Bewußtsein. Dieses bringt für jedes Gruppenmitglied eine sehr viel stärkere Erfahrung hervor, als es möglich wäre, wenn man die religiöse Zeremonie alleine vollzieht. Insofern erhöht die treibende Kraft bei allen Versammlungen – das Verschmelzen der individuellen Absichten zu einer größeren Gruppenabsicht – unsere Macht, das zu manifestieren, was wir uns wünschen.

Selbstverständlich kann dieser Effekt sich sowohl positiv als auch negativ auswirken. Als Hitler Millionen seiner Landsleute auf Gewalt und Unterwerfung der Nachbarländer einschwor, spielte die Dynamik des Feldbewußtseins, die üblicherweise als Massenpsychologie bezeichnet wird, mit Sicherheit eine große Rolle. Gruppen können ihre Macht sowohl für positive als auch für negative Aktionen entwickeln und einsetzen. Wenn in diese Gleichung jedoch Liebe einbezogen wird, dann verfügen zwei Menschen, wie wir gesehen haben, über mehr Kraft, als wenn sie keine Liebe füreinander empfinden ... also werden die guten Gruppeninteressen hoffentlich über die weniger guten siegen.

- Ein weiteres bemerkenswertes Ergebnis der Forschungen in Princeton zeigt, daß bei allen Untersuchungen der Auswirkungen des menschlichen Bewußtseins auf die Computeraktivitäten die positiven Resultate die negativen stets deutlich übertrafen.

Wenn die Versuchspersonen gebeten wurden, die Computerergebnisse positiv (positive Zahlen) zu beeinflussen, waren die Resultate höher, als wenn Versuchspersonen die Computerergebnisse negativ (negative Zahlen) beeinflussen sollten. Das gibt uns einige Hoffnung im Hinblick auf die menschliche Natur und die Kraft unserer bewußten Absicht.

Die grundsätzliche Schlußfolgerung ist jedoch klar: Wenn wir uns zu einer Gruppe versammeln, verstärken wir unsere individuellen Absichten, und zwar oft (wenn innerhalb der Gruppe großes Mitgefühl herrscht) zu einer erheblich wirkungsvolleren Kraft, als wir sie individuell hervorbringen könnten. Wenn also beispielsweise hin und wieder weltweit ein bestimmter Augenblick, eine Stunde oder ein Tag einem »Gebet für Frieden« gewidmet würde, dann sollte eine so umfassende Gruppenaktion die Welt als Ganzes durchaus in der gewünschten Richtung beeinflussen.

Die Integration von Spirituellem und Materiellem

Natürlich haben die führenden Wissenschaftler, die das neue Forschungsgebiet der Quantenmechanik des Bewußtseins untersuchen, sich auch mit den tieferen spirituellen Aspekten ihrer Entdeckungen beschäftigt. Professor Jahn hat kürzlich sogar einen Artikel unter dem Titel »The Spiritual Substance of Science« veröffentlicht, wo er in einem Abschnitt unter der Überschrift »Science and Spirituality« erörtert, wie das spirituelle Bewußtsein oder das intuitive Gewahrsein einen entscheidenden komplementären Aspekt von Wissenschaft und Logik bildet. Einstein kam zu demselben Schluß, als er feststellte: »Wissenschaft ohne Religion ist lahm, und Religion ohne Wissenschaft ist blind.« Einstein sagte auch: »Die kosmische religiöse Erfahrung ist die stärkste und edelste Quelle von Wissenschaft und Forschung.«

Im wesentlichen besagen die Schlußfolgerungen der Wissenschaftler, daß unser Bewußtsein im Rahmen derselben Parameter funktioniert wie die Quantenpartikel. Wie David Bohm es ausdrückt: »Wenn man versucht, bei der Definition einer Komponente besonders genau zu sein, verschwimmt die andere zwangsläufig... was in einer umfassenden Interpretation bedeutet, daß die extrem präzise Analyse eines Musters dessen ganzheitliche Botschaft verdunkelt; scharfe Logik trügt die Intuition.«

Wir erwähnen all dies, um die Wechselwirkungen von Wissenschaft und Spiritualität in unserem Leben zu verdeutlichen. Alle Aspekte des Lebens scheinen im Paradigma der Komplementarität von Gegensätzen gefangen zu sein. Wie wir bereits festgestellt haben, kreist das fortschrittlichste wissenschaftliche Denken um die Komplementarität von Logik/Intuition, Welle/Teilchen, Objektivität/Subjektivität, Struktur/Funktion, Beobachtung/Teilnahme, Wissenschaft/Spiritualität und um das am stärksten komplementäre Paar von allen: Handeln/Sein.

Wenn wir nun in unserem eigenen Leben ein Gleichgewicht zwischen unserer alltäglichen materiellen Existenz und unserer ewigen spirituellen Erfahrung suchen, dann stellen wir fest, daß das, was die Wissenschaft als komplementäre Balance bezeichnet, völlig mit dem übereinstimmt, was wir zu Beginn dieses Buches als erwünschte Hu-Na-Balance beschrieben haben.

- Das bedeutet, daß wir dem Handeln und dem Sein, dem logischen Denken und der intuitiven spirituellen Erforschung gleichviel Zeit und Aufmerksamkeit widmen müssen. Wir brauchen ein solides Gleichgewicht zwischen beiden, einen regelmäßigen Wechsel zwischen Hu und Na bei allem, was wir in unserem täglichen Leben tun, um ein Maximum an Kraft und Gnade zu erlangen.

Daraus folgt: Wir müssen beispielsweise genausoviel Zeit in der bewußten Konzentration auf unser persönliches Bewußtsein und unsere individuellen Absichten verbringen wie in der Konzentration auf das transpersonale Bewußtsein und Gruppenaktivitäten jenseits unseres individuellen Bewußtseins. Um bei der Hu-Na-Balance erfolgreich zu sein, müssen wir unsere konzentrierte Aufmerksamkeit ständig zwischen den sanften, gewährenden, weiblichen Aspekten und den starken, manifestierenden, männlichen Aspekten unseres Daseins hin und her bewegen. Wir müssen regelmäßig handeln und genauso regelmäßig ruhen. Das ist der Huna-Weg, um den es in diesem Buch geht.

Lassen Sie uns die grundlegende Haipule-Zeremonie selbst betrachten, um zu verdeutlichen, wie wir dieses Gleichgewicht auf tieferen spirituellen Ebenen stetig bewahren können, wenn wir dieses tägliche Ritual praktizieren.

Der Austausch mit der schöpferischen Quelle

Bei der Frage, ob es eine Art von planetarischem Bewußtsein gibt, konzentrieren sich die meisten Wissenschaftler nur auf die empirischen Daten, die eine solche These beweisen oder widerlegen könnten. So weit, so gut – wir wissen, daß das individuelle Bewußtsein eines jeden von uns die Atmosphäre durchdringen kann, und daraus muß sich insgesamt ein beachtliches Weltbewußtsein ergeben. Eine solche rationale Vorstellung von Gaia würde sich aus einer streng logischen wissenschaftlichen Analyse und Herleitung ergeben, wie sie in dem Buch von James Lovelock »Gaia – Die Erde ist ein Lebewesen« präsentiert wird. Doch indem die Autoren solcher Bücher versuchen, rein wissenschaftlich zu bleiben, verfehlen sie die wirklich aktivierende Dimension der Sache. Was ist mit der anderen Hälfte des komplementären Paars von Wissenschaft/Spiritualität, wenn es um die Untersuchung der Wirklichkeit geht? Was geschieht, wenn wir unseren Blick von den Einzelheiten abwenden und das Gesamtbild betrachten?

- Wir haben begonnen, die wissenschaftliche Seite von Gaia als Realität wahrzunehmen. Nun müssen wir an das denken, was uns die Physiker sagen, und die intuitive, spirituelle Dimension von Gaia berücksichtigen – wo nicht nur wir unsere Gedanken in die gemeinsame Aka-Atmosphäre ausstrahlen, sondern wo auch der Geist des Schöpfers ständig diese Atmosphäre durchdringt und unserem Gruppenbewußtsein Kraft verleiht.

Wir haben bereits festgestellt, daß dieses Einbeziehen von Akua lani uns über das Profane und Materielle erhebt, Ku und Lono in unserem persönlichen Bewußtsein integriert und uns Zugang in das weite Reich der unbegrenzten Möglichkeiten verschafft.

Wenn wir Gott in die Gleichung einbeziehen (was auch immer Sie sich unter diesem Begriff vorstellen), dann gewinnt der Gedanke, daß unser Planet selbst ein lebendiges Bewußtsein ist, an dem wir alle teilhaben, in der Tat eine enorme Bedeutung. Dies ist der entscheidende Schritt aus unserem anthropozentrischen Weltbild heraus, in dem wir uns selbst als Mittelpunkt der Welt sehen – hin zu der Vision von einem wahrhaft grenzenlosen Reich des Seins, an dem wir alle teilhaben.

Die Huna-Tradition hat Gott immer in den Mittelpunkt ihrer kosmischen Gleichung gestellt. Und diese Gleichung enthielt auch die christliche Überzeugung, daß Gott Liebe ist. Insofern finden wir auf der spirituellen Seite nicht nur die Ausstrahlung unseres eigenen Bewußtseins, sondern auch die durchdringende Kraft und Weisheit der Liebe, welche ständig die Atmosphäre der Erde durchströmt.

- Wenn wir die Haipule-Zeremonie vollziehen und unsere Gedanken gezielt in das Reich des transpersonalen Bewußtseins jenseits unserer persönlichen Wahrnehmung lenken, dann tauschen wir nach dem Huna-Verständnis nicht nur gedankliche Energien mit unseren Mitmenschen aus – sondern auch mit der schöpferischen Quelle selbst. Und es ist genau dieser spirituelle Aspekt des erweiterten menschlichen Bewußtseins, der uns echte Kraft schenkt.

Um die gesamte Thematik dieses Buches in Beziehung zu dem übergeordneten Huna-Weg zu setzen, den wir gelernt haben, wollen wir noch einmal die grundlegende Haipule-Zeremonie durchgehen, die wir Ihnen Schritt für Schritt vermittelt haben. Diesmal jedoch wollen wir vermitteln, wie man die Zeremonie in eine rein meditative Erfahrung verwandelt, bei der wir uns nicht auf »etwas dort draußen« konzentrieren, um es zu beeinflussen, sondern unsere Aufmerksamkeit auf unsere eigene spirituelle Tiefe richten, um sie genauer kennenzulernen.

Die spirituelle Tiefe der Haipule-Zeremonie

Erster Schritt: »den gegenwärtigen Augenblick wiedererlangen«

Dies ist selbstverständlich ein rein intuitiver Prozeß, mit dem wir die Haipule-Zeremonie beginnen. Ohne irgend etwas direkt über Spiritualität zu sagen, lassen Sie Ihren Gedankenfluß zur Ruhe kommen, indem Sie sich vollständig auf Ihre Körpererfahrung im gegenwärtigen Augenblick konzentrieren – und auf diese Weise Ihr ganzheitliches Körperbewußtsein direkt wiedererwecken.

Während Sie Ihrer Aufmerksamkeit gestatten, sich sanft und mühelos auf Ihren Atem zu richten, vollziehen Sie kurz die Ha!-Meditation und lenken Ihre Konzentration von der zweidimensionalen Ebene (wo ein Gedanke nach dem anderen durch Ihr Bewußtsein zieht) in den dreidimensionalen Raum (die gesamte Bandbreite Ihres inneren körperlichen Daseins) und versetzen sich damit in den schönsten Zustand erweiterten Bewußtseins, der einem momentanen Zen-Satori gleicht.

Indem Sie sich sagen: »Ich bin mir meines gesamten Daseins hier im gegenwärtigen Augenblick bewußt«, bestätigen Sie verbal Ihre volle Konzentration auf Ihre totale spirituelle Präsenz genau hier und genau jetzt.

Zweiter Schritt: »Öffnung für das höhere Selbst«

Dieser nächste Schritt ist rein spirituell: Während Sie sich Ihres gesamten Seins hier im gegenwärtigen Augenblick bewußt sind, atmen Sie ruhig ein, versetzen sich in den Empfangszustand und sagen dann beim Ausatmen zu sich selbst: »Ich bin offen, um Führung von Akua lani zu empfangen.«

Während Sie sich Ihrer Atmung bewußt bleiben, können Sie, um sich tiefer in die Empfindung der Akzeptanz und des

Mitgefühls für sich selbst und Ihre Umwelt zu versetzen, mehrmals sagen: »Ich liebe mich selbst.« Und dann: »Ich liebe die Welt.«

Während diese Worte Ihre Aufmerksamkeit mühelos auf die Gefühle richten, die Sie verstärken wollen, erwacht in Ihrem Herzen die bedingungslose Liebe für sich selbst, und Sie erleben in Ihrem Inneren, wie sich die Wolke des Aloha ausdehnt, um die ganze Welt zu umfassen.

Dritter Schritt: »Erkennen des übergeordneten Zieles«
Sie können nun beim Ausatmen mehrmals das tiefe Gefühl Ihrer Berufung oder Ihres Lebenssinnes festigen, welches all Ihre Handlungen leitet und motiviert. Hoffentlich entwickeln Sie mehr und mehr Aussagen im Hinblick auf Ihr übergeordnetes Lebensziel, die tief in Ihrem Inneren wahr klingen, wie beispielsweise diese: »Ich möchte den Aloha-Geist überall und in allem, was ich tue, verbreiten.« Indem Sie diese Worte aussprechen, erklären Sie Ihrem gesamten Sein, was Ihre Absicht im Leben ist. Es liegt eine große Magic in der Wiederholung dieser Schlüsselsätze während der Haipule-Zeremonie.

Vierter Schritt: »Formulierung der generellen Absicht«
Wenn Sie ein spezifisches Ziel im Sinn haben, ist dies oft der Moment, wo sich Ihre Haipule-Erfahrung von der totalen spirituellen Expansion auf ein konkreteres, materielleres Ziel verlagert. Sie überlegen, was Sie spirituell, mental und materiell erreichen wollen, und erklären Sie dies offen. Natürlich können Sie auch Ihre spirituellen Sehnsüchte präziser formulieren, beispielsweise: »Ich möchte fühlen, wie sich mein Herz für Gott (das Universum, den Kosmos o. ä.) öffnet.«

Fünfter Schritt: »Formulierung des spezifischen Manifestationszieles«
Dieser Schritt kann sich durchaus weltlich darstellen, wenn Sie bestimmte materielle Wünsche oder Bedürfnisse in die Haipule-Zeremonie einbringen. Auch hier können Sie jedoch wieder eine tiefere spirituelle Richtung ansprechen, während Sie Ihrem eigenen Ku-Lono-Zentrum die gewünschte Veränderung übermitteln. Bei einer rein spirituellen Meditation könnte Ihr Haipule-Ziel beispielsweise lauten: »Ich möchte nun Akua lani tief im Inneren meines Seins erfahren.«

Indem Sie dies mehrmals beim Ausatmen sagen und die Worte tief in Ihrem Inneren eine Resonanz auslösen lassen, lenken Sie Ihre Aufmerksamkeit direkt auf Ihre eigene spirituelle Quelle. Sie manifestieren so die grenzenlose Gegenwart des Geistes, der das gesamte Universum durchdringt und noch darüber hinaus reicht, in Ihrem persönlichen Bewußtsein.

Sechster Schritt: »Die Großen Vier«
An dieser Stelle werden wir normalerweise sehr präzise und verschmelzen durch unsere Vorstellungskraft Spirituelles mit Materiellem. Während Sie sich das vorstellen, was Sie sich wünschen, geraten Sie in einen traumähnlichen Zustand, in dem die lineare Zeit verschwindet. Alles, was Sie sich vorstellen können, ist möglich, und die Grenzen zwischen dem, was ist, und dem, was sein wird, lösen sich auf.

1. *Verbale Absichtserklärungen:* Wenn Sie Ihre Haipule-Zeremonie mit einer tiefen spirituell/meditativen Absicht fortsetzen wollen, dann können Sie Ihre spezifische Absicht stets aufs neue wiederholen. Dabei sind Sie sich jedesmal Ihres gesamten Daseins genau hier und jetzt in diesem gegenwärtigen Augenblick bewußt und formulieren Ihre Worte so, daß Sie damit die ge-

genwärtige Realität ausdrücken: »Ich erfahre nun Akua lani tief im Inneren meines Seins.«

2. *Sinnliche Wahrnehmungen:* Dieser Aspekt der Haipule-Zeremonie kann ohne weiteres in die spirituelle Meditation übernommen werden, wenn Sie den reinen Zustand von Frieden und Glückseligkeit erleben wollen, den die Hawaiianer »Maluhia« nennen, was Stille, Schweigen, Gelassenheit, Erleuchtung bedeutet. Während Sie Ihre verbale Absichtserklärung aussprechen, können Sie auch sinnliche Eindrücke hinzufügen, die in Resonanz zu Ihrer Sehnsucht nach reiner Glückseligkeit stehen. Etwas Schönes, das Sie sich sinnlich vorstellen, wird Ihnen helfen, den Zustand der Glückseligkeit herbeizuführen.

3. *Emotionale Verbindung:* Während der Meditation treten positive emotionale Gefühle oft spontan auf. Sie können sie fördern, indem Sie die passenden Worte sagen: Liebe und Freude … Frieden … Glückseligkeit … Maluhia …

4. *Pikopiko-Energetisierung:* An einem beliebigen Punkt können Sie Ihr inneres Mana aufbauen und die Erfahrung von Maluhia stärken, damit Sie Ihre Absichten mit mehr Energie ausstrahlen können.

Eins: Sagen Sie sich beim Einatmen: »Ich empfange Liebe«, und spüren Sie, wie dieses Mana durch den Scheitelpunkt Ihres Kopfes fließt.

Zwei: Sagen Sie sich beim Ausatmen: »Ich strahle Liebe aus«, und spüren Sie, wie Ihre Liebe in die Welt hinausströmt und Ihnen gleichzeitig das Gefühl vermittelt, innerlich von Liebe und Licht erfüllt zu sein. Dann können Sie sich mit dieser erhöhten und weiter strömenden Energie mehrmals sagen: Frieden … Glückseligkeit … Freude … Liebe … Maluhia …

Schlußwort
Auf eigenen Füßen stehen

Sie verfügen nun über sämtliche Informationen, Erkenntnisse und Techniken, um für den Rest Ihres Lebens jeden Aspekt Ihrer Welt zu optimieren. Wenn Sie jeden Morgen beim Aufwachen Ihr Bewußtsein auf das Wort Haipule richten und sich die Durchführung dieser Zeremonie, zu welchem Zweck auch immer, als wichtigstes Tagesziel vornehmen, können Sie sich jeden Tag Ihres Lebens die Welt schaffen, die Sie sich wünschen und die Sie verdienen.

Wir lassen Sie also nun hoffentlich mit einem freudigen Herzen, einem immer gesünder werdenden Körper, einem wachsenden Bankkonto und, was am wichtigsten ist, einer aufwärtsstrebenden Seele zurück.

Mögen Ihre Herzenswünsche wahr werden, und mögen Sie regelmäßig und voller Freude auf hohen Ebenen dazu beitragen, daß unsere ganze Weltgemeinschaft sich zu universeller Harmonie, Wohlbefinden und spiritueller Klarheit erhebt!

Glück und Segen… Kala und John

Anhang

Huna im Internet und in Seminaren

Als weitere Hilfe bei Ihren Bemühungen, Ihr eigenes Potential zur Verwirklichung Ihrer Träume durch die in diesem Buch beschriebenen Huna-Techniken zu erkunden, haben wir zwei besondere Huna-Webseiten gestaltet, auf denen wir Ihnen persönliche professionelle Anleitungen für die Haipule-Zeremonie und andere hawaiianische Techniken für ein besseres Leben anbieten. Gleichzeitig können Sie sich über diese Adressen direkt in die wachsende weltweite Huna-Gemeinschaft einschalten, die Ihnen sowohl im Internet als auch im Rahmen regionaler Treffen und Seminare offensteht. Wir laden Sie ein, uns dort jederzeit zu besuchen:

John Selby finden Sie unter: www.brightmind.com/huna

Kala Kos finden Sie unter: www.hawaiiheart.com

Wir veranstalten beide hin und wieder Workshops und Seminare in Europa und freuen uns darauf, Sie dort eines Tages persönlich kennenzulernen!

Sie können sich auch an unseren Europarepräsentanten Wolfgang Gillessen wenden, der unsere Seminare in Deutschland, der Schweiz und Österreich organisiert: www.brightmind.com/europe oder unter folgender Adresse:

Seminarorganisation Wolfgang Gillessen
Balanstr. 365
81549 München
Tel. und Fax: 089/68070702
E-mail: WGillessen@t-online.de

Wir möchten Ihnen alle Dimensionen der Schulung und Beratung anbieten, die Sie brauchen, um Ihre eigenen Manifestationskräfte vollkommen zu meistern und Ihr Leben nach Ihren Wünschen zu gestalten. Setzen Sie sich mit uns in Verbindung!

Zur besseren Übersicht hier auch noch einmal die Internet-Adressen, die im Text bisher erwähnt wurden:

- Princeton School of Engineering:
  www.princeton.edu/pear
- Society for Scientific Exploration:
  www.jse.com
- Katie Byron:
  www.thework.org (106)
- Serge Kahili King:
  www.huna.org

Wichtige wissenschaftliche Studien

Dieser Abschnitt enthält eine Übersicht und Zusammenfassungen von Studien, die im Text erwähnt wurden bzw. die wissenschaftliche Forschung dokumentieren, die sich damit beschäftigt, wie unser Bewußtsein seine Umgebung beeinflußt.

Princeton Engineering Anomalies Research Wissenschaftliche Untersuchungen von bewußtseinsabhängigen materiellen Phänomenen

Technik und Bewußtsein

Das Princeton Engineering Anomalies Research Program (PEAR) wurde 1979 von Robert G. Jahn eingerichtet, dem Dekan der School of Engineering and Applied Science an der Universität von Princeton, um durch exakte wissenschaftliche Studien die Wechselwirkungen zwischen dem menschlichen Bewußtsein und empfindlichen technischen Geräten, Systemen und Prozessen zu untersuchen, die im technischen Alltag gegenwärtig weit verbreitet sind. Seitdem hat ein interdisziplinäres Team von Ingenieuren, Physikern, Psychologen und Geisteswissenschaftlern zahlreiche Experimente durchgeführt und ein theoretisches Modell entwickelt, mit dessen Hilfe man die Auswirkungen des Bewußtseins auf die materielle Realität besser verstehen kann.

1. Mensch-Maschine-Anomalien

Der wichtigste Teil des PEAR-Programms erforscht Anomalien, die bei Mensch-Maschine Interaktionen auftreten. In diesen Experimenten versucht die menschliche Versuchsperson, das Verhalten verschiedener mechanischer, elektronischer, optischer, akustischer und flüssiger Vorrichtungen durch zuvor festgelegte Absichten zu beeinflussen. In unbeaufsichtigten Testläufen bringen diese hochentwickelten Maschinen Ergebnisse hervor, die einer Zufallsverteilung entsprechen. Doch die Ergebnisse der »Beeinflussungsexperimente« zeigen Veränderungen, die nur dem Einfluß der menschlichen Versuchsperson zugeschrieben werden können.

Inzwischen sind Tausende solcher Experimente durchgeführt worden, zu denen Millionen von Versuchen gehören, die von mehr als hundert Experimentatoren ausgeführt wurden. Die beobachtenden Effekte sind gewöhnlich sehr gering, in einer Größenordnung von etwa 2:100 000, doch sie sind statistisch wiederholbar und scheinen in ihren Details für die jeweilige Versuchsperson spezifisch zu sein. Wenn eine bestimmte Versuchsperson mit völlig verschiedenen Maschinen arbeitet, sind die Ergebnisse in ihrer Art und ihrem Ausmaß tendenziell sehr ähnlich.

Wenn die Versuchspersonen sich zu Paaren mit gemeinsamer Absicht zusammenschließen, weichen die Ergebnisse noch stärker von der Zufallsverteilung ab. Die Geräte reagieren auch auf die Aktivitäten größerer Gruppen, selbst wenn diese sich der Gegenwart der Maschine nicht bewußt sind. Diese Mensch-Maschine-Anomalien treten auch auf, wenn die Versuchspersonen Tausende von Meilen vom Laboratorium entfernt sind und ihre Konzentrationsübungen Stunden vor oder nach dem Einschalten der Geräte praktizieren. Man hat ausgefeilte analytische Methoden entwickelt, um die Ergebnisse so gut wie möglich zu verstehen und sie gegen eventuelle Schwachstellen abzusichern.

2. Fernwahrnehmung

In einer weiteren Reihe von mehreren hundert sorgfältig durchgeführten Experimenten ging es um die Frage, ob menschliche Versuchspersonen Informationen über räumlich und zeitlich entfernte geografische Ziele erlangen können, die für unsere Sinne nicht zugänglich sind. Die Versuchsanordnung sieht vor, daß ein Teilnehmer, der »Handelnde«, sich zu einer bestimmten Zeit an einem zufällig ausgewählten Ort befindet und dort Eindrücke von der Umgebung sammelt und aufzeichnet. Der zweite Teilnehmer, der »Wahrnehmende«, ist weit von diesem Ort entfernt, weiß nichts darüber und versucht, die Eigenarten der Umgebung zu erspüren und auf eine ähnliche Weise aufzuzeichnen wie der Handelnde.

Selbst oberflächliche Vergleiche zwischen den Berichten der Handelnden und der Wahrnehmenden zeigten bei diesen Experimenten bemerkenswerte Übereinstimmungen sowohl der allgemeinen als auch der besonderen Aspekte, welche darauf hindeuten, daß es außergewöhnliche Wege der Wahrnehmung gibt, die alle Erwartungen weit übertreffen. Diese Daten wurden mit präzisen analytischen Techniken untersucht, um die Quantität und Qualität der objektiven und subjektiven Informationen genauer zu prüfen und daraus noch effektivere Versuchsanordnungen abzuleiten. Abgesehen von den Beweisen für diese außergewöhnliche Art der menschlichen Informationssammlung zeigt die Analyse, daß diese Fähigkeit des menschlichen Bewußtseins weitgehend unabhängig ist von der räumlichen Entfernung zwischen dem Wahrnehmenden und dem Ziel sowie auf ähnliche Weise unabhängig von der Zeit, die zwischen der Spezifikation des Ziels und dem Bemühen um Wahrnehmung liegt.

3. Theoretische Modelle

Jede wissenschaftliche Forschung braucht übergeordnete und spezifische theoretische Modelle für eine konstruktive Auseinandersetzung mit den empirischen Daten. Da die Ergebnisse der Mensch-Maschine-Experimente und der Untersuchungen zur Fernwahrnehmung stark von den allgemein anerkannten physikalischen und psychologischen Theorien abweichen, ist es von großer Bedeutung, aussagefähige neue Modelle für die Erklärung dieser Prozesse zu entwickeln. Besonders die grundlegende Bedeutung der Absicht einer Versuchsperson, der Abwesenheit traditioneller Lernprozesse sowie der Tatsache, daß keine Abhängigkeit von Raum und Zeit festzustellen war, weisen eindeutig darauf hin, daß geringfügige Anpassungen der geltenden physikalischen und psychologischen Theorien hier nicht ausreichen. Vielmehr brauchen wir ein gründlich erweitertes Modell der Realität, das dem Bewußtsein eine aktive Rolle in der eigenen Wahrnehmung der materiellen Welt zuerkennt.

Ein solches Modell wurde entwickelt und zur Diskussion gestellt. Man geht von der Voraussetzung aus, daß die fundamentalen Prozesse, über die das Bewußtsein Informationen mit der Umgebung austauscht, Informationen anfordert und interpretiert, es auch in die Lage versetzen, Wahrscheinlichkeitssysteme zu steuern und sich dadurch eine gewisse Kontrolle über die Wirklichkeit zu verschaffen. Dieses Modell interpretiert viele Vorstellungen aus der Quantenphysik, insbesondere die Prinzipien der Komplementarität und der wellenmechanischen Resonanz, als grundlegende Charakteristika des Bewußtseins und nicht so sehr als innere Eigenschaften einer objektiven materiellen Umwelt. Durch diese Betrachtungsweise werden viele »anomale« Phänomene, die bei den PEAR-Experimenten beobachtet werden konnten, zu ganz normalen Vorgängen innerhalb von miteinander verbundenen Mensch-Maschine- und Mensch-Mensch-Systemen, und so öffnet sich das Tor für alle Arten kreativer Wechselwirkungen zwischen Bewußtsein und Umwelt.

Weitere Aktivitäten des PEAR

Ausgehend von diesem anerkannten Forschungsprogramm haben sich eine Reihe weiterer Aktivitäten an anderen Orten und innerhalb anderer Disziplinen entwickelt:

Das PEAR-Laboratorium ist ein Bestandteil eines interdisziplinären Forschungs- und Bildungsprogramms an der Universität von Princeton, das als *Human Information Processing (HIP) Group* bezeichnet wird. Dieses Programm vereinigt die Fakultäten, Mitarbeiter und Studenten der Bereiche Ingenieurwissenschaften, Computerwissenschaften, Psychologie und Philosophie zur Durchführung einer gemeinsamen Studie über die Bedeutung der menschlichen Erkenntnis, Wahrnehmung und Kreativität bei einigen modernen Mensch-Maschine-Technologien. Ein beliebtes Seminar im Grundstudium wird von der HIP-Gruppe geleitet, die auch studentische Projekte zu dieser Thematik beaufsichtigt.

Die PEAR-Mitarbeiter koordinieren die *International Consciousness Research Laboratories (ICRL),* ein Konsortium hervorragender Gelehrter verschiedener Nationen und Fachrichtungen, die ein gemeinsames Interesse daran haben, die Rolle des Bewußtseins in ihren jeweiligen Fachgebieten Anthropologie, Archäologie, Biologie, Ingenieurwissenschaften, Physik, Psychiatrie, Psychologie und Geisteswissenschaften besser zu verstehen. Diese Gruppe arbeitet an einer Reihe gemeinsamer Projekte und trifft sich halbjährlich zum Informationsaustausch.

Mit Unterstützung der ICRL-Gruppe fördert PEAR eine *Academy of Consciousness Studies,* um weitere Forschungs- und Bildungsaktivitäten in einem größeren, multidisziplinären Rahmen von interessierten Wissenschaftlern aus aller Welt anzuregen. Die erste Zusammenkunft dieser Art war ein zweiwöchiges Sommerseminar 1994 auf dem Gelände der Universität von Princeton, wo sich fünfunddreißig herausragende Wissenschaftler, Ärzte, Erzieher und Heilkundige aus neun Ländern zu einem intensiven Programm von Präsentationen, Diskussionen und Planungssitzungen trafen. Die Teilnehmer übertragen nun Forschung, Lehre und Anwendung der dort entwickelten Konzepte auf ihre eigenen Arbeitsbereiche und Institutionen.

Verschiedene PEAR-Mitarbeiter arbeiten für die *Society of Scientific Exploration (SSE),* eine einzigartige internationale und interdisziplinäre Berufsorganisation, die sich für offene, aber kritische Diskussionen und die Veröffentlichung von Forschungsergebnissen in vielen Bereichen der Grenzwissenschaften einsetzt, die von konventionellen wissenschaftlichen Organisationen nicht ausreichend berücksichtigt werden. SSE veranstaltet jährlich einen internationalen Kongreß in den USA, alle zwei Jahre einen Kongreß in Europa sowie verschiedene themenspezifische Symposien. Die Organisation gibt auch das *Journal of Scientific Exploration* heraus, das Dokumentationen der meisten aktuellen Forschungsprojekte enthält, bei denen es um außergewöhnliche Effekte des Bewußtseins geht.

Konsequenzen und Anwendungsmöglichkeiten

Die internen und externen PEAR-Aktivitäten werden durch drei übergreifende Ziele motiviert:

1. Grundlagenforschung

Um die beobachteten Anomalien in einen funktionalen wissenschaftlichen Bezugsrahmen einzuordnen, muß man das Bewußtsein als aktives Element in die materielle Wirklichkeit einbeziehen. Diese Erweiterung des wissenschaftlichen Paradigmas erfordert zusätzliche neue theoretische Überlegungen auf der Grundlage von empirischen Daten, die über die bisherigen Erkenntnisse hinausgehen. Diese sollen durch weitere interdisziplinäre Projekte gewonnen werden.

2. Technologische Anwendungsmöglichkeiten

Obwohl bisher nur wenige Daten über bewußtseinsbedingte Anomalien vorliegen, könnten sich daraus funktionell verheerende Konsequenzen für manche Arten moderner Informationsverarbeitungssysteme ergeben, besonders für solche, die sich auf Computersignale verlassen. Dazu gehören die Instrumente im Flugzeugcockpit und in den Silos für Intercontinentalraketen, in Operationssälen und Intensivstationen, die Kontrollinstrumente für Umwelt- und Katastrophenschutz sowie viele andere technische Bereiche, in denen die Emotionen der Menschen, die mit diesen Geräten umgehen, die Kontrollvorrichtungen oder die technischen Abläufe beeinflussen könnten. Im Grunde kann man nicht einmal ausschließen, daß auch eine extrem hochentwickelte technische Ausrüstung, welche einen großen Teil der fundamentalen Daten hervorbringt, auf denen die moderne Wissenschaft basiert, ebenfalls potentiell für solche Störungen anfällig ist. Möglicherweise brauchen wir für viele unserer künftigen Informationsverarbeitungssysteme einen besonderen Schutz vor solchen bewußtseinsbedingten Störungen.

Dem steht auf der positiven Seite die Tatsache gegenüber, daß dieselben Forschungsergebnisse, indem sie die technische Bedeutung menschlicher Kreativitätsprozesse belegen, vielversprechende Möglichkeiten für neuartige Mensch-Maschine-Systeme eröffnen, die uns auf allen Ebenen mehr kreative Spielräume bieten, von der Medizin bis zur Unternehmensführung, von der industriellen Fertigung bis zur Kommunikation, von der Bildung bis zur Freizeitgestaltung.

3. Kulturelle Konsequenzen

Über die wissenschaftliche Bedeutung und die technologischen Anwendungsmöglichkeiten hinaus beinhaltet der klare Nachweis einer aktiven Rolle des Bewußtseins bei der Gestaltung der Wirklichkeit grundlegende Konsequenzen für unser Selbstbild sowie unsere Beziehungen zu anderen Menschen und zum Kosmos, in dem wir existieren. Diese wiederum müssen sich unvermeidlich auf unsere Werte und Normen, unsere Prioritäten, unser Verantwortungsgefühl und unseren Lebensstil auswirken. Die gesellschaftliche Integration dieser Veränderungen kann zu einer substanziell höheren sozialen Ethik führen, in der die einander lange entfremdeten Geschwister Wissenschaft und Spiritualität, Analyse und Ästhetik, Intellekt und Intuition sowie viele andere subjektive und objektive Aspekte der menschlichen Erfahrung auf produktive Weise miteinander vereint werden.

Literaturhinweise

Viele Publikationen und technische Berichte über die experimentellen und theoretischen Untersuchungen von PEAR sind auf Anfrage verfügbar. Außerdem faßt das Buch »Margins of Reality« (Harcourt Brace, 1988) die Untersuchungsergebnisse zusammen und interpretiert sie in einem multidisziplinären Kontext, der einen Einblick in ihre weiterreichenden gesellschaftlichen Konsequenzen vermittelt. (Das Buch kann direkt beim Verlag, 465 South Lincoln Dr., Troy, MO 63379 oder telefonisch unter 1-800-543-1918 bestellt werden.)

Um Veröffentlichungen oder weitere Informationen über eins der PEAR-Programme anzufordern, wenden Sie sich bitte an:

Princeton Engineering Anomalies Research
C-131, Engineering Quadrangle
Princeton University
Princeton, NJ 08544
Telefon: (609) 258-5950, Fax: 258-1993
E-mail: pearlab@princeton.edu

Kommentare oder Fragen bitte über diese Adresse an den Webmaster für die PEAR-Seite.

Es folgt nun ein Überblick über die wichtigsten Veröffentlichungen zu den Studien, die in diesem Buch zitiert werden. Sie können bei der obigen Adresse bestellt werden.

Consciousness and Anomalous Physical Phenomena (Bewußtsein und außergewöhnliche physikalische Phänomene)
B. J. Dunne und R. G. Jahn (1995)
Mehrere Millionen Versuche, in denen überprüft wurde, ob das menschliche Bewußtsein einen Einfluß auf die Ergebnisse von computergesteuerten technischen Anlagen hat, zeigten geringfügige, aber statistisch signifikante Veränderungen der Zufallsverteilung, welche mit den Absichten der Versuchspersonen korrelierten und für die jeweilige Person typische, reproduzierbare Muster hervorbrachten, wobei geschlechtsspezifische Unterschiede auftraten sowie eine spezifische Reihenfolge und eine interne Struktur der Verteilung erkennbar waren. Diese Effekte scheinen statistisch unabhängig von Zeit und Raum zu sein. In einem ergänzenden Programm von Studien zur Fernwahrnehmung wurden Versuchsanordnungen und analytische Methoden entwickelt, um – auch quantitativ – zu belegen, daß

Menschen ohne den Gebrauch ihrer normalen Sinnesorgane Informationen über entfernte Orte aufnehmen können. Ein wellenmechanisches theoretisches Modell der Wechselwirkungen zwischen Bewußtsein und Umwelt, das auf der metaphorischen Anwendung von Vorstellungen aus der Quantentheorie beruht, hat sich als nützlich erwiesen, um die empirischen Ergebnisse vorherzusagen und zu interpretieren. Es dient außerdem als Leitfaden für die Entwicklung aussagefähiger Experimente.

Gender Difference in Human/Machine Anomalies
(Geschlechtsspezifische Unterschiede bei außergewöhnlichen Wechselwirkungen zwischen Mensch und Maschine)
B. J. Dunne (1998)
Ausgewertet wurden 270 Versuche, an denen 135 Versuchspersonen in fünf Experimenten vor Ort und vier Versuchen zur Fernwirkung des menschlichen Bewußtseins auf computergesteuerte Maschinen beteiligt waren. Die Experimente wurden zwischen 1979 und 1993 vom PEAR-Laboratorium durchgeführt und zeigten signifikante geschlechtsspezifische Unterschiede. Die 140 Datensammlungen aus den Experimenten mit 62 Frauen sind im Durchschnitt wesentlich umfangreicher als die 130 Datenbögen aus den Experimenten mit 73 Männern, aber die Ergebnisse der Männer zeigen im Durchschnitt signifikant stärkere Korrelationen zwischen den Absichten der Versuchspersonen und deren Wirkung auf die Computer. Beide Geschlechter haben bei positiven Absichten mehr Erfolg als bei negativen, doch während die meisten Männer in beiden Richtungen erfolgreich sind, die sich relativ symmetrisch zur Grundlinie verhalten, führt bei den Frauen eine negative Absicht zu entgegengesetzten Effekten, und ihre Grundlinien haben tendenziell hohe Werte. Bei den Versuchsergebnissen der Frauen zeigt sich außerdem häufiger eine größere Streuung. Diese ge-

schlechtsspezifischen Muster sind bei den Experimenten vor Ort ausgeprägter als bei den Versuchen zur Fernwirkung.

Experiments in Remote/Human/Machine Interaction
(Experimente zur Fernsteuerung bei Wechselwirkungen zwischen Mensch und Maschine)
B. J. Dunne und R. G. Jahn (1992)
Es wurden verschiedene ausführliche Untersuchungen zu den Wechselwirkungen zwischen Mensch und Maschine durchgeführt, bei denen zwischen der menschlichen Versuchsperson und den Maschinen, die beeinflußt werden sollten, eine Entfernung von bis zu mehreren tausend Meilen lag. Die dabei erzielten Resultate entsprachen nach Art und Umfang den Ergebnissen der Versuche vor Ort. Es zeigten sich kleine, aber reproduzierbare und statistisch signifikante Abweichungen von der Zufallsverteilung, die mit den Absichten der entfernten Versuchspersonen korrelieren und kumulative Muster bilden, die denen der Versuche vor Ort gleichen.

On the Quantum Mechanics of Consciousness
(Über die Quantenmechanik des Bewußtseins)
R. G. Jahn und B. J. Dunne (1986)
Die zunehmende Menge empirischer Daten über bewußtseinsabhängige außergewöhnliche Phänomene kann im Rahmen der herkömmlichen Physik nicht theoretisch erklärt werden. Vielmehr muß man zuvor die grundlegende Rolle des Bewußtseins in die Definition der Wirklichkeit einbeziehen. In diesem Aufsatz wird die Position vertreten, daß die Wirklichkeit nur durch die Interaktion zwischen Bewußtsein und Umwelt gebildet wird, und daß deshalb jede Theorie über die Wirklichkeit die Prozesse des Bewußtseins ebenso widerspiegeln muß wie das, was in der Umgebung vorgeht. In diesem Sinne erscheinen die

Vorstellungen und formalen Strukturen der elementaren Quantenmechanik, welche ursprünglich dazu dienten, außergewöhnliche physikalische Phänomene auf der atomaren Ebene zu erklären, als geeignete Metapher, um die allgemeinen Charakteristika der Wechselwirkungen zwischen Bewußtsein und Umgebung darzustellen.

Information, Consciousness and Health
(Information, Bewußtsein und Gesundheit)
R. G. Jahn (1996)
Eine sich über 16 Jahre erstreckende empirische Auswertung ungewöhnlicher Wechselwirkungen zwischen Mensch und Maschine ergibt starke Hinweise darauf, daß das Bewußtsein zusätzliche Informationen in ansonsten zufällige digitale Reihen einfügen kann. Ein paralleles Forschungsprogramm zur Untersuchung von Fernwahrnehmungen läßt einen gegenläufigen Prozeß erkennen: eine außergewöhnliche Aufnahme von Informationen aus räumlich entfernten Zielgebieten. Bemerkenswert ist, daß keine dieser außergewöhnlichen Fähigkeiten davon abhängig ist, ob die Versuchsperson von ihrem Ziel räumlich oder zeitlich entfernt ist. Die Bedeutung dieser Fähigkeiten des Bewußtseins für die menschliche Gesundheit ergibt sich aus der Erkenntnis, daß die Physiologie von Myriaden subtiler Informationsprozesse gesteuert wird, die alle in ihren normalen Funktionen bis zu einem gewissen Grad einer Zufallsverteilung folgen und insofern auf ähnliche Weise durch die bewußte Absicht beeinflußt werden könnten.

Wishing for Good Weather: A Natural Experiment in Group Consciousness (Der Wunsch nach gutem Wetter: ein natürliches Experiment zum Gruppenbewußtsein)
R. D. Nelson (1997)

Viele menschliche Aktivitäten werden vom Wetter beeinflußt, und so haben Rituale und Zeremonien, die das Wetter kontrollieren sollen, eine lange Geschichte. In modernen Gesellschaften sind solche Bemühungen weitgehend verkümmert und bestehen fast nur noch darin, daß man zu bestimmten Gelegenheiten formlos auf gutes Wetter hofft. Feiern und Veranstaltungen an der Universität von Princeton, an denen Tausende ehemaliger Studenten, Hochschulabsolventen, Familienmitglieder und andere Gäste teilnehmen, werden im Freien abgehalten, und dabei herrscht fast immer gutes Wetter. Ein Vergleich der aufgezeichneten Niederschlagsmengen in Princeton und einigen Nachbargemeinden zeigt, daß an den Tagen, wo in Princeton größere Veranstaltungen im Freien stattfanden, dort signifikant weniger Regen fiel.

Correlations of Random Binary Sequences with Pre-Stated Operator Intentions: A 12-Year Program
Korrelationen zwischen binären Zufallsverteilungen und den Absichten von Versuchspersonen: ein 12-Jahres-Programm)
R. Jahn, B. Dunne, R. Nelson, Y. Dobyns und G. Bradish (1997)

In einem Untersuchungsprogramm, das sich über zwölf Jahre erstreckte, haben sich starke Korrelationen zwischen den Zufallsverteilungen bei binären Prozessen und den zuvor festgelegten Absichten von mehreren hundert menschlichen Versuchspersonen ergeben. Mehr als 1000 Versuchsreihen mit vier verschiedenen Arten von Computern und mehreren unterschiedlichen Versuchsanordnungen zeigen eine vergleichbare Größenordnung außergewöhnlicher Abweichungen von der erwarteten Zufallsverteilung mit ähnlichen Verteilungsmustern. Obwohl die Effekte in absoluten Größen sehr gering sind, etwa im Bereich von 10^{-4} Bits Abweichung pro verarbeitetem Bit, ist die Gesamtwirkung angesichts der großen Datenmengen, die gesammelt wurden, deutlich höher. Diese Daten zeigen signifikante Unterschiede zwischen den Ergebnissen männlicher und weiblicher Versuchspersonen, und die individuellen und kollektiven Ergebnisse sind bei aufeinander folgenden Versuchen übereinstimmend. Die Daten von Versuchspersonen, die räumlich weit von den Computern entfernt waren oder sich zeitlich versetzt zur Laufzeit des Computers auf ihre Absicht konzentrierten, sind quantitativ und qualitativ mit den Daten der anderen Experimente vergleichbar, die vor Ort und ohne zeitliche Verschiebung stattfanden. Die meisten anderen sekundären Parameter, die getestet wurden, hatten keine nennenswerten Auswirkungen auf die Resultate, mit einer wichtigen Ausnahme: Bei Untersuchungen, die mit vollständig deterministischen Pseudozufallssystemen durchgeführt wurden, zeigten sich nicht die geringsten Veränderungen, und es gab auch keine anderen außergewöhnlichen Effekte.

Weiterführende Adressen

Auf den folgenden Seiten finden Sie führende Forschungszentren und Organisationen, die sich mit der Erforschung des Bewußtseins beschäftigen. Dort können Sie nachfragen, wenn Sie weitere Informationen benötigen.

A-D-J-O-I-N Research Center for Education, Science and Technology

Dieses Zentrum wurde 1992 gegründet und leistet Beratungsdienste in den Bereichen angewandte Mathematik, Ingenieurwissenschaften, Wirtschaftswissenschaften, Konstruktionstechnik, Mechanik sowie konventionelle und alternative Medizin.

Kontakt: Alfonso Diaz-Jimenez, Präsident, Apartado Aereo 19047, Santafe de Bogota, Columbia; Fax: 571-215-9689; E-mail: adiaz@santander.umng.edu.co

The Advanced Energy Network

Diese südafrikanische Gruppe fördert den Informationsaustausch über moderne Energietechniken zur Lösung aktueller Umweltprobleme. Sie gibt den Advanced Energy Network Newsletter heraus, der über internationale Neuheiten und Forschungsinitiativen in Südafrika berichtet.

Kontakt: The Advanced Energy Network, P. O. Box 691, Rondebosch, 7700 Cape Town, RSA

The Alternative Natural Philosophy Association (ANPA)

ANPA verfolgt hauptsächlich das Ziel, kohärente Modelle zu entwickeln, die auf einer minimalen Anzahl von Voraussetzungen beruhen und die Theorie und Praxis alternativer naturphilosophischer Ansätze in größerem Ausmaß mit der vorherrschenden wissenschaftlichen Weltsicht zu verknüpfen. Dies geschieht durch die Veröffentlichung von Forschungsberichten und durch andere Maßnahmen, zu denen auch die Gründung von Unterorganisationen sowie die Unterstützung von anderen Gruppen mit ähnlichen Zielen gehören. Der Verband ist offen für neue Ideen und Aktivitäten, die seinem Hauptziel dienen könnten.

Kontakt: ANPA West Office, 409 Leland Avenue, Palo Alto, CA 94306; oder ANPA Office, City University, Northampton Square, London EC1V OHB, UK, Telefon: 71-477-8127; Fax: 1-477-8568

Cascade Systems Society

Diese Gesellschaft wurde 1988 an der Portland State University gegründet. Sie veranstaltet vierteljährliche Zusammenkünfte, gibt jedes Quartal einen Newsletter heraus und verfügt über einen festen Kern von Mitgliedern. Ihr Hauptziel besteht darin, das Verständnis, die Anerkennung und Nutzung von kybernetischen Systemen und Zukunftskonzepten im Nordwesten der USA zu fördern. Sie fördert auch die Zusammenarbeit mit anderen regionalen und internationalen Organisationen.

Kontakt: Cascade Systems Society, Portland State University, P. O. Box 751, Portland, OR 97207-0751

Center for Scientific Anomalies Research (CESAR)

CESAR wurde geschaffen, um dabei zu helfen, eine organisierte wissenschaftliche interdisziplinäre Untersuchung von Anomalien zu legitimieren. Zu den Aktivitäten des Zentrums gehört es, den Dialog zwischen Befürwortern und Kritikern dieser Art von Forschung zu fördern, sowie die Herausgabe des Journals »Zetetic Scholar«. CESAR dient bei größeren wissenschaftlichen Kontroversen als Literatur- und Datenquelle und unterstützt Experten auf beiden Seiten. Zu seinen Projekten gehört das »psychic sleuth« (hellsichtiger Spürhund) Projekt, bei dem es um den Einsatz angeblich hellsichtiger Regierungsmitarbeiter als Geheimagenten geht.

Kontakt: Dr. Marcello Truzzi, Direcor of CESAR. P. O. Box 1052, Ann Arbor, MI 48106; Telefon: (303) 663-8823

Council for the Advancement of a New Human Ethic Life Paradigm (CANHELP)

Eine Gruppe skandinavischer Wissenschaftler, Forscher und Denker gründete CANHELP, um eine Weltsicht zu fördern, der das Leben wichtiger ist als materielle Güter. Sie wollen eine Atmosphäre schaffen, in der sich Wissenschaftler von herrschenden Dogmen befreien können, und in der es möglich sein soll, daß außergewöhnliche Forschungsergebnisse als wissenschaftliche Daten anerkannt werden. Zu den Plänen gehört die Gründung einer neuen Universität für »globales Wohlbefinden« in Südschweden.

Kontakt: Ingemar Warnstrom, CANHELP, Grabrobersgatan 10, S211 21 Malmö, Schweden, Telefon: +4640-6117898

Foundation Concept

Foundation Concept, eine Organisation in den Niederlanden, will neue Forschungsansätze in den Lebenswissenschaften unterstützen. Dabei konzentriert man sich hauptsächlich auf die Arbeit von Rupert Sheldrake und versucht, Mittel für Experimente zu beschaffen, wie sie Rupert Sheldrake in seinem Buch »Sieben Experimente, die die Welt verändern könnten« beschrieben hat. Die Organisation sammelt und veröffentlicht Material, das in Zusammenhang mit den Experimenten in diesem Buch steht, einschließlich weiterer Forschungen zu Theorien der morphischen Resonanz, mit dem Ziel, die Forschungsergebnisse zu veröffentlichen. Geplant ist auch, ein Journal herauszugeben, das als Medium für die Debatten dienen könnte, die sich aus der Entwicklung neuer Forschungsansätze ergeben. Durch die Organisation von Symposien und Workshops hofft man, das Interesse für die Möglichkeiten und Konsequenzen neuer Forschungansätze in den Lebenswissenschaften zu fördern. Der Vorsitzende von Foundation Concept ist Willem Beekman, ein Mitarbeiter der Abteilung für ökologische Landwirtschaft an der Universität von Wageningen in Holland.

Kontakt: Foundation Concept, Postbus 479, 6700 AL Wageningen, Niederlande; Fax: 08370-26076

Foundation for Mind-Being Research

Diese Organisation wurde 1980 gegründet und fördert die Entwicklung von Bewußtseinsstudien und deren wissenschaftliche Anerkennung. Die Mitglieder spiegeln die interdisziplinäre Natur dieses Wissenschaftszweiges, dem Vertreter der Ingenieurwissenschaften, der Medizin, der Geisteswissenschaften und der Künste angehören.

Kontakt: Foundation for Mind-Being Research, 442 Knoll Drive, Los Altos, CA 94024; Telefon: 415-941-7462

Hispanic Psi Information Center

Dieses Zentrum unterhält eine Computerdatenbank mit Informationen über spanische Literaturquellen zur Parapsychologie. Außerdem wird ein Journal herausgegeben, das Argentine Journal of Paranormal Psychology.

Kontakt: Alejandro Parra, Director, Revista Argentina de Psicologia Paranormal, Muniz 539 2do. Piso Dto. »A« (1234) Capital Federal, Buenos Aires, Argentina

Institute for Dreams

Diese Vereinigung von Wissenschaftlern, Schriftstellern und Künstlern wurde in Moskau gegründet, um die Welt der Träume als eine spezifische Form der Realität zu untersuchen. Es wurde eine Computerdatenbank von Träumen eingerichtet, um die Sprache der Träume vom Standpunkt der Semantik, der Psychologie und der Kunst zu erforschen. Man ist offen für alle Kontakte in diesem Bereich, um Ideen, Erfahrungen und Forschungsmethoden auszutauschen.

E-mail: dreams@face.msk.su

International Committee for Research and Study of Environmental Factors (ICEF)

Dieses Komitee wurde 1969 in Belgien eingerichtet und heißt dort Comité International De Recherche Et D'Etude de Facteurs De L'Ambiance (CIFA). Es soll auf internationaler Ebene interdisziplinäre Forschungskooperationen organisieren, die sich mit der Frage beschäftigen, welche Umweltfaktoren für außergewöhnliche Phänomene in Physik, Chemie, Biologie und Sozialwissenschaften verantwortlich sind. Dahinter steht die Erkenntnis, daß komplexe nichtlineare Systeme, die weit vom Gleichgewichtszustand entfernt sind, besonders empfindlich auf äußere Faktoren von extrem niedriger Intensität reagieren. Das Komitee gibt einen Newsletter heraus, die CIFA News.

Kontakt: Siège social du CIFA, Registered Office of ICEF, Avenue F-D Roosevelt 50, 1050 Bruxelles, ULB (B. P. 196); Telefon: (02) 650-2511; Fax: ULB (02) 650-3565

Informationen über eine ICEF-Mitgliedschaft bei: Dr. Natalia Udaltsova, Institute of Theoretical and Experimental Biophysics, Pushchino, Moskau, 142292, Rußland. Telefon: (95) 923-74 – 67 oder 923-96-68; Fax von N. Udaltsova: (95) 924-04-93; E-mail: udaltzova @venus.iteb.serpukhov.su

International Institute of Biophysics (IIB)

Im Januar 1995 hat das IIB seine neue Zentrale in Neuss bei Düsseldorf eröffnet. Das IIB ist ein Netzwerk von Laboratorien und Forschern aus acht Ländern, das 1992 gegründet wurde und sich der Biophotonenforschung (ultraschwache Strahlung von Zellen und Organismen) widmet sowie damit zusammenhängende Fragen aus der Biophysik, Bewußtseinsforschung, Wissenschaftsgeschichte und -philosophie untersucht und das Phänomen der Kreativität in Wissenschaft und Kunst erforscht. Das Institut befindet sich nun in der Station Hombroich, einer kulturellen Forschungseinrichtung, wo gemeinsame Aktivitäten von Künstlern, Dichtern und anderen kreativen Menschen möglich sind. Es organisiert Vorlesungen, Konferenzen und Workshops sowie eine alljährliche »Medizinische Woche« mit Vorlesungen, Seminaren und Workshops zu den wissenschaftlichen Grundlagen und praktischen Aspekten von Gesundheit, Ernährung und Umweltschutz. Das IIB verfügt auch über eine umfangreiche Bibliothek und Dokumentation einer Vielzahl von Grenzbereichen der Wissenschaft, Philosophie und komplementären Medizin, die Forschern und anderen Interessenten zur Verfügung steht. Wer sich für die Aktivitäten und Dienstleistungen des IIB interessiert, kann Mitglied der Society of the International Institute of Biophysics (SIIB) werden.

Kontakt: IIB, Ehemalige Raketenstation Hombroich, Kapellenstr., 41472 Neuss, Telefon: 02182/825131

New Center for Frontier Sciences at the University of Guadalajara, Mexico

Die Hauptziele dieses Zentrums, welches Anfang 1999 das erste und einzige seiner Art in Lateinamerika ist, liegen darin, ein neues Paradigma für Forschungen in den Grenzwissenschaften zu entwickeln sowie die wichtigsten Erkenntnisse der Grenzwissenschaften innerhalb der wissenschaftlichen Gemeinschaft und der Öffentlichkeit zu verbreiten. Das Zentrum bietet Kurse und andere akademische Programme an und veranstaltet jährlich internationale Konferenzen. Außerdem werden Forschungsprojekte in bestimmten grenzwissenschaftlichen Bereichen durchgeführt, wobei die Themen von der Psychologie bis zu den Wirtschaftswissenschaften und zur Physik reichen.

Kontakt: Mtro. Ramon Gallegos Nava, Director, Av. Hidalgo No. 1755, Col. Ladron de Guevara, C. P. 44600, Guadalajara, Jal., Mexico; Telefon und Fax: (52) (3) 615-34-12

Pleneurethics Society

1985 von dem Philantrophen und Gelehrten Richard Bangs Collier gegründet, ist die Pleneurethics Society eine autonome, nicht gewinnorientierte Einrichtung, die die Prinzipien der Pleneurethik fördern will: eine Philosophie, einen Lebensstil und ein therapeutisches System, das auf einer ausgewogenen Sicht der ganzen Person im Verhältnis zu allen Ebenen der Umwelt beruht, in körperlicher, kultureller und spiritueller Hinsicht. Die Gesellschaft unterstützt Colleges und Universitäten, die für ihre Ziele von Interesse sind, sie gibt Bücher heraus, gewährt herausragenden Studenten Stipendien, fördert die biologische Forschung, gewährt Collegekursen über Pleneurethik finanzielle Unterstützung und nimmt an nationalen und internationalen Veranstaltungen teil.

Kontakt: The Pleneurethics Society, 5900 South 12th Street, Tacoma, WA 98465; Telefon: (206) 566-5100

Psi Center

Das parapsychologische Sources of Information Center (PSIC) wurde 1983 von der Parapsychologin/Bibliothekarin Rhea White gegründet, um Informationen über Parapsychologie und Psi-Forschung zu sammeln und zu verbreiten. Es unterhält eine Bibliothek von Büchern und Zeitschriften über Parapsychologie und verwandte Bereiche. PSIC ist dabei, eine Datenbank, PsiLine, zu errichten, welche die parapsychologische Literatur von ihren Anfängen bis zur Gegenwart abdeckt.

Kontakt: PSIC, 2 Plane Tree Lane, Dix Hills, NY 11746; Telefon: (516) 217-1243

Psychology of Science

Diese Gruppe von Wissenschaftlern aus den Bereichen Psychologie, Philosophie, Computerwissenschaften und Soziologie interessiert sich für die psychologischen Prozesse, die der Wissenschaft zugrunde liegen. Zu den Interessengebieten gehören wissenschaftliche Problemlösungen, Computermodelle wissenschaftlicher Entdeckungen, logisches Denken und wissenschaftliche Kreativität. Das Hauptziel besteht darin, die Mitglieder gegenseitig über ihre Forschungen zu informieren und ein Diskussionsforum anzubieten.

Kontakt: Wenn Sie sich beteiligen wollen, senden Sie bitte Ihren Namen, Ihre Adresse, Telefonnummer und E-mail-Adresse an Eric G. Freedman, Dept. of Humanities, Michigan Technological University, 1400 Townsend Drive, Houghton, MI 49931-1295.

Scientists for Global Responsibility

Diese Organisation wurde in London ins Leben gerufen und beabsichtigt, Forschung, Bildung und verwandte Aktivitäten aus dem Wissenschaftsbereich zu fördern und zu koordinieren, um eine verantwortliche Nutzung von Wissenschaft und Technologie sicherzustellen, für internationalen Frieden, Sicherheit und Gerechtigkeit zu sorgen, die Abrüstung zu beschleunigen, das globale Überleben zu sichern und Ressourcen aus dem militärischen Bereich abzuziehen und für eine friedliche Entwicklung zur Verfügung zu stellen.

Kontakt: Scientists for Global Responsibility, Unit 3, Down House, The Business Village, Broomhill Road, London SW18 4JQ, Großbritannien, Telefon: 81-871-5175

Society for the Anthropology of Consciousness (AOC)

Diese Organisation ist eine Unterabteilung der American Anthropological Association und beschäftigt sich mit interdisziplinärer Forschung über die Anthropologie des Bewußtseins. Sie veröffentlicht in ihrem Journal »The Anthropology of Consciousness« Artikel und Buchbesprechungen aus allen Bereichen der Anthropologie des Bewußtseins einschließlich Trance und Visionen, psychotrope Drogen, Meditationstechniken, Rituale und andere religiöse Techniken zur Erweiterung des Bewußtseins, Psychotherapien, Heilung, Psi-Phänomene, Hypnose, Schamanismus, außergewöhnliche und transpersonale Erfahrungen, Nahtodes- und Nachtodeserfahrungen, Evolution des Bewußtseins etc.

Kontakt: Um Mitglied zu werden und/oder das Journal zu abonnieren, wenden Sie sich bitte an das Membership Department, American Anthropological Association, 1703 New Hampshire Avenue, NW, Washington, D. C. 20009.

The Society for Chaos Theory in Psychology and the Life Sciences

Diese Organisation ist ein internationales Forum, das Forscher, Theoretiker und Praktiker zusammenbringt, die daran interessiert sind, die dynamische Systemtheorie, die Thermodynamik von Systemen, die weit vom Gleichgewichtszustand entfernt sind, Selbstorganisation, neuronale Netzwerke, Fraktale, Biocomputer und ähnliche Aspekte der Chaos- und Systemtheorien auf die Psychologie und die Lebenswissenschaften anzuwenden. Ihre Mitglieder kommen aus den verschiedensten Fachbereichen der Psychologie und Sozialwissenschaften, der Biologie, Physiologie, Neurowissenschaften, Mathematik, Philosophie, Physik, Computerwissenschaften, Wirtschaftswissenschaften, Erziehungswissenschaften, aus dem Management, aus den politischen Wissenschaften, den Ingenieurwissenschaften und aus der Welt der Kunst. Die Organisation gibt einen Newsletter heraus, veranstaltet eine jährliche internationale Konferenz und unterhält das CHAOPSYC Computer Bulletin Board.

Kontakt: Jeffrey Goldstein, 29 Hayes Road, Amity Harbor, NY 11701; Telefon: (516) 789-4145; Fax: (516) 877-4607; E-mail: goldstein@auvax1.adelphi.edu

Society for Physical Regulation in Biology and Medicine
Diese Organisation verfolgt den Zweck, die interdisziplinäre Forschung über die fundamentalen Mechanismen der Regulierung des Wachstums, der Reparatur und Regeneration von Zellen und Organismen sowie der Prävention und Behandlung von Krankheiten zu fördern. Sie konzentriert sich auf Elektrizität und Magnetismus und auf physikalische Behandlungsformen wie Ultraschall sowie die mechanische Anwendung von Reparatur- und Wachstumsprozessen.

Kontakt: Mikki Ciombor, Orthopaedic Lab/North Campus, Roger Williams Medical Center, 825 Chalkstone Avenue, Providence, RI 02908; Fax: (401) 456-6521

Society for Scientific Exploration (SSE)
Die Gesellschaft wurde 1982 gegründet, um außergewöhnliche Phänomene zu untersuchen, Phänomene, die im Widerspruch zum gegenwärtigen wissenschaftlichen Weltbild stehen oder von der konventionellen Wissenschaft nicht untersucht werden. Ursprünglich handelte es sich um eine Gruppe US-amerikanischer Wissenschaftler und Gelehrter, doch heute kommen die Mitglieder aus allen Ländern. Die Organisation veranstaltet ein jährliches Treffen und gibt einen Newsletter »The Explorer« heraus, sowie das »Journal of Scientific Exploration«, das bei Pergamon Press erscheint. Die Mitglieder werden ausgewählt.

Kontakt: Dr. Laurence W. Fredrick, Secretary of the SSE, Department of Astronomy, University of Virginia, Box 3818, Charlottesville, VA 22903